Migrationsbedingte Mehrsprachigkeit
in Kitas

Empirische Erziehungswissenschaft

herausgegeben von

Rolf Becker, Sigrid Blömeke, Wilfried Bos,
Hartmut Ditton, Cornelia Gräsel, Eckhard Klieme,
Thomas Rauschenbach, Hans-Günther Roßbach,
Knut Schwippert, Ludwig Stecher, Christian Tarnai,
Rudolf Tippelt, Rainer Watermann, Horst Weishaupt

Band 69

Samuel Jahreiß

Migrationsbedingte Mehrsprachigkeit in Kitas

Eine empirische Studie zum Praxistransfer einer
Weiterbildung für Erzieherinnen und Erzieher

Waxmann 2018
Münster · New York

Das vorliegende Werk wurde 2018 an der Philosophisch-Pädagogischen Fakultät der Katholischen Universität Eichstätt-Ingolstadt unter dem Titel „Professionalisierung im Umgang mit migrationsbedingter Mehrsprachigkeit in Kindertageseinrichtungen" als Inaugural-Dissertation im Fach Pädagogik angenommen.

Bibliografische Informationen der Deutschen Nationalbibliothek
Die Deutsche Nationalbibliothek verzeichnet diese Publikation in der Deutschen Nationalbibliografie; detaillierte bibliografische Daten sind im Internet über http://dnb.d-nb.de abrufbar.

Empirische Erziehungswissenschaft, Band 69
ISSN 1862-2127
Print-ISBN   978-3-8309-3914-6
E-Book-ISBN 978-3-8309-8914-1

© Waxmann Verlag GmbH, 2018
Steinfurter Straße 555, 48159 Münster

www.waxmann.com
info@waxmann.com

Umschlaggestaltung: Pleßmann Design, Ascheberg
Satz: Stoddart Satz- und Layoutservice, Münster

Gedruckt auf alterungsbeständigem Papier, säurefrei gemäß ISO 9706

Danksagung

Mein Dank gilt folgenden Personen, die mich während der Bearbeitung meiner Dissertation unterstützt haben: Prof. Dr. Jens Kratzmann (für die fachliche und vertrauensvolle Betreuung in allen Phasen der Promotion), Prof. Dr. Franz-Michael Konrad (für die wohlwollende und kompetente Unterstützung und Begleitung des Promotionsprojektes), Prof. Dr. Christine Sälzer (für die wertvollen Ratschläge und Anmerkungen), unseren studentischen Hilfskräften (für den unermüdlichen Einsatz bei der Datenerhebung und -eingabe), meinen Kolleginnen und Kollegen (für die gute und freundschaftliche Zusammenarbeit), den teilnehmenden Erzieherinnen und Erziehern (für die Offenheit und das überwältigende Interesse sich ständig weiterzuentwickeln), den Weiterbildungsreferentinnen und -referenten (für das unermüdliche Engagement), meiner Ehefrau Hanna Mauritz (für unzählige Gespräche, Beratung und das immer wieder aufgebrachte Verständnis für die Anfertigung dieser Doktorarbeit), meiner Familie (für die Ermutigung und nötige Ablenkung), meinen Eltern (die meine gesamte Bildungslaufbahn in vielfacher Hinsicht unterstützt und dadurch erst möglich gemacht haben) – ihnen ist meine Arbeit gewidmet. DANKE!

Eichstätt, im Sommer 2018   Samuel Jahreiß

Abstract

Language learning and support for children has been an ongoing subject in early childhood pedagogy. Prompted by the increasing number of immigrant children who grow up with more than one language, approaches to multilingual education in preschools have recently been the subject of discussion. The goal is to not only support further development in German but also in the language of origin. The recommendation is to take the opportunities presented by daily interactions in preschools to make linguistic diversity tangible in the interior design and material selection, integrate it into easy-to-understand multilingual activities (songs, rhymes and games) and actively support the involvement of parents in the daily life of the preschool. There are currently few empirical findings as to linguistic and pedagogic behaviour of the teaching staff under multilingual conditions. Nor has it been systematically studied to what extent the current best practices for integrating the language of origin among the existing staff and structural conditions of a preschool can be implemented.

The goal of the study is therefore to empirically record the language-related interactions and practices of the teaching staff in preschools dealing with children who are being raised bilingual and multilingual. Furthermore, the current best practices are being implemented in a two-year continuing education program in preschools and empirically studied for their practicability and efficiency.

The study includes 19 preschools and 130 teaching staff members in two major cities in Germany. The preschools were randomly divided into two intervention groups. All the preschool teams are guided by an instructor for a period of two years. The difference between the intervention groups is that in the first group the advisors use a pre-developed, competence-focused further education concept on the theme of multilingualism in preschools. The advisors in the second intervention group work with the plan–do–check–act cycle known from the quality and organisation development without any prescribed content. In order to record the changes, surveys and standardised observations were conducted before the start of the intervention, after the first year and towards the end of the project. The study is part of the intervention study 'IMKi – The effects of actively integrating multilingualism into preschools', sponsored by the Federal Ministry of Education and Research.

Overall, the quality of the interaction behaviour of the teaching staff is fair to good. In terms of challenging dialogue strategies at the cognitive linguistic level, a need for action is apparent. The findings about the interior and material conditions indicate that the actual linguistic diversity and multilingualism of the families in preschools with a high share of immigrants is barely taken into account in the pedagogical and didactic interior design and material selection. The analysis of all three measurement points reveals that over the course of the two-year in-house further education program, the interaction behaviour of the teaching staff did not succeed in sufficiently furthering the integration of linguistic diversity in the interior design and the material selection in either the first or the second intervention group.

Inhalt

Einleitung: Mehrsprachigkeit in Kindertageseinrichtungen

Durch nationale wie auch internationale Migrationsbewegungen wächst der Anteil der Kinder, der mit mehr als nur einer Sprache aufwächst. In diesem Zusammenhang spricht man auch von migrationsbedingt mehrsprachigen Kindern (Gogolin, 2010b). Als mehrsprachig können gemäß Reich (2010, S. 8) alle Kinder bezeichnet werden, „… die in ihren ersten Lebensjahren in Interaktionssituationen geraten, in denen mehrere Sprachen in kommunikativ relevanter Weise Verwendung finden." Demnach können alle Kinder aus einer Familie mit oder ohne Migrationshintergrund, in der mehr als eine Sprache gesprochen wird, als mehrsprachig aufwachsend bezeichnet werden. Der Terminus „migrationsbedingte Mehrsprachigkeit" konkretisiert den Untersuchungsfokus der vorliegenden Studie. Der Zusatz bezieht sich auf Personen, die aufgrund ihrer Migrationserfahrung mit mehr als einer Sprache aufwachsen. Wenn in dieser Studie von „migrationsbedingter Mehrsprachigkeit" die Rede ist, so wird sich damit nicht auf eine „fremdsprachliche Mehrsprachigkeit" bezogen, sondern es ist eine „migrationsbedingte ‚lebensweltliche' Mehrsprachigkeit" gemeint (Gogolin, 2010b, S. 531; S. 544).

In Kindertageseinrichtungen ist der Anteil der Kinder, welche zuhause vorwiegend eine nichtdeutsche Herkunftssprache sprechen, in den letzten Jahren stetig gestiegen (z. B. Beauftragte für Migration, 2016). Von der frühkindlichen institutionellen Bildung, Betreuung und Erziehung wird erwartet, mit dieser zunehmenden Sprachenvielfalt in den Einrichtungen und der Mehrsprachigkeit der Kinder und ihrer Familien umzugehen. Bislang stand vor allem die Deutschförderung und nicht die Förderung von Mehrsprachigkeit unter Berücksichtigung der mitgebrachten Sprachen der Kinder im Vordergrund der erzieherischen Bemühungen (Lengyel, 2018). Gesellschaftlich und bildungspolitisch wird die Frage des Nutzens um die systematische und gezielte Berücksichtigung der Herkunftssprachen in der vorschulischen Bildung und Erziehung kontrovers diskutiert. Die wenigen empirisch erforschten Sprachbildungsmaßnahmen (meist aus dem Schulkontext), in denen die Mehrsprachigkeit der Kinder aufgegriffen wird, zeigen teilweise widersprüchliche Effekte (Gogolin & Duarte, 2018).

Trotz alldem lässt sich in den Bildungsplänen bzw. -programmen der Länder ein Konsens dahingehend feststellen, nicht nur die sprachliche Entwicklung im Deutschen in den Blick zu nehmen, sondern auch die Herkunftssprachen der Kinder in den Kita-Alltag einzubeziehen (Viernickel & Schwarz, 2009; Lengyel & Salem, 2018). Allerdings können nur wenige Einrichtungen bei der Umsetzung dieser Aufgabe auf eine multilinguale Personalstruktur zurückgreifen (z. B. Autorengruppe Fachkräftebarometer, 2017). In den vergangenen Jahren wurde an verschiedenen Stellen aufgezeigt, wie das pädagogische Personal[1] auch ohne Kenntnisse in der nichtdeutschen Herkunftssprache der Kinder mit dieser gegebenen Sprachenvielfalt umgehen kann (z. B. Bereznai, 2017; Focali, Viernickel & Völkel, 2009; Hoppenstedt & Apeltauer, 2010; Jampert, Zehnbauer, Best, Sens, Leuckefeld & Laier, 2009a; Jahreiß, 2018; Schlösser, 2012). Es wird empfohlen, gezielt die Interaktionsgelegenheiten im Kita-Alltag zu nutzen, die Sprachenvielfalt in der Raumgestaltung und Materialauswahl sichtbar zu machen, durch niederschwellige mehrsprachige Angebote (Lieder, Reime und Spiele) zu berücksichtigen und durch den Einbezug der Eltern in den Kita-Alltag aktiv zu fördern.

Die wenigen querschnittlichen Befunde zum Umgang des pädagogischen Personals mit mehrsprachig aufwachsenden Kindern in Kindertageseinrichtungen deuten auf einen erhöhten Professionalisierungs- und Weiterqualifizierungsbedarf hin (siehe ausführlich Kapitel 3.2). Längsschnittlich angelegte empirische Evaluationsstudien des Praxistransfers der Weiterbildungsmaßnahmen in diesem Kontext fehlen bisher. Hier setzt die vorliegende Studie an. Evaluiert wird eine zweijährige Weiterbildungsreihe zum Umgang mit migrationsbedingter lebensweltlicher Mehrsprachigkeit in Kindertageseinrichtungen. Gefragt wird nach dem pädagogischen Handeln im Umgang mit der Sprachenvielfalt in der Einrichtung und der Mehrsprachigkeit der Kinder und nach Veränderungen im bereichsspezifischen Handeln des pädagogischen Personals. Welches sprachpädagogische Handeln zeigt das pädagogische Personal unter Bedingungen von Mehrsprachigkeit? Wird die Sprachenvielfalt bei der Raumgestaltung berücksichtigt? Welche nichtdeutschsprachigen Materialien finden sich in Kindertageseinrichtungen? Diesen Fragen wird sowohl in einer querschnittlichen als auch in einer längsschnittlichen Perspektive nachgegangen.

Das *erste Kapitel* setzt sich zunächst mit der Sprachenvielfalt in Deutschland auseinander. Es geht darum, aufzuzeigen, wie viele zwei- und mehrsprachige Familien mit Kindern im Kindergartenalter (3 bis 6 Jahre) in Deutschland leben. Welchen Stellenwert haben die nichtdeutschen Herkunftssprachen für die Familien? Welchen Gebrauch machen Familien in erster, zweiter oder dritter Generation von ihren verschiedenen Sprachen? Das Kapitel schließt mit einer Zusammenfassung der Migrationssituation und Sprachenvielfalt in Deutschland.

---

1   In der vorliegenden Arbeit werden die verschiedenen pädagogischen Mitarbeiterinnen und Mitarbeiter, die mit der frühkindlichen Bildung, Betreuung und Erziehung von Kindern in Kindertageseinrichtungen betraut sind, überwiegend als „pädagogisches Personal" bezeichnet. Diese Schreibweise schließt weibliche und männliche (Kindheits-)Pädagogen bzw. (Kindheits-)Pädagoginnen genauso mit ein wie die „pädagogischen Fachkräfte" und „pädagogischen Ergänzungskräfte".

Im *zweiten Kapitel* wird der institutionelle Umgang mit mehrsprachigen Kindern in Kindertageseinrichtungen thematisiert. Hier werden zunächst die Diskussionen und Veränderungen der jüngsten Zeit nachgezeichnet. Daran anknüpfend werden Ansätze und Programme einer mehrsprachigen Bildung in Kindertageseinrichtungen vorgestellt. Es folgt eine Darstellung von Forschungsbefunden hinsichtlich der Bemühungen zum aktiven Einbezug der nichtdeutschen Herkunftssprachen in Kindertageseinrichtungen. In einem abschließenden Kapitel werden die Erkenntnisse zusammengefasst.

Das *dritte Kapitel* ist die theoretische Grundlage für das vorliegende Forschungsvorhaben. Es wird sowohl auf strukturell-prozessuale Konzeptionalisierungen von pädagogischer Qualität als auch auf kompetenzorientierte Professionalisierungsmodelle im Allgemeinen und auf den bereichsspezifischen Umgang mit sprachlicher Bildung und Mehrsprachigkeit im Besonderen eingegangen. Es wird ebenfalls thematisiert, wie sich Veränderungen des pädagogischen Handelns im Kita-Alltag empirisch evaluieren lassen. Mit dem theoretischen Konstrukt der Sprachförderkompetenz liegt erstmals eine ausgearbeitete Operationalisierung zur Erfassung von sprachpädagogischen beruflichen Handlungskompetenzen vor. Es folgen Forschungsergebnisse zur Erfassung von Professionalität und Kompetenzen des pädagogischen Personals. Des Weiteren wird auf die Professionalisierung durch kompetenzorientierte Weiterbildung eingegangen und hierzu werden Forschungsbefunde erörtert. Abgeschlossen wird das Kapitel mit einer zusammenfassenden Darstellung des Qualitäts- und Professionalisierungsdiskurses sprachlicher Bildung im Kontext von Mehrsprachigkeit.

Im *vierten Kapitel* werden auf der Grundlage der vorangegangenen theoretischen Annahmen und dem aktuellen empirischen Forschungsstand die entwickelten Fragestellungen der vorliegenden Evaluationsstudie beschrieben.

Im *fünften Kapitel* wird die methodische Umsetzung der empirischen Untersuchung dargestellt. Evaluiert wird die zweijährige Weiterbildungsmaßnahme zum Umgang mit migrationsbedingter Mehrsprachigkeit in einem Treatment-Vergleichsgruppen-Forschungsdesign mit drei Messzeitpunkten. Ein Fokus der Evaluation liegt auf der Erfassung von sichtbaren Veränderungen des pädagogischen Handelns. Eingebettet ist diese Arbeit dabei in der vom BMBF geförderten Interventionsstudie „IMKi – Effekte einer aktiven Integration von Mehrsprachigkeit in Kindertageseinrichtungen". Studiendesign, Stichprobe, Intervention, Erhebungsverfahren und Analyseverfahren der eignen Untersuchung werden im fünften Kapitel ausführlich erläutert.

Im *sechsten Kapitel* werden die Ergebnisse der Evaluationsstudie dargestellt. Zunächst wird auf querschnittliche Befunde vor Beginn der Intervention eingegangen. Im zweiten Teil werden die längsschnittlichen Daten analysiert. In einem zusammenfassenden Kapitel werden die zentralen Befunde in den drei Untersuchungsbereichen (Interaktion, Raumgestaltung, Materialauswahl) aufgeführt.

Im *siebten Kapitel* erfolgt die abschließende Diskussion der Ergebnisse und der sich daraus ergebenden Schlussfolgerungen für die pädagogische Praxis. Daran anschließend werden die Begrenzungen der Untersuchung erörtert. Ein Ausblick beschließt das Buch.

TEIL I: THEORETISCHE EINBETTUNG

1 Migration und Sprachenvielfalt in Deutschland

Immer mehr Kinder wachsen heute mit mehr als nur einer Sprache auf (z. B. Autorengruppe Bildungsberichterstattung, 2016; Beauftragte für Migration, 2016). Neben der Sprache der Mehrheitsgesellschaft (Deutsch; auch als „Majoritätssprache" bzw. „majority language" bezeichnet) lernen Kinder mit Migrationshintergrund in ihrer Familie auch die nichtdeutsche(n) Herkunftssprache(n)[2] der Eltern. Sie erlernen nicht nur das Deutsche, sondern beispielsweise auch Türkisch, Kurdisch, Russisch, Polnisch, Arabisch oder andere Sprachen und Dialekte. Der Begriff „Sprachenvielfalt" meint in diesem Kontext die Existenz von vielen verschiedenen Einzelsprachen und ihrer Varietäten. Die gegebene Sprachenvielfalt ist eine Folge davon, dass Kinder und ihre Familien (oder deren Vorfahren) aus verschiedenen Gründen ihren ursprünglichen Herkunftsort verließen und in eine andere Region bzw. ein anderes Land umzogen (Gagarina, 2014). Sprachenvielfalt ist somit eine direkte Folge von nationaler, internationaler und transnationaler Migration (Pries, 2015).

Das folgende Kapitel setzt sich deshalb zunächst mit der aktuellen Zuwanderung nach Deutschland auseinander. Es wird der Frage nachgegangen, welche Personen unter dem Begriff „Migrantinnen" und „Migranten" in der amtlichen Statistik zusammengefasst werden. Darauf aufbauend wird die aktuelle Datenlage zur Sprachenvielfalt im europäischen Raum und in Deutschland aufgezeigt. Es wird dabei insbesondere auf den Sprachgebrauch von Kindern (3 bis 6 Jahre) mit Migrationshintergrund in ihrer nichtdeutschen Familiensprache eingegangen.

---

2   Zur Unterscheidung von Herkunftssprache und Familiensprache: „Als ‚Herkunftssprachen' (auch Familiensprachen) werden in der deutschsprachigen Diskussion die Sprachen bezeichnet, die Zuwanderer aus ihren Herkunftsregionen mitbringen, die meist in privat-familiären Kontexten weiterhin verwendet und an die nachwachsenden Generationen weitergegeben werden" (Altmayer, 2009, S. 104). Allerdings zeigt sich, dass die gesprochene Familiensprache und der Sprachgebrauch im Herkunftsland nicht immer identisch ist (siehe Lüttenberg, 2010, S. 306; Kniffka & Siebert-Ott, 2007, S. 178). In dieser vorliegenden Arbeit werden die Begriffe „Familiensprache" und „Herkunftssprache" in diesem Sinne differenziert. Jedoch ist eine klare einheitliche Abgrenzung möglicherweise nicht immer gelungen.

1.1   Zuwanderung nach Deutschland

1.1.1   Zuwanderer in der amtlichen Statistik

Lange Zeit wurde in der amtlichen Statistik die zugewanderte Bevölkerung vor allem an der Staatszugehörigkeit (Nationalität) festgemacht (Preiß, 2013). Alle Personen, welche keine deutsche Staatsangehörigkeit besaßen und besitzen, wurden und werden unter dem Begriff „Ausländer" bzw. „Ausländerin" zusammengefasst (§2 Abs. 1 AufenthG). Im Jahr 2015 lebten in Deutschland laut Berechnungen des Statistischen Bundesamtes 7,8 Millionen Ausländerinnen und Ausländer. Das entspricht einem Bevölkerungsanteil von 9,5% an der Gesamtbevölkerung (Statistisches Bundesamt, 2017, S. 7).

Der Begriff „Ausländerin" bzw. „Ausländer" drückt den aufenthaltsrechtlichen Status der jeweiligen Person in Deutschland aus. Er ist allerdings ungeeignet, wenn es darum geht, die verschiedenen Zuwanderungskonstellationen differenziert zu beschreiben und realitätsangemessen darauf zu reagieren (Gogolin, 2010a). So gelten (Spät-)Aussiedler, Eingebürgerte oder viele Kinder binationaler Ehen juristisch und damit auch statistisch als Deutsche – deren Migrationshintergrund findet in einer Vollerhebung nach dem Merkmal Staatsangehörigkeit keine Berücksichtigung. Seit den 1990er Jahren findet der Begriff „Migrationshintergrund" zur differenzierten Beschreibung von Migrationspopulationen zunehmend Anwendung (Mecheril, 2010, S. 27f.). Und auch in der amtlichen Repräsentativstatistik werden die sozialen Sachverhalte von Zu- und Abwanderung nicht mehr lediglich nach Staatsangehörigkeit unterschieden, sondern auch nach Ausländerstatus der eingebürgerten Bevölkerung und der Personen mit Migrationshintergrund (MH). Die Definition des Migrationshintergrundes des Statistischen Bundesamtes lautet wie folgt: „Eine Person hat einen Migrationshintergrund, wenn sie selbst oder mindestens ein Elternteil die deutsche Staatsangehörigkeit nicht durch Geburt besitzt" (Statistisches Bundesamt, 2017, S. 5). Zu den Personen mit MH können somit auch Personen gezählt werden, die in Deutschland geboren sind, eine deutsche Staatsangehörigkeit besitzen, keine eigenen Migrationserfahrungen gemacht haben, aber zumindest ein Elternteil ausländischer Herkunft ist.

In zahlreichen Studien wird neben den eigenen Migrationserfahrungen oder Migrationserfahrungen der Eltern bzw. eines Elternteils auch die überwiegend in der Familie gesprochene Sprache und Religionszugehörigkeit erfragt (siehe Stürzer, Täubig & Uchronski, 2011). Durch die Heranziehung dieser zusätzlichen Variablen erfährt das Migrationshintergrund-Konzept eine weitere Differenzierungsmöglichkeit. Allerdings findet die Definition Migrationshintergrund in Forschungsarbeiten und anderweitigen Veröffentlichungen recht unterschiedliche Anwendung. Dies erschwert eine Vergleichbarkeit der Ergebnisse (siehe Gresch, 2011; Kemper, 2010; Stürzer et al., 2011). Immer dann, wenn im Folgenden Forschungsergebnisse mit abweichenden Operationalierungen Verwendung finden, werden diese erläutert.

Im Jahr 2015 gab es laut Berechnungen des Statistischen Bundesamtes 17,1 Millionen Personen mit Migrationshintergrund in Deutschland (Statistisches Bundesamt, 2017, S. 7). Das entspricht einem Bevölkerungsanteil von rund 21,0% an der Gesamtbevölkerung. Der Anteil der Ausländerinnen und Ausländer macht weniger als die Hälfte der Personen mit MH aus. Der überwiegende Teil der Personen mit MH sind also deutsche Staatsbürger mit MH und Personen, die mit dem Aussiedler- bzw. Spätaussiedlerstatus nach Deutschland zugewandert sind. Zwei Drittel der Personen mit MH verfügen über eigene Migrationserfahrungen (erste Generation), während etwa ein Drittel in Deutschland geboren wurde (Angehörige der zweiten oder dritten Generation) (Statistisches Bundesamt, 2017). Ab der vierten Generation wird nicht mehr von einem MH gesprochen aber auch der Einbezug der dritten Generation ist umstritten (z. B. Kemper, 2010).

Wie bereits dargestellt ist die Personengruppe mit Migrationshintergrund sehr inhomogen. Werden Herkunftsnationen hinzugezogen erhöht sich die Heterogenität. Der größte Anteil der ausländischen oder eingebürgerten Zuwanderer kommt aus Europa (68,8%), davon 37,6% aus einem der 28 Mitgliedstaaten der Europäischen Union (Statistisches Bundesamt, 2017, S. 7). Der größte Personenkreis mit MH stammt aus der Türkei (16,7%), Polen (9,9%) und der Russischen Föderation (7,1%) (ebd.).

1.1.2 Kinder mit Migrationshintergrund

Betrachtet man die Sprachenvielfalt als eine direkte Folge von Migration, so ist zunächst zu klären, wie viele Kinder Teil der Migrationspopulation sind. Im Folgenden werden deshalb relevante Daten aus der amtlichen Statistik deskriptiv dargestellt. Kinder mit Migrationshintergrund im Kindergartenalter von 3 bis 6 Jahren werden dabei in den Mittelpunkt gestellt.

Anteil an der Gesamtbevölkerung
Der Anteil der Kinder an der altersgleichen Bevölkerung ist umso größer, je jünger die Jungen und Mädchen sind. Von den 3,4 Millionen Kindern im Alter von 0 bis unter 5 Jahren hat mehr als ein Drittel (35,9%) Migrationshintergrund (Statistisches Bundesamt, 2017, S. 36f.). Das entspricht in Zahlen ausgedrückt einer Anzahl von 1,2 Millionen Kinder mit Migrationshintergrund im

engeren Sinn, d. h. mindestens ein Elternteil hat selbst Migrationserfahrungen gemacht (ebd.).

Regionale Verteilung
Es zeigt sich anhand der Daten der amtlichen Statistik, dass Kinder von 0 bis 6 Jahren deutlich häufiger in Ballungsräumen mit mehr als 300.000 Einwohnern als in ländlichen Regionen leben (BMFSFJ, 2017; Cinar, Otremba, Stürzer & Bruhns, 2013; Statistische Ämter des Bundes und der Länder, 2013a). In den ausgewählten deutschen Großstädten Frankfurt, Stuttgart und München haben mehr als die Hälfte der Kinder in diesem Alter Migrationshintergrund. Allerdings kann der Anteil der Kinder mit Migrationshintergrund in Kitas regional stark variieren (z. B. für das Bundesland Bayern siehe ISB, 2015 und für Landeshauptstadt München, 2015).

Betreuungsquoten für Kinder nach Migrationshintergrund
Zum Stichtag 1. März 2015 lag der Anteil der Kindergartenkinder (von 3 bis unter 6 Jahren), welche sich in Kindertagesbetreuung befanden, mit Migrationshintergrund[3] (90%) unter dem der gleichaltrigen Kinder ohne Migrationshintergrund (97%) (Statistisches Bundesamt, 2016a). Während die Betreuungsquote von Kindergartenkindern ohne Migrationshintergrund zwischen 2013 und 2015 relativ konstant geblieben ist, hat sich der Anteil der Kinder mit Migrationshintergrund in dieser Altersgruppe und Zeitraum um 5% erhöht (Statistisches Bundesamt, 2016a). Auf Länderebene zeigen sich Unterschiede in den Betreuungsquoten. Während in Baden-Württemberg im Jahr 2015 mehr Kindergartenkinder mit Migrationshintergrund eine Kindertageseinrichtung besuchten als Kinder ohne Migrationshintergrund (100% mit MH, 94% ohne MH), gingen in Bayern besonders wenige Kinder mit MH derselben Altersgruppe in einen *Kindergarten*[4] (86% mit MH, 97% ohne MH) (Statistisches Bundesamt, 2016a). Auch hier variieren die Betreuungsquoten in den einzelnen Stadtteilen und Einzugsgebieten von Kindergärten deutlich (Hüsken, 2011; Statistische Ämter des Bundes und der Länder, 2013b).

Migrationserfahrung
Die Zahl der in Deutschland geborenen Kinder, also derjenigen ohne eigene Migrationserfahrung, ist seit der Verwendung des Migrationskonzeptes im

---

3   In der amtlichen Kinder- und Jugendhilfestatistik wird der „… Migrationshintergrund über die Fragen nach dem ausländischen Herkunftsland der Eltern/eines Elternteils und der vorrangig in der Familie gesprochenen Sprache ermittelt" (Statistisches Bundesamt, 2016b, S. 6).

4   Unter dem Begriff „Kindergarten" werden in dieser Studie alle Betreuungseinrichtungen für Kinder im Alter von 3 Jahren bis zum Schuleintritt zusammengefasst.

Jahr 2005 kontinuierlich gestiegen. Im Jahr 2015 hatte von den 35,9% der Kinder mit MH (Deutsche und Ausländer/-innen) im Alter von 0 bis unter 5 Jahren die Mehrheit (92,1%) keine eigene Migrationserfahrungen (Statistisches Bundesamt, 2017, S. 36f.). Das heißt, es wurden fast alle Kinder mit MH in Deutschland geboren, als Nachkommen von mindestens einem zugewanderten Elternteil mit ausländischer Herkunft oder einem Elternteil mit erster oder zweiter ausländischer Staatsangehörigkeit. Wenn Kinder eine weitere nichtdeutsche Sprache im familiären Kontext erwerben, können sie in der Regel nicht auf vertiefte sprachliche Erfahrungen im Herkunftsland der Eltern aufbauen. Zu berücksichtigen ist, dass die gesprochene Familiensprache und der Sprachgebrauch im Herkunftsland nicht immer identisch sind (z. B. Kniffka & Siebert-Ott, 2007, S. 178; Lüttenberg, 2010, S. 306).

Familiale nationale Herkunft der Kinder
Mit dem Terminus der „familialen nationalen Herkunft" machen die Autorinnen des *DJI-Kinder-Migrationsreports* (Cinar et al., 2013, S. 19) darauf aufmerksam, dass fast alle Kinder mit MH in Deutschland geboren wurden und der Migrationsstatus fast ausschließlich über die Familie ermittelt wird. Kinder aus Familien mit dem Herkunftsland Türkei stellen die größte nationale Herkunftsgruppe dar (Statistisches Bundesamt, 2017, S. 74). Durch die aktuell zunehmenden Flüchtlingszahlen und der damit verbundenen steigenden Asylantragszahlen vor allem von Personen aus den Herkunftsländern Syrien, Irak und Afghanistan (BAMF, 2017) wird sich diese Verteilung auf lange Sicht verändern.

1.2   Sprachenvielfalt in Deutschland

Eng verknüpft mit dem Migrationsgeschehen in Deutschland ist die damit einhergehende zunehmende Sprachenvielfalt. Zur weiteren Differenzierung von Kindern mit Migrationshintergrund wird in sozialwissenschaftlichen Studien zunehmend auch die überwiegend in der Familie gesprochene Sprache erfragt. Die verfügbaren empirischen Befunde hierzu werden im Folgenden kursorisch dargestellt. Handlungsleitend sind dabei die Fragen: Was meint Sprachenvielfalt? Wie groß sind die Sprecherzahlen in den verschiedenen Sprachen? Und werden die nichtdeutschen Herkunftssprachen bzw. Familiensprachen auch im Alltag verwendet?

1.2.1 Sprachenvielfalt in Deutschland aus europäischer Perspektive

Viele europäische Staaten haben nur eine offizielle Staatssprache. Die europäischen Staaten sind aber keineswegs monolingual. Zählt man zusätzlich zu den Mitgliedsstaaten der Europäischen Union auch alle Staaten, die geographisch in Europa liegen (Einteilung nach Philipp Johann von Strahlenberg 1677–1747), so steigt die Zahl auf etwa 50 Staaten. Auf dem europäischen Kontinent leben etwa 740 Millionen Menschen, die 287 verschiedene Sprachen sprechen (Simons & Fennig, 2017). „Man kann […] davon ausgehen, dass es in Europa kaum ein Land gibt, in dem keine autochthonen Sprachminderheiten leben" (Riehl, 2014, S. 10). In Deutschland werden folgende Regional- und Minderheitensprachen gesprochen: Dänisch, Nordfriesisch, Saterfriesisch, Niederdeutsch, Sorbisch und Romani (BMI, 2011). Die Verbreitung dieser Sprachen (abgesehen vom Romani der deutschen Sinti und Roma) ist auf bestimmte Regionen im Bundesgebiet verortet (ebd.). Anders verhält es sich mit den sogenannten „… ‚allochthonen‘ Minderheiten, das sind Menschen, die in ein bestimmtes Land eingewandert sind und dort geblieben sind" (Riehl, 2014, S. 10). Regionale Verbreitung und Verwendung von allochthonen (zugewanderten) Minderheitensprachen waren bislang kaum Gegenstand wissenschaftlicher Untersuchungen (siehe Riehl, 2014, S. 63f.).

Im Mikrozensusgesetz (MZG 2005) sind die Erhebungsmerkmale für die repräsentative Bundesstatistik aufgeführt. Darin ist die Erhebung der hauptsächlich in der Familie gesprochenen Sprache nicht vorgesehen. In der Kinder- und Jugendhilfestatistik wird zwar erfasst, wie viele Kinder mit Migrationshintergrund, welche eine vorschulische Bildungs-, Erziehungs- und Betreuungseinrichtung besuchen, vorwiegend zuhause deutsch sprechen. Nicht eruiert wird jedoch, welche Sprache zuhause gesprochen wird, ob Deutsch die Erst- oder Zweitsprache ist und welche Kompetenzen die Kinder in den gesprochenen Sprachen besitzen. Die Datenlage der amtlichen Statistik ist diesbezüglich als lückenhaft zu bezeichnen (siehe Bewertung der Datenlage: Beauftragte für Migration, 2016; Cinar et al., 2013; BAMF, 2008). Für Gogolin (2010b, S. 530) ist dies ein Indiz dafür, dass die Mehrsprachigkeit der Bevölkerung in deutschen oder einem anderen europäischen Kontext „… vorwiegend als Ausnahme von dieser Regel …" betrachtet und erforscht wurde und wird (siehe hierzu auch Grosjean, 1996). Dies ist seit Anfang der 1980er Jahren vor allem von der International und Interkulturell Vergleichenden Erziehungswissenschaft stark kritisiert worden (siehe hierzu die Darstellung von Gogolin, 2010a).

„Die Wertschätzung des Unterschiedenen in gesellschaftlichen Feldern kommt in der deutschen Sprache im Wort *Vielfalt*, in der englischen Sprache im Wort *diversity* zum Ausdruck..." (Prengel, 2014, S. 21; Herv. im Original). Vertovec prägte in seiner Forschung über Migration in urbanen Räumen Mitte der 2000er Jahren den Begriff der *Superdiversität* (*Super-Diversity*) (Vertovec, 2006; 2007; 2009). Aus diversitätstheoretischer Perspektive reichen die Konzeptualisierungen von Migration im 21. Jahrhundert nicht mehr aus, um die komplexe Einwanderungsgesellschaft hinreichend zu beschreiben (Vertovec, 2006). „The predictability of the category of 'migrant' and of his/her sociocultural features has disappeared" (Blommaert & Rampton, 2011, p. 1). Anhand seiner Studien zur Migration in England, insbesondere in London (z. B. Vertovec, 2006; 2007) konnte er aufzeigen, wie komplex sich Migration tatsächlich darstellt. Superdiversität in Vertovecs (2006) Sinne ist:

> ... a notion intended to underline a level and kind of complexity surpassing anything the country has previously experienced. Such a condition is distinguished by a dynamic interplay of variables among an increased number of new, small and scattered, multiple-origin, transnationally connected, socioeconomically differentiated and legally stratified immigrants... (p. 1)

Mit dem Begriff der „Superdiversität" verweist Vertovec auf die hohe Variabilität von Migrationsprozessen. Sprachenvielfalt (language diversity) ist in diesem Zusammenhang nur eine der Dimensionen zur Beschreibung von Vielfalt und Unterschieden in der sich ständig verändernden Einwanderungsgesellschaft (Vertovec, 2009). Vor diesem Hintergrund können die folgenden rezipierten Studienergebnisse zum Sprachgebrauch nur eine Orientierung in der Beschreibung der tatsächlichen *Heterogenität*[5] der Lebenswelten von Kindern in Deutschland liefern. Diese verlangt gemäß Reich (2008a, S. 255) vom pädagogischen Personal „...stärker denn je eine differenzierende Pädagogik der sprachlichen Elementarbildung, die die generelle und universale Sprachbegabtheit der jungen Menschen in der Vielfalt ihrer sozialen und historischen Ausprägungen bedenkt und Wege eines rechtfertigbaren Umgangs damit erkundet."

---

5   Zum Begriff der Heterogenität: „Heterogenität ist im Verständnis Interkultureller Pädagogik ein Begriff, mit dem auf die Unterschiedlichkeit von Lebenslagen Bezug genommen wird. Diese Unterschiede können sozial oder ökonomisch bedingt sein; sie können von individuellen Merkmalen abhängig sein wie dem Geschlecht eines Menschen oder seiner gesundheitlichen Konstitution; sie können auf kulturelle Zusammenhänge zurückzuführen sein wie etwa auf die Sprache(n), in denen ein Mensch lebt" (Gogolin & Krüger-Potratz, 2010, S. 12).

1.2.2 Sprachgebrauch von Kindern mit Migrationshintergrund

So heterogen die Gruppe der Kinder und ihrer Familien mit Migrationshintergrund ist – so unterschiedlich ist auch der Gebrauch von einer Sprache, bzw. zwei und/oder mehrerer Sprachen. Dementsprechend unterschiedlich sind auch die sprachlichen Erfahrungen, welche Kinder mit Migrationshintergrund in ihren Familien machen. In diesem Kapitel wird deshalb der Frage nachgegangen, welche nichtdeutschen Herkunftssprachen wie häufig in Familien mit Migrationshintergrund in der alltäglichen Kommunikation Verwendung finden.

Nichtdeutsche Herkunftssprachen in Familien mit Migrationshintergrund
In sozialwissenschaftlichen Studien neueren Datums werden inzwischen auch die nichtdeutschen Familiensprachen abgefragt. Ergebnisse hierzu wurden erstmals für den Bildungsbericht 2016 (Autorengruppe Bildungsberichterstattung, 2016) aufbereitet. So wurde im Rahmen des Surveys des Deutschen Jugendinstituts „Aufwachsen in Deutschland: Alltagswelten", kurz DJI Survey AID:A, im Jahr 2013/2014 nach dem Sprachgebrauch in Familien mit unter 6-jährigen Kindern mit Migrationshintergrund gefragt. In der zweiten Generation mit beidseitigem Migrationshintergrund wird überwiegend (58,2%) kein Deutsch gesprochen (Autorengruppe Bildungsberichterstattung, 2016, S. 167; S. 321). In der dritten Generation wird dies nur zu 14,4% angegeben (ebd.).

Die am häufigsten gesprochenen Familiensprachen von unter 6-jährigen Kindern der ersten und zweiten Generation sind nach diesen Angaben abgesehen vom Deutschen (58,5%), Russisch (7,2%), Englisch (4,4%) und Türkisch (3,9%)[6] (Autorengruppe Bildungsberichterstattung, 2016, S. 167; S. 321). Nach Ergebnissen des Nationalen Bildungspanel (NEPS) wird in Familien mit 5-jährigen Kindern der zweiten Generation mit beidseitigem Migrationshintergrund zu 49,1% überwiegend nicht Deutsch gesprochen (Autorengruppe Bildungsberichterstattung, 2016, S. 167; S. 321). In der dritten Generation wird dies nur zu 11,0% angegeben (ebd.). Die am häufigsten gesprochenen Familiensprachen sind nach den NEPS-Daten neben dem Deutschen (65,7%) Türkisch (11,5%) und Russisch (10,3%) (ebd.). Es wurde nach der hautsächlich gesprochenen Familiensprache gefragt.

Gründe für den mehrsprachigen Sprachgebrauch
Leisau (2010) untersuchte den Sprachgebrauch in Familien mit MH. In dieser qualitativen Studie führte sie 31 Interviews mit Eltern mit Migrationshin-

---

6 Sowohl in der DJI, AID:A-Studie als auch in der LIfBi, NEPS-Studie waren Mehrfachantworten zugelassen.

tergrund und befragte sie nach dem überwiegenden Sprachgebrauch bei der Kommunikation mit ihren Kindern. Leisau (2010, S. 259) unterscheidet drei „Basistypen":

- die Kinder wachsen überwiegend mit der deutschen Sprache auf,
- sie sprechen hauptsächlich nichtdeutsche Familiensprache
- oder verwenden zwei oder mehrere Sprachen gleichzeitig

Als Gründe für einen ausschließlichen Gebrauch des Deutschen wurde von den Befragten z. B. genannt, dass dies ihre Muttersprache sei (Leisau, 2010, S. 260f.). Dazu können Familien gezählt werden, die aus deutschsprachigen Ländern bzw. Ländern mit deutschen Minderheiten stammen (z. B. Österreich, Schweiz oder Teile der ehemaligen Sowjetunion). Überwiegend Deutsch wird auch dann mit den Kindern gesprochen, wenn Eltern befürchten, es könnten sonst Schwierigkeiten beim Übergang in die Kindertageseinrichtung und später in die Schule entstehen (Leisau, 2010, S. 261f). Die frühe Kommunikation in der deutschen Sprache soll den Wechsel in die Kindertageseinrichtung und den Kontakt zu anderen Kindern erleichtern.

Der größere Teil der befragten Familien entfällt allerdings auf die Gruppe derer, die überwiegend die nichtdeutsche Familiensprache verwenden (ebd.). Zwei ursächliche Gründe wurden angeführt. Zum einen wird die Weitergabe der Herkunftssprache als wichtige Aufgabe erachtet (Leisau, 2010, S. 263). Die Vermittlung der deutschen Sprache wird als Aufgabe der Kindertageseinrichtung und der Schule gesehen. Zum anderen finden sich hier viele Flüchtlingsfamilien (Leisau, 2010, S. 263f.). Flüchtlingsfamilien sind häufig gezwungen, ohne große Vorbereitungszeit in ein unbekanntes Land zu fliehen. Eine unsichere Aufenthaltsdauer und die Verstreuung der Familie in verschiedene Länder können Gründe sein, warum Eltern die Kinder vor allem in der Herkunftssprache aufwachsen lassen.

Die dritte Gruppe stellten Eltern dar, die ihre Kinder von Beginn an zwei- oder mehrsprachig aufwachsen lassen (Leisau, 2010, S. 264f.). Auch diese Eltern sehen es als ihre Pflicht an, die Herkunftssprache weiterzugeben, aber auch eine Kommunikation in der Umgebungssprache zu ermöglichen.

Die Befragungsergebnisse von Leisau (2010) machen deutlich, dass die Weitergabe der Herkunftssprache für die meisten Eltern ein wichtiges Anliegen darstellt, dass jedoch in den untersuchten Familien die Vitalität und Intensität des Sprachgebrauchs variiert.

Sprach(en)gebrauch von Kindern mit Migrationshintergrund
Einen differenzierten Einblick in den Sprachgebrauch von Kinder mit MH bieten die Daten des Surveys des Deutschen Jugendinstituts (DJI) „Aufwachsen

in Deutschland: Alltagswelten" (DJI Survey AID:A), welcher im Jahr 2009 erstmals repräsentativ für Deutschland erhoben[7] wurde. Es liegen Befragungsergebnisse zum Sprachgebrauch je nach Alter der Kinder, Kommunikationspartner/in, sozialer Schichtzugehörigkeit[8], Zuwanderergeneration und nationaler Herkunft jeweils für die Kommunikation der Kinder mit den Eltern und der Kommunikation mit Geschwistern untereinander vor. Es wird zunächst der Sprachgebrauch bei der Kommunikation mit den Eltern dargestellt.

Im Alter von 0 bis unter 6 Jahren verständigen sich Jungen und Mädchen mit Migrationshintergrund zu 68% hauptsächlich auf Deutsch mit ihren Eltern, zu 12% überwiegend in einer anderen Sprache und 21% geben an, beide Sprachen zu sprechen (Cinar et al., 2013, S. 82). Allerdings zeigt sich auch, dass der Sprachgebrauch von anderen Sprachen als dem Deutschen davon abhängt, welcher Schicht die Eltern angehören. In einer „niedrigeren sozialen Schicht" wird weniger (58%) auf Deutsch kommuniziert als in einer „höheren sozialen Schicht" (84%) (ebd., S. 82f.). Auch werden Unterschiede dahingehend deutlich, welcher Zuwanderungsgeneration die Kinder entstammen. In der ersten und zweiten Generation wird weniger hauptsächlich Deutsch gesprochen (56% & 57%) als in der dritten Generation (95%) (Cinar et al., 2013, S. 83). Betrachtet man den nationalen Hintergrund der 0- bis 8-jährigen Kindern mit MH, sind deutliche Differenzen ersichtlich. Kinder aus Familien, die aus EU-Mitgliedsstaaten eingewandert sind, sprechen häufiger hauptsächlich Deutsch mit ihren Eltern als Jungen und Mädchen mit russischen (61%) und türkischen (26%) MH (Cinar et al., 2013, S. 84).

Die AID:A-Daten belegen, dass der Sprachgebrauch der Kinder von 0 bis unter 6 Jahren je nach Kommunikationspartner/in unterschiedlich ist. In der Kommunikation mit Geschwistern verwenden die Kinder häufiger (+10% Prozentpunkte) hautsächlich die deutsche Sprache als in der Kommunikation mit ihren Eltern (68%) (Cinar et al., 2013, S. 85). Auch die Kommunikation der Geschwister (0- bis 8-jährige Kinder) untereinander ist abhängig von der Schichtzugehörigkeit. „Die deutsche Sprache kommt bei Mädchen und Jungen aus niedrigeren sozialen Schichten weniger häufig in der Kommunikation mit

---

7   Migrationshintergrund wird im DJI Survey AID:A folgendermaßen Definiert „Kinder haben dann einen Migrationshintergrund wenn sie 1) selbst migriert sind, 2) ihre Eltern migriert, aber die Kinder selbst in Deutschland geboren wurden, 3) wenn die Großeltern des Kindes nach Deutschland eingewandert sind und sowohl die Eltern des Kindes als auch das Kind selbst in der BRD geboren wurde" (Cinar et al., 2013, S. 26). Inzwischen sind auch Teile der jüngsten AID:A-Erhebung zwischen 2013 und 2015 veröffentlicht worden (Walper, Bien & Rauschenbach, 2015).

8   Im DJI-Survey/ AID:A wird die soziale Schicht unterschieden in: „Niedrige soziale Schichten", „Mittelschicht" und „Höhere soziale Schichten". Als Indikator für die Schichtzugehörigkeit wurde analog der Vorgehensweise des Kinderpanels das Bildungsniveau, Einkommen, Stellung im Beruf des Vaters bzw. bei Alleinerziehenden der Mutter herangezogen (Rauschenbach & Bien, 2012, S. 94f.).

den Geschwistern zur Anwendung als in der Mittelschicht und in höheren sozialen Schichten" (Cinar et al., 2013, S. 86). Ein Vergleich hinsichtlich der Generationenzugehörigkeit (1., 2., 3. Generation) zeigt, dass die deutsche Sprache bei der Kommunikation mit Geschwistern zunehmend an Bedeutung gewinnt. Kinder sprechen allerdings auch in der ersten und zweiten Generation häufiger Deutsch mit ihren Geschwistern als mit ihren Eltern (Cinar et al., 2013, S. 86). Betrachtet man die Daten nach nationaler Familienherkunft, so zeigt sich auch bei der Kommunikation mit Geschwistern, dass Jungen und Mädchen mit türkischem Migrationshintergrund weniger häufig hautsächlich Deutsch sprechen (42%) als Jungen und Mädchen mit russischen Migrationshintergrund (78%) (Cinar et al., 2013, S. 87).

1.3 Zusammenfassung: Migration und Sprachenvielfalt in Deutschland

Die Zahl der Kinder mit Migrationshintergrund, die eine Kindertageseinrichtung besuchen, nimmt stetig zu (z. B. Beauftragte für Migration, 2016). Inzwischen werden sie annähernd ebenso häufig institutionell betreut wie Gleichaltrige ohne Migrationshintergrund. Quantitativ betrachtet hat etwa ein Drittel der altersgleichen Bevölkerung im Kindergartenalter Migrationshintergrund. Die überwiegende Zahl der Kindergartenkinder in dieser Gruppe verfügt über keine eigenen Migrationserfahrungen. Das heißt, sie wurden in Deutschland geboren und die nichtdeutsche Familiensprache wurde nicht direkt im Herkunftsland, sondern im familiären Kontext in Deutschland erlernt. Dies gilt es zu berücksichtigen, da sich die Familiensprache von der im Herkunftsland gesprochenen Sprache mehr oder weniger stark unterscheiden kann (Kniffka & Siebert-Ott, 2007; Lüttenberg, 2010). In diesem Zusammenhang spricht Gogolin (2009, S. 263) von einer „lebensweltlichen Mehrsprachigkeit"[9] im „… Sinne der Nutzung von zwei oder mehr Sprachen als alltägliche Verständigungssprachen …". Ein Großteil der Kinder aus Familien mit Migrationshintergrund wächst mit Sprachen auf, welche nicht durch das Bildungssystem vermittelt und attestiert werden. Daher erhalten diese Sprachen nicht die gleiche gesellschaftliche Anerkennung wie in der Schule gelernte Sprachen. Für die alltägliche Kommunikation im sozialen Umfeld stellen sie jedoch eine wichtige Funktion für das persönliche und gesellschaftliche Leben dar (Gogolin, 2004).

Zur Sprachenvielfalt in Deutschland gibt es bislang nur wenige repräsentative Studien. Und nichtdeutsche Herkunftssprachen werden nur unter dem

---

9 Zunächst spricht Gogolin (1988) von „lebensweltlicher Zweisprachigkeit", bevor sie das Konzept später als „lebensweltliche Mehrsprachigkeit" (2004) weiterentwickelt.

Gesichtspunkt thematisiert, ob die deutsche Sprache im familiären Kontext gesprochen wird oder nicht. Neuere bundesweite Studien zeigen, dass in Familien mit Migrationshintergrund, neben dem Deutschen, die nichtdeutsche Herkunftssprache weiter präsent bleibt. Unbestritten ist jedoch auch, dass der Gebrauch der deutschen Umgebungssprache von Menschen mit Migrationshintergrund im Verlauf der Integration an Bedeutung gewinnt und häufig mit der Zeit zur dominant gesprochenen Sprache wird. Eine sprachliche Assimilation wird von den meisten zugewanderten Eltern in erster, zweiter oder dritter Generation dennoch nicht gewünscht. Es gilt hier gemäß Kratzmann (2011, S. 209) „… einen Zwischenweg zu finden, der die Entwicklung beider Sprachen in der Weise möglich macht, dass die sprachlichen Voraussetzungen für die Schule vorhanden sind und der Erhalt der Erstsprache weiter möglich ist."

2 Mehrsprachigkeit in Kindertageseinrichtungen

Die zentrale Frage, die sich für die pädagogische Arbeit im Kontext von Sprachenvielfalt und Mehrsprachigkeit ergibt, lautet: „Wie soll mit den nichtdeutschen Familiensprachen der Kinder umgegangen werden?" Diesbezüglich ist in den letzten Jahrzehnten eine veränderte Sichtweise in Bezug auf die sprachliche Bildung und Förderung im Allgemeinen und auf den Umgang mit mehrsprachig aufwachsenden Kindern im Besonderen zu beobachten. Gemäß Reich (2008a) lässt sich neben dem Bildungsziel des Deutscherwerbs ein aktiver Umgang mit der gegebenen Sprachenvielfalt in den Einrichtungen und der Mehrsprachigkeit der Kinder rechtfertigen. Angelehnt an diese Position sind in den letzten Jahren Ansätze und Programme einer mehrsprachigen Bildung entwickelt worden, welche sich nicht nur auf Fremdsprachen (z. B. Englisch, Französisch), sondern auch explizit auf den pädagogischen Umgang mit migrationsbedingter lebensweltlicher Mehrsprachigkeit beziehen.

Im ersten folgenden Kapitel (2.1) wird zunächst die *konzeptionelle Wende* (Panagiotopoulou, 2016, S. 23) in den letzten Jahrzehnten von einer bilingualen Erziehung hin zu einer mehrsprachigen Bildung nachgezeichnet. Dabei wird deduktiv von der allgemeinen sprachlichen Erziehung hin zur mehrsprachigen Bildung vorgegangen. Daran anknüpfend werden aktuell diskutierte Ansätze einer mehrsprachigen Bildung in Kindertageseinrichtungen fokussiert (Kapitel 2.2). Im dritten Kapitel (2.3) werden konkrete Programme dargestellt, welche die Familiensprachen aller Kinder berücksichtigen. Darauf folgt ein Kapitel (2.4), in dem ausgewählte Studienergebnisse zur Effektivität von Programmen und Maßnahmen zur Bildung und Förderung der nichtdeutschen Herkunftssprachen dargestellt werden. Abschließend werden im letzten Kapitel die gewonnen Erkenntnisse zusammengefasst (Kapitel 2.5).

2.1 Von der bilingualen Erziehung hin zur mehrsprachigen Bildung

Als Reaktion auf die seit den 1970er Jahren zunehmende Zuwanderung in westlichen Industrieländern wurde seit den 1980er Jahren, meist angelehnt an den Vorbildern USA und Kanada eine unübersichtliche Zahl an *Programmen*[10] im vorschulischen und schulischen Bereich entwickelt und umgesetzt (Zusammenstellungen finden sich z. B. Caprez-Krompàk, 2010; Gogolin, 2007a; Fthenakis, Sonner, Thrul, & Walbiner, 1985; Jampert, Best, Guadatiello, Holler &

---

10 Programme im pädagogischen Sinne haben im Allgemeinen folgendes gemein: „Ein Programm besteht aus einem fixierten, verschriftlichten Plan oder Entwurf und dessen Umsetzung in Praxis oder Handeln. Im Programmplan sind die Ziele und Vorgehensweisen der Praxis konkret vorweggedacht" (Beywl & Schepp-Winter, 2000, S. 17).

Zehnbauer, 2007; Nieke, 2008; Siebert-Ott, 1997). Gemeinsam haben diese ersten Herangehensweisen an die zunehmende Sprachenvielfalt in Deutschland, dass maximal mit zwei bestimmten Sprachen gearbeitet werden müsse (z. B. Deutsch-Türkisch). Die Programme richten sich entweder an die sprachliche Minorität oder Majorität, nie aber an alle Sprachgruppen einer Kita oder Klasse. In der FBBE wurde die Aufgabe der Bildung und Förderung von Sprache vor allem durch die in der PISA-Studie von 2000 aufgezeigten herkunftsbedingten Disparitäten im Bildungswesen (z. B. Baumert, Stanat & Watermann, 2006) wieder neu bewertet (Briedigkeit, 2011; Leu, 2007). Seitdem hat sich die Bildungsdebatte zum institutionellen Umgang mit frühkindlicher Mehrsprachigkeit erheblich gewandelt. Im Folgenden werden die Veränderungen der letzten Jahre skizziert.

2.1.1　Sprachliche Bildung, Erziehung und Förderung

Während in früheren Publikationen in Zusammenhang mit einer unterstützenden sprachlichen Entwicklung von Kindern überwiegend von „sprachlicher Erziehung" gesprochen wurde, wird in der aktuellen Fachliteratur diese Aufgabe vorrangig als „sprachliche Bildung" bezeichnet (z. B. Jampert et al., 2007; Kieferle, Reichert-Garschhammer & Becker-Stoll, 2013; Nickel, 2014; Reich, 2008a). Eine trennscharfe Unterscheidung dieser Begriffe gestaltet sich jedoch als schwierig, dennoch werden mit ihrer Verwendung unterschiedliche Akzentuierungen getroffen. „Sprachliche Erziehung" impliziert vor allem wiederkehrende pädagogische Aktivitäten, wie z. B. Lieder singen, Geschichten vorlesen, Gespräche führen, gemeinsames Anhören von Hörbüchern usw. (Reich, 2008b, S. 13). „Sprachförderung" wird im Gegensatz dazu meist im Zusammenhang mit „… diagnostizierten sprachlichen Defiziten und deren Behebung…" verwendet (Jampert et al., 2007, S. 11). Der Begriff der „sprachlichen Bildung" hingegen wird in den Worten von Jampert et al. (2007, S. 11) „… eher im Sinne eines umfassenden ressourcenorientierten Konzepts verwendet, das auf Sprache als Teil einer allgemeinen Persönlichkeitsbildung zielt." Nach Reich (2008b, S. 13) wird mit der Verwendung des Begriffes „Bildung" in der Pädagogik „… oft und ausdrücklich die Vorstellung von der Selbstbildung des Kindes …" angesprochen. Durch die Betonung der sprachlichen Bildung in der aktuellen Fachliteratur kommt somit auch ein verändertes Verständnis im didaktischen und pädagogischen Handeln zum Ausdruck. Gemäß Reich (2008a) muss sprachliche Bildung:

- die Kommunikationsgelegenheiten im Kindergartenalltag so intensiv und so systematisch wie möglich [...] nutzen, ohne den Kindergartenalltag zu zerstören;
- der individuellen Sprachbiografie jedes Kindes so eingehend wie möglich Rechnung [...] tragen, ohne das Kind zu isolieren;
- die erforderlichen zusätzlichen Maßnahmen so weit wie irgend möglich den Fachkräften an[zu; S.J.]vertrauen, die die Kinder am besten kennen. (S. 256)

Sprachliche Bildung wird in diesem Verständnis nicht in spezielle Gruppen ausgelagert, sondern möchte die vielfältigen Kommunikationsgelegenheiten des Kita-Alltags gezielt nutzen. Sie richtet sich nicht an bestimmte Zielpopulationen, sondern orientiert sich an den individuellen sprachlichen Voraussetzungen der Kinder. Sprachliche Bildung wird, soweit es möglich ist, nicht von externen Fachkräften übernommen, sondern vom pädagogischen Personal, das die Kinder kennt. Den Ausführungen folgend, wird in dieser Arbeit immer dann von Sprachbildung bzw. sprachlicher Bildung gesprochen, wenn die Eigentätigkeit des Kindes im Vordergrund steht.

Eng verknüpft mit der begrifflichen Debatte ist auch die grundsätzliche Diskussion um die gezielten Handlungsmöglichkeiten des pädagogischen Personals. Kontrastiv betrachtet steht einer angebotsorientierten eine alltagsintegrierte sprachliche Bildung und Förderung gegenüber. Um im Folgenden eine gute Lesbarkeit zu gewährleisten, wird von einer „angebotsorientierten sprachlichen Förderung" und einer „alltagsintegrierten sprachlichen Bildung" gesprochen, auch wenn eine scharfe Abgrenzung der Begriffe nicht immer möglich ist. Neben den im Alltag integrierten sprachlichen Bildungsangeboten und Bildungsaktivitäten sind in den letzten Jahren eine Vielzahl an angebotsorientierten Förderprogrammen entstanden (siehe Bestandsaufnahme von Jampert et al., 2007; Lisker, 2011). Alltagsintegrierte sprachliche Bildung möchte an die Interessen und Bedürfnisse der Kinder anknüpfen, die im Kita-Alltag aufgegriffen werden sollen. Im Gegensatz zur angebotsorientierten sprachlichen Förderung werden keine konkreten Fördereinheiten und Förderschritte vorgegeben. „Anstelle eines isolierten Programms soll die Sprachförderung [bzw. alltagsintegrierte sprachliche Bildung; S.J.] in die Gesamtkonzeption der Kindertageseinrichtung integriert werden" (Lisker, 2011, S. 60). Als angebotsorientierte sprachliche Förderung können sprachwissenschaftlich begründete Programme beschrieben werden, die einzelne oder mehrere Sprachbereiche (z.B. Wortschatz, Grammatik, phonologische Bewusstheit) nach einem festgelegten Zeitplan und mit vorgegebenen Materialien in Kleingruppen oder in Einzelarbeit vorgeben (Briedigkeit, 2011, S. 88; Lisker, 2011, S. 60). Viernickel, Nentwig-Gesemann, Nicolai, Schwarz und Zenker (2013) haben in einer bundesweiten Befragung von pädagogischem Personal Sprachbildungs- und Sprachförderaktivitäten in Kitas erhoben. Vor allem Kita-Gruppen mit einem hohen Anteil an Kindern mit nichtdeutschen Herkunftssprachen bzw. Familiensprachen verwenden signifikant häufiger angebotsorientierte Sprachförderprogramme (Viernickel et al., 2013, S. 113). Gemäß Gasteiger-Klicpera (2013) werden Kinder derzeit weder in dem einen noch dem anderen Ansatz zufriedenstellend unterstützt. „Daher liegt es nahe anzunehmen, dass Erfolge in der sprachlichen Bildung nur dann erreicht werden können, wenn die besten Aspekte der beiden Ansätze verbunden und in den Alltag der Kita integriert werden" (Gasteiger-Klicpera, 2013, S. 252).

2.1.2 Bilinguale oder multilinguale Bildung aus Sicht der Bildungspolitik

Eine weitere Veränderung vollzieht sich von der zunächst monolingualen, über die bilinguale hin zur bildungspolitisch geforderten multilingualen sprachlichen Erziehung bzw. Bildung. Angestoßen durch die Beschlüsse supranationaler Instanzen (z. B. Europäische Kommission, Europäisches Parlament, Rat vereinigte Bildungsminister) wird seit Mitte der 1990er Jahren ein mehrsprachiger EU-Bürger bzw. eine mehrsprachige EU-Bürgerin propagiert. So wird etwa im Weißbuch zur allgemeinen und beruflichen Bildung vom 29. November 1995 gefordert, „… daß jedem – unabhängig vom Bildungs- oder Ausbildungsweg – die Möglichkeit gegeben wird, die Fähigkeit zur Kommunikation in mindestens zwei Gemeinschaftssprachen neben seiner Muttersprache zu erwerben und zu erhalten" (EU-Kommission, 1996, S. 62). Ganz ausdrücklich wird im Weißbuch darauf hingewiesen, dass dieses Ziel bereits im vorschulischen Alter beginnen sollte (ebd.). Eine mehrsprachige Bildung, beginnend in der FBBE, findet hiermit Eingang in die politische, wissenschaftliche und fachpraktische Diskussion (Röhner, 2008). Dieses Ziel ist wiederum auch auf nationaler Ebene und auf Ebene der Länder in die *Bildungspläne* bzw. *Bildungsprogramme*[11] eingeflossen (siehe hierzu Lengyel & Salem, 2018).

Viernickel und Schwarz (2009) haben in der Expertise *Schlüssel zu guter Bildung, Erziehung und Betreuung* die gesetzlichen Vorgaben und Bildungsprogramme aller Bundesländer einer Analyse dahingehend unterzogen, welche Anforderungen an Kitas mehrheitlich in diesen Texten genannt werden.

---

11 In dieser Arbeit werden die verschiedenen länderbezogenen Bildungs-/Orientierungsprogramme und -pläne zur besseren Lesbarkeit im Folgenden zusammengefasst unter dem Begriff „Bildungsprogramme". Wird ein bestimmtes bundeslandspezifisches Bildungsprogramm angesprochen, wird die genau und vollständige Bezeichnung verwendet.

Von den fünf Analysedimensionen[12] beschäftigt sich eine mit dem Thema der Sprache und Sprachförderung. In allen Bildungsprogrammen der Länder wird diesem Thema ein großer Stellenwert eingeräumt (Viernickel & Schwarz, 2009, S. 35–37). Dort wird Mehrsprachigkeit „… als Kompetenz angesehen und die Wertschätzung und Förderung der Familiensprachen aller Kinder als Aufgaben für pädagogische Fachkräfte formuliert" (ebd., S. 36). Mehrheitlich (> 75%) werden folgende konsensfähigen Qualitätsziele von Viernickel und Schwarz (2009) in der Dimension „Sprache und Sprachförderung" herausgearbeitet:

– In den Alltag integrierte sprachanregende Angebote (z.B. Fingerspiele, Reime, …)
– Kindern zuhören und jedes Kind zum Erzählen anregen
– Beschäftigung mit Schrift und Schreiben anregen
– Vorlesen/Erzählen möglichst täglich anbieten
– Geplante und vorbereite Gespräche mit einzelnen Kindern/in kleinen Gruppen
– Wertschätzung und Förderung von Zwei- und Mehrsprachigkeit
– Verschiedene Sprachen anbieten (S. 37)

„Wertschätzung und Förderung von Zwei- und Mehrsprachigkeit" (absolut: 15) und „Verschiedene Sprachen anbieten" (absolut: 12) können aus Perspektive der Bildungspolitik als konsensfähiges Bildungsziel betrachtet werden und zählen somit zum pädagogischen Auftrag einer Kindertageseinrichtung. Eine Einrichtung, die diese Anforderungen erfüllt, handelt in großer Übereinstimmung mit den aktuellen bildungspolitischen Forderungen. Auf Länderebene wird beispielsweise im *Bayerischen Bildungs- und Erziehungsplan* (BayStmAS & IFP, 2016) der pädagogische Auftrag im Kontext von Zwei- und Mehrsprachigkeit folgendermaßen betrachtet:

> Die Entwicklung von Zwei- und Mehrsprachigkeit gehört wesentlich zur sprachlichen Bildung. Dabei gilt es, die spezifischen Entwicklungsprofile, Kompetenzen und Bedürfnisse von mehrsprachig aufwachsenden Kindern wahrzunehmen und zu nutzen – sowohl mit Blick auf die betroffenen Kinder und Familien als auch mit Blick auf einsprachige deutsche Kinder. Wertschätzung und Förderung von Mehrsprachigkeit und „Deutsch lernen" sind kein Widerspruch, sondern Zielsetzungen, die sich gegenseitig ergänzen. Dies gilt in gleicher Weise auch für den Dialekt. (S. 197)

---

12 Die Auswahl der fünf Analysedimensionen orientiert sich an offiziellen Dokumenten wie den „Gemeinsamen Rahmen der Länder für die frühe Bildung in Kindertageseinrichtungen" (JMK & KMK, 2004). Die fünf Analysedimensionen sind „Beobachten und Dokumentieren", „Sprachförderung", „Zusammenarbeit mit Eltern", „Gestaltung des Übergangs Kita-Schule" & „Qualitätssicherung und -entwicklung" (Viernickel & Schwarz, 2009, S. 46).

Ausgehend von diesen Leitgedanken zur Wertschätzung und Förderung von Zwei- und Mehrsprachigkeit werden im weiteren Verlauf des Bildungs- und Erziehungsplans folgende Ziele formuliert:

- Neugierde auf fremde Sprachen entwickeln und Mehrsprachigkeit als Bereicherung und Lebensform ansehen
- Entwicklung von Zwei- und Mehrsprachigkeit, aktive Bemühung um Mehrsprachigkeit
- Flexible, situationsangemessene Nutzung verschiedener Sprachen und Sprachstile
- Entwicklung einer sprachlich-kulturellen (auch mehrsprachigen) Identität. (BayStmAS & IFP, 2016, S. 198)

Das pädagogische Personal soll die Neugierde fremden Sprachen gegenüber wecken, die Entwicklung von mehr als nur einer Sprache fördern, die situationsangemessene Nutzung dieser Sprachen fördern und zu einer sprachlich-kulturellen Identitätsentwicklung beitragen. „Dies ist vor dem Hintergrund eines weiteren Bildungsverständnisses zu sehen, das Bildung nicht ausschließlich als den Erwerb bestimmter (beispielsweise sprachlicher) Kompetenzen, sondern vielmehr als einen subjektiven Prozess des Erlangens von Eigenständigkeit in der Auseinandersetzung mit der Umwelt versteht" (Kratzmann, Lehrl & Ebert, 2013, S. 141). Eine aktive Integration von Mehrsprachigkeit in der Kita wird als eine Bereicherung für alle Kinder betrachtet. Der pädagogische Auftrag in Kindertageseinrichtungen berücksichtigt mehrheitlich auf curricularer Ebene die sprachlich-kulturelle Vielfalt der Kinder und schließt ein aktives Bemühen um ein bilinguales bzw. mehrsprachiges Aufwachsen ausdrücklich mit ein.

2.1.3 Zwei-, Drei- oder Mehrsprachigkeit

Auch das sprachwissenschaftliche Verständnis vom Lernen von Sprache(n) unterliegt einem stetigen Wandel. Die in der Sprachwissenschaft übliche Unterscheidung in Erstsprache (L_1, Language 1) und Zweitsprache (L_2, Language 2) vermittelt gemäß Busch (2013, S. 9) den Eindruck, „... dass Sprachen klar voneinander abgrenzbar und somit zählbar sind." Dieser Logik folgend, richten sich die Programme einer bilingualen Erziehung der 1980er und 1990er Jahre entweder an die Erst- oder Zweitsprache (siehe Kapitel 2.1). Ein Grund, warum sich die Programme vor allem an zweisprachige Sprecher richten, ist sicherlich darin zu suchen, dass es weit mehr Forschungsergebnisse zu frühkindlichem Bilingualismus als zu Multilingualismus (bzw. Mehrsprachigkeit) gibt (Reich, 2010, S. 8f.; Schneider, 2015, S. 17). Durch die Verwendung des Begriffes „Mehrsprachigkeit" anstelle von „Zweisprachigkeit" bzw. „Bilingualismus" wird darauf verwiesen, dass Mehrsprachigkeit nicht nur die Beherrschung von zwei Sprachen bedeutet (Busch, 2013; Tracy, 2007; Wandruszka, 1979). „Sie [die Sprachen; S.J.] existieren nicht primär nebeneinander, sondern sind miteinander verwoben und gestatten es, sich mit verschiedenen Personen (unterschiedlicher Sprachen) ohne Probleme in zwei oder mehreren Sprachen unterhalten zu können" (Adler, 2011, S. 113). Ausgehend von dieser Grundannahme zur frühkindlichen Mehrsprachigkeit werden im Folgenden Ansätze einer mehrsprachigen Bildung skizziert.

2.2 Ansätze einer mehrsprachigen Bildung in Kindertageseinrichtungen

Die praktische Gleichstellung aller gesprochenen Sprachen im Rahmen einer mehrsprachigen Bildung geschieht nicht vorrangig aus dem Grund, dass man sich, pointiert ausgedrückt, eine positive sprachlich-kognitive Transferwirkung auf die deutsche Sprache erhofft oder Vorteile für die schulische und berufliche Laufbahn erwartet oder eine bestimmte Sprache oder einen bestimmten Dialekt als besonders erhaltenswert erachtet und deshalb unterstützt. Ansätze und Programmarten, die eine inklusive Berücksichtigung aller gesprochenen Sprachen anstreben, lassen sich dem Pluralismus („linguistic pluralism"; Cobarrubias, 1983, S. 63) zuordnen. In dieser Tradition stehende Ansätze und Programme begründen das pädagogische und didaktische Handeln damit, dass eine sprachliche Pluralisierung Ausdruck sozialer Gerechtigkeit sei (Cobarrubias, 1983, S. 64f.; Fthenakis et al., 1985, S. 319ff.; Maitz & Elspaß, 2012, S. 43f.). Indem jedes Individuum „…das gleiche Recht auf Eigenart zukommt, wird das Gleichheitspostulat durch die Anerkennung von Verschiedenheit eingelöst" (Prengel, 2006, S. 49)[13]. Eine institutionelle Wertschätzung, Pflege und Weiterentwicklung aller gesprochenen Sprachen stellt in dieser Sichtweise ein Abbild der gegebenen sprachlichen und kulturellen Vielfalt in der Gesellschaft dar. Ein rein monolinguales Sprachangebot in der Kita würde diese Vielfalt und den Nutzen von lebensweltlicher Mehrsprachigkeit nicht ernst nehmen. Gemäß Werlen (1994, S. 331) muss „… jede Sprachpädagogik […] aufbauen auf dem Prinzip, dass nicht zerstört werden darf, was vorhanden ist, und ihr Ziel muss es sein, Menschen zu bilden, die Mehrsprachigkeit nicht mehr als Ausnahmezustand, sondern als das Normale schlechthin sehen." Die Zielpo-

---

13 Eine ausführliche Auseinandersetzung zur Theorie und Geschichte von Gleichheit und Verschiedenheit findet sich bei (Prengel, 2006, S. 29–60).

pulation des pädagogischen und didaktischen Handelns ist damit sowohl die Minorität als auch die Majorität. Die Kinder beider Gruppen werden darin unterstützt, ihr sprachliches Repertoire so weiterzuentwickeln, dass sie sich in einer sprachlich-kulturell pluralen Gesellschaft zurechtfinden.

Das zugrundeliegende Sprachziel ist eine funktionale Mehrsprachigkeit (bzw. funktionale Zwei- und Mehrsprachigkeit; Bausch, 2007). Oksaar (1980) definiert eine funktionale Mehrsprachigkeit folgendermaßen:

> *Mehrsprachigkeit* definiere ich funktional. Sie setzt voraus, dass der Mehrsprachige in den meisten Situationen ohne weiteres von der einen Sprache zur anderen umschalten kann, wenn es nötig ist. Das Verhältnis der Sprachen kann dabei durchaus verschieden sein – in der einen kann, je nach Struktur des kommunikativen Aktes, u. a. Situationen und Themen, ein wenig eloquenter Kode, in der anderen ein mehr eloquenter verwendet werden. (S. 43; Herv. im Original)

Pädagogische *Ansätze*[14], die diesem Sprachziel nachgehen, finden sich in der frühkindlichen Bildung, Betreuung und Erziehung „… in der Interkulturellen Pädagogik, der Vorurteilsbewussten Bildung und Erziehung sowie in der didaktischen Konzeption der Language Awareness, der Begegnungssprachen sowie der Didaktik der Sprachenvielfalt" bzw. Didaktik der Mehrsprachigkeit (Nickel, 2014, S. 653). Im Folgenden werden diese genannten Ansätze einer mehrsprachigen Bildung in kurzer Form skizziert.

2.2.1 Sprachliche Bildung und interkulturelle Pädagogik

Gemäß Luchtenberg (2002, S. 29) kam es zu einer veränderten Sichtweise im Umgang mit migrationsbedingter Mehrsprachigkeit, durch die „… Interkulturelle[n] Pädagogik, zu deren Grundannahmen es gehört, dass sich interkulturelle Erziehung an alle Kinder richtet" (siehe auch Caprez-Krompàk, 2010, S. 81; Reich & Krumm, 2013, S. 84). Die Anfänge der interkulturellen Pädagogik sind bereits in den 1970ern und 1980ern zu suchen. In der Auseinandersetzung mit dem institutionellen Umgang mit Kindern mit MH hat sich seitdem die Begriffskombination „Interkulturelle Pädagogik" (auch „Interkulturelle Erziehung" und/oder Bildung) etabliert (z.B. Gogolin, 2007b; Nieke, 2008; Seel & Hanke, 2015). Die sprachliche Bildung und interkulturelle Bildung beschäftigt sich gemäß Reich und Krumm (2013, S. 18f.) unter anderem

---

14 Ein Ansatz ist gemäß Krüger-Potratz (2005, S. 113) der übergeordnete Begriff für entsprechende Programme, Konzepte, Perspektiven und Ähnlichem. Ein Konzept hingegen ist in den Worten von Geissler & Hege (2007, S. 20) „… ein Handlungsmodell, in welchem die Ziele, die Inhalte, die Methoden und die Verfahren in einem sinnhaften Zusammenhang gebracht sind."

mit „… Fragen der Kommunikation über sprachliche Unterschiede hinweg, Fragen der Zusammenhänge zwischen Sprachen und kulturellen Gegebenheiten, Fragen des Austausches und der Konflikte zwischen Sprechergruppen und damit Fragen der individuellen und sozialen Identität." Erste Impulse für sprachlich-interkulturelles pädagogisches und didaktisches Handeln im Kontext von sprachlicher und interkultureller Bildung sind aus der Deutschdidaktik heraus entwickelt worden (Reich & Krumm, 2013, S. 84f.). Im Jahr 1992 veröffentlichte Gogolin das Konzept der „interkulturellen sprachlichen Bildung". Angelehnt an den von Cummins (1986) entwickelten Ansatz „Empowering Minority Students" beschreibt Gogolin (2007b) das Ziel einer interkulturellen sprachlichen Bildung folgendermaßen:

> … interkulturelle sprachliche Bildung […], soll zu erreichen suchen, dass alle Bewohner eines Territoriums dazu in der Lage sind, sich in vollem Umfang und auf allen Ebenen der gemeinsamen Verkehrssprache zu bedienen. Darüber hinaus soll angestrebt werden, dass alle Menschen Strategien und Mittel besitzen, mit denen sie sich den Anforderungen gemäß verhalten können, die ihnen durch Sprachenvielfalt alltäglich gestellt sind. (S. 101)

Pädagogisches Handeln im Rahmen von interkultureller sprachlicher Bildung bedeutet eine aktive Einbeziehung der nichtdeutschen Herkunftssprachen in eine allgemeine sprachliche Bildung. Dies soll vor allem durch das Anleiten zur metasprachlichen Kommunikation und reflexiven Auseinandersetzung mit Sprachenvielfalt und Mehrsprachigkeit gefördert werden (Gogolin, 2007b; Fürstenau, 2012; Luchtenberg, 2002; Reich & Krumm, 2013, S. 84f.). Sprachliche Bildung im Rahmen einer Interkulturellen Pädagogik richtet sich sowohl an die Majorität als auch an die Minorität. Hierzu sind vor allem im schulischen Kontext aber mittlerweile auch im vorschulischen Kontext eine Reihe von Konzepten (siehe Übersicht von Gogolin, 2007a; Jampert et al., 2007), Curricula (z. B. Reich & Krumm, 2013) und Aus-, Fort- und Weiterbildungskonzepte entstanden (z. B. Griebel, Heinisch, Kieferle, Röbe & Seifert, 2013; Reich, 2008b). Praxisempfehlungen zur Umsetzung in Kindertageseinrichtungen sind beispielsweise in der Veröffentlichung „Die Welt trifft sich im Kindergarten" (Ulich, Oberhuemer & Soltendieck, 2013) beschrieben, die federführend von Ulich und ihrem Team am Staatsinstitut für Frühpädagogik (IFP) in München entwickelt wurde. Des Weiteren werden in der Handlungsempfehlung „Interkulturelle Arbeit in Kitas" (Stadt Nürnberg, 2007), die im Rahmen des Projektes „Sprachentwicklung und Sprachförderung in Kindergärten" (SpiKi) vom Amt für Kinder, Jugendliche und Familien der Stadt Nürnberg erarbeitet wurde, Umsetzungsstrategien benannt. Auch die Stadt Frankfurt am Main hat bereits 2001 eine Broschüre unter dem Titel „Meine, deine, unsere

Sprache, Konzeption für eine Sprachförderung zwei- und mehrsprachiger Kinder" herausgebracht (Stadt Frankfurt am Main, 2001).

2.2.2 Vorurteilsbewusste Bildung und Erziehung

Die vorurteilsbewusste Bildung und Erziehung geht zurück auf den Anti-Bias-Ansatz, der Mitte der 1980er Jahren in den USA von Derman-Sparks und ihrem Team (Derman-Sparks & A.B.C. Task Force, 1989) entwickelt wurde (siehe hierzu ausführlich Gramelt, 2010). Derman-Sparks (1989) erläutert den Begriff „Anti-Bias" folgendermaßen:

> [Anti-Bias is an] active/activist approach to challenging prejudice, stereotyping, bias, and the ‚isms'. In a society in which institutional structures create and maintain sexism, racism and handicappism, it is not sufficient to be non-biased (and also highly unlikely), nor is it sufficient to be an observer. It is necessary for each individual to actively intervene, to challenge and counter the personal and institutional behaviors that perpetuate oppression. (p. 3)

In diesem Ansatz wird davon ausgegangen, dass gemäß Trisch und Winkelmann (2007, S. 108) „Diskriminierung […] nicht allein von Vorurteilen Einzelner aus [geht; S.J.], sondern […] auf vorherrschenden gesellschaftlich geteilten Bildern, Bewertungen und Diskursen [basiert; S.J.]. Dieser komplexe Zusammenhang reicht in vielen Fällen tief hinein in die institutionellen, rechtlichen und organisatorischen Rahmenbedingungen von Alltag und (pädagogischem) Handeln." Aufgabe des pädagogischen Personals ist es, diese Diskriminierungen zu unterbinden und sich mit diesen reflexiv auseinanderzusetzen.

Im Rahmen des Projektes „Kinderwelten" wurde der Ansatz Ende der 1990er Jahre unter der Begrifflichkeit „Vorurteilsbewusste Bildung und Erziehung" an die deutschen Gegebenheiten angepasst (z.B. Preissing & Wagner, 2003; Wagner, 2007). Wagner (2007) beschreibt die vier grundlegenden Ziele eine vorurteilsbewussten Bildung und Erziehung wie folgt:

- Alle Kinder in ihrer Identität zu stärken, wozu die Anerkennung ihrer Vorerfahrungen und Familienkulturen gehört.
- Allen Kindern Erfahrungen mit Vielfalt zu ermöglichen, indem sie sie aktiv und bewusst erleben.
- Kritisches Denken über Vorurteile, Einseitigkeiten und Diskriminierung anzuregen.
- Kinder darin zu unterstützen, sich gegen Einseitigkeiten und Diskriminierung zu wehren. (S. 133f.)

Diese Ziele sollen vor allem durch eine vorurteilsbewusste Raumgestaltung, eine bewusste Zusammenstellung der *Materialien*[15] und durch die Kommunikation mit den Kindern verwirklicht werden (Derman-Sparks & A.B.C. Task Force, 1989). Zur pädagogischen Raumgestaltung wird angemerkt: „Dabei gilt zu fragen, ob sie zum einen die vielfältigen Merkmale der Kinder widerspiegeln, die sich in dem Raum bewegen, und ob sie zum anderen Vielfalt in einer Art darstellen, die stereotype Muster nicht unterstützen, sondern ein komplexes Bild von Vielfalt aufzeigen" (Gramelt, 2010, S. 109f.). Ideen zu einer praktischen Umsetzung in Kindertageseinrichtungen werden z. B. in dem Kita-Fachtext *Eine vorurteilsbewusste Lernumgebung gestalten* (Richter, 2014) ausgeführt.

Auch die Auswahl und der Einsatz verschiedener Materialien kann dazu beitragen, die Ziele des Anti-Bias-Ansatz zu erreichen. „Every center should contain regularly available materials representing the backgrounds of the families in your classroom and then extending beyond to the major groups in your community and in the nation" (Derman-Sparks & A.B.C. Task Force, 1989, p. 12). Auch hier geht es darum, die Vielfalt der in der Einrichtung betreuten Kinder sichtbar und erlebbar zu machen. Worauf im Einzelnen bei einer vorurteilsbewusste Materialauswahl zu achten ist, führt Richter aus (2014). Eine wichtige Rolle spielt hierbei gemäß Derman-Sparks (1989) auch die Auswahl der Bücher.

> All children's books reflect social values and attitudes, some more obviously than others. Many, including books that are considered classics, reflect bias of some kind. Since books are a significant part of young children's lives in school and child care, much care must be given to their selection and use. (p. 12)

In der Kommunikation mit den Kindern ist darauf zu achten, die gegebene Vielfalt zu berücksichtigen. „Auch hierbei gilt es, sowohl Lieder als auch Geschichten bewusst danach auszuwählen, dass sie Vielfalt aufzeigen und damit auch zum Gespräch über Vielfalt anregen" (Gramelt, 2010, S. 111). Derman-Sparks (1989, p. 16) schlägt vor mit sogenannten „Persona Dolls" zu arbeiten: „Each doll has his or her own life story. Stories reflect the composition of the class and offer a vehicle for introducing differences that do not exist within one classroom." Diese Puppen, die verschiedene Herkunfts- und Familienkulturen repräsentieren, sollen dem pädagogischen Personal dabei helfen, über Vielfalt in der Gruppe zu sprechen (siehe hierzu Richter, 2014, S. 19). Dieser Ansatz findet sich beispielsweise im *Bayerischen Bildungs- und Erzie-*

---

15 Zum Begriff Materialien: „Unter Materialien werden alle Gegenstände verstanden, die zur Gestaltung der Räume (innen und außen) und für die pädagogische Arbeit benutzt werden" (Höltershinken, 2012, S. 341).

hungsplan (BayStmAS & IFP, 2016) und im *Berliner Bildungsprogramm für Kitas und Kindertagespflege* (Senatsverwaltung für Bildung, Jugend und Wissenschaft, 2014).

2.2.3 Language Awareness

Das didaktische Konzept des „language awareness" wurde ursprünglich in England als Antwort auf unzureichende Englischkenntnisse und geringes Interesse am Fremdsprachenlernen von britischen Schülerinnen und Schülern hin initiiert (z. B. Hawkins, 1984; Fehling, 2008; James & Garrett, 1992). Maßgeblich wurde das Konzept von Hawkins (1984) entwickelt. Er kritisierte damals, dass in der Schule keine bewusste Auseinandersetzung mit der britischen Sprache stattfindet: „Nowhere does our present curriculum offer children help in learning to understand language itself, the unique characteristic of the ‚articulate mammal'" (Hawkins, 1984, p. 1). Außerdem rügte er das geringe Interesse an anderen Sprachen: „More serious still is the linguistic parochialism and prejudice which is endemic in our community to degree rarely found in other societies" (Hawkins, 1984, p. 2). Das didaktische Konzept strebt deshalb gemäß Hawkins (1984) eine Verknüpfung des sprachlichen Lernens der englischen Sprache und Fremdsprachen an:

> It also bridges the ‚space between' the different aspects of language education (English/foreign language/ethnic minority mother tongues/English as second language/Latin) which at present are pursued in isolation, with no meeting place for the different teachers, no common vocabulary for discussing language. (p. 4)

In der Weiterführung des Ansatzes, der „critical language awareness" geht es mehr um die Auseinandersetzung mit sprachlicher Diskriminierung (Fairclough, 1992). Es geht somit über eine rein kognitive Auseinandersetzung mit Sprache(n) hinaus. James und Garrett (1992) beschreiben fünf Dimensionen, die im Rahmen von Language Awareness behandelt werden müssen: affektive, soziale, politische, kognitive Dimension und Dimension der Performanz (siehe hierzu auch Elsner & Wedewer, 2007; Fehling, 2008). Daraus ergeben sich gemäß Luchtenberg (2002) folgende Ziele:

– Alle Sprachen, die im Umfeld eine Rolle spielen, werden berücksichtigt, was unter Umständen auch eine einzige Sprache sein kann.
– Sprache wird ganzheitlich einbezogen, d. h. also alle ihre Phänomene von Lauten bis zu Texten.
– Kognitive, soziale und emotionale Zugänge zu Sprache(n) spielen eine Rolle.

– Die Frage der mit Sprache verbundenen Macht ist vor allem im Bereich von Critical Language Awareness relevant. (S. 30)

In Deutschland wurden diese Ziele zunächst vor allem im frühen Fremdsprachenunterricht in der Grundschule aufgegriffen (siehe hierzu z. B. KMK, 2013; Reich & Krumm, 2013). Umgesetzt wurde das Konzept in den 1990er Jahren in Nordrein-Westfalen (NRW) im Rahmen des Programms „Begegnung mit Sprachen in der Grundschule" (z. B. Graf & Tellmann, 1997; Hänisch & Thürmann, 1994; Jacobi & Kuhle, 1997). Eine praktische Umsetzung in Kindertageseinrichtungen wird zum Beispiel bei Mayer und Viebrock (2005) beschrieben.

2.2.4 Begegnungssprachen

Aufbauend auf den Ideen des *Language Awareness* wurde in Deutschland zunächst für die Grundschule und später für Kindertageseinrichtungen das didaktische Konzept der *Begegnungssprachen* (auch Herkunftssprachen, Nachbarsprachen) entwickelt (siehe hierzu Elsner & Wedewer, 2007). So entstand in NRW das Programm „Begegnung mit Sprache" (Ministerium für Schule, Jugend und Kinder in NRW, 2003).

Das Programm sieht vor, dass sich die Grundschule für eine oder mehrere Begegnungssprache(n) entscheidet, die dann möglichst vielfältig in den Schulalltag integriert wird bzw. werden. Eine Begegnungssprache kann entweder eine nichtdeutsche Herkunftssprache von Schülerinnen und Schülern oder eine Nachbarsprache, im Fall von NRW Niederländisch und Französisch sein. Das Ziel des Programmes „Begegnung mit Sprachen" wird folgendermaßen beschrieben:

– die Entwicklung von Interesse und Freude am Sprachenlernen und an neuen Lebenswelten
– den offenen und respektvollen Umgang mit sprachlicher und kultureller Vielfalt
– den rezeptiven und produktiven, vor allem auf die mündliche Kommunikation gerichteten Umgang mit anderen Sprachen
– den spielerischen Erwerb von grundlegenden Techniken und Methoden des Sprachenlernens und der Sprachbetrachtung
– den bewussteren Umgang mit der eigenen bzw. mit der deutschen Sprache (Ministerium für Schule, Jugend und Kinder in NRW, 2003, S. 7)

„Begegnung mit Sprachen" knüpft grundsätzlich an die sprachlichen Erfahrungen der Kinder an. Bei der praktischen Umsetzung werden folgende Lernformen zur Umsetzung vorgeschlagen:

- die spezifischen Lernvoraussetzungen der Schülerinnen und Schüler bei der Erkundung von sprachlicher und kultureller Vielfalt zu nutzen
- entdeckend, experimentierend und spielerisch handelnd mit Sprache umzugehen und über die dabei gemachten Erfahrungen zu sprechen
- voneinander und miteinander neue sprachliche Mittel zu erwerben und zu erproben (Ministerium für Schule, Jugend und Kinder in NRW, 2003, S. 10)

Für Bebermeier, einer der Hauptvertreter des nordrhein-westfälischen Begegnungssprachenprogramms, besteht die Rolle des pädagogischen Personals vor allem darin: „Gestaltung der Lernumwelt (Klassenraum), Strukturierung von Situationen, Bereitstellen von Materialien/Medien, Zusammenstellen möglicher bzw. angemessener fremdsprachlicher Elemente, Überlegungen zum musisch-kreativem und handelndem Umgang mit der anderen Sprache zu verstehen" (1994, S. 49). Die konzeptionelle Offenheit ermöglicht auch eine Umsetzung in Kindertageseinrichtungen (Elsner & Wedewer, 2007, S. 18). Hier lassen sich viele unterschiedliche Formen der praktischen Umsetzung finden z. B. „Lerne die Sprachen des Nachbarn" (Landesamt für Soziales, Jugend und Versorgung in Rheinland-Pfalz, 2003); „Nachbarsprache von Anfang an!" (Sächsische Landesstelle für frühe nachbarsprachige Bildung, 2015)[16].

2.2.5 Didaktik der Mehrsprachigkeit

Die *Didaktik der Mehrsprachigkeit* ist kein Ansatz in dem von Krüger-Potratz (2005, S. 113) verwendeten Sinne. Vielmehr handelt es sich um eine neu entstehende Fachdidaktik, die viele der vorangegangenen Ansätze bündelt und weiterentwickelt. Ganz allgemein betrachtet beschäftigt sich die Allgemeine Didaktik gemäß Terhart (2009, S. 99) „… mit allen Fragen des Lehrens und Lernens […] sowohl in der vorschulischen Bildung und Erziehung, im Kontext der allgemeinbildenden und berufsbildenden Schulen z. T. gesondert nach Fächern oder Lernbereichen…". Für die speziellen didaktischen Fragen in einem Fach bzw. einem Lernbereich in einer Bildungsinstitution gibt es die „Besonderen Didaktiken" (Terhart, 2009, S. 99). So wie es beispielsweise die Fachdidaktik im Deutschen, im Deutschen als Zweitsprache, Deutsch als Fremdspra-

---

16 Methodensammlung zur frühen nachbarsprachlichen Bildung ist verfügbar unter http://www.bildungsmarkt-neisse.eu/kompi (Abruf vom 6.9.2017).

che gibt, ist in neuerer Zeit eine Didaktik der Mehrsprachigkeit (auch Didaktik der Sprachenvielfalt) entstanden (z. B. Bausch, 2007; Wiater, 2006; Wolff, 2012; Zellerhoff, 2009). Wiater (2006) definiert diese Fachdidaktik folgendermaßen:

> Die Didaktik der Mehrsprachigkeit ist die Wissenschaft und Lehre vom kombinierten und koordinierten Unterrichten und Lernen mehrerer Fremdsprachen innerhalb und ausserhalb der Schule. Ihr primäres Ziel ist die Förderung der Mehrsprachigkeit durch Erarbeitung sprachenübergreifender Konzepte zur Optimierung und Effektivierung des Lernens von Fremdsprachen sowie durch die Erfahrung des Reichtums der Sprachen und Kulturen. (S. 60)

Die Didaktik der Mehrsprachigkeit bemüht sich somit darum, wissenschaftlich fundierte Antworten darauf zu finden, wie pädagogisches Personal mit dem Vorhandensein von mehreren Sprachen in einer Klasse bzw. einer Gruppe umgehen kann.

Die Anstrengungen, die verschiedenen fachdidaktischen Disziplinen (z. B. Deutsch als Zweitsprache[17]/Fremdsprache) und (sonder-)pädagogischen Disziplinen (z. B. Sprachheilpädagogik) unter dem Terminus „Didaktik der Mehrsprachigkeit" zu vereinen, ist im deutschsprachigen Raum kein neues Phänomen (Zellerhoff, 2009, S. 77f.). In seinem Werk „Die Mehrsprachigkeit des Menschen" setzte sich Wandruszka bereits 1979 erstmals im deutschsprachigen Raum kursorisch mit einer Didaktik der Mehrsprachigkeit auseinander. Bezogen auf eine mehrsprachige Bildung im schulischen Kontext skizziert Wandruszka eine Didaktik, die die verschiedenen Dialekte, Herkunftssprachen und Fremdsprachen gezielt für Sprachenlernen aufgreift und nutzbar macht. „Sie [Lehrerinnen und Lehrer; S.J.] dürfen ihre Aufgabe nicht darin sehen, die Sprachen zu bekämpfen, die Kinder von zu Hause mitbringen…" (Wandruszka, 1979, S. 321). Weiter schreibt er, dass Lehrerinnen und Lehrer nicht den Respekt vor der Hochsprache vermitteln sollen, sondern „… die Lust an Reichtum und Vielfalt unserer sprachlichen Ausdrucksmöglichkeiten wecken [sic!]…" sollen (ebd., S. 322). Es wird dabei nicht eine vollkommene Sprachbeherrschung in mehreren Sprachen angestrebt, sondern es ist aufzuzeigen, dass es immer verschiedene Möglichkeiten gibt, seine Gedanken auszudrücken (zum Zusammenhang von Denken und Sprechen; Wygotski, 1977). „Sie [die Muttersprache; S.J.] ist die Wegbegleiterin für alle weiteren Sprachen und steht ihnen gleichzeitig immer im Weg" (Wandruszka, 1979, S. 323). Wandruszka (1979, S. 328f.) folgert daraus, dass die erste gelernte Sprache (die „Mutterspra-

---

17 Zum Begriff „Deutsch als Zweitsprache": „Deutsch als Zweitsprache richtet sich vor allem auf den von institutioneller, insbesondere von (vor-)schulischer Seite gesteuerten Zweitspracherwerb in deutschsprachiger Umgebung, wobei parallel ein ungesteuerter Spracherwerb des Deutschen stattfindet" (Gogolin & Krüger-Potratz, 2010, S. 198).

che") der Ausgangspunkt für neues Sprachenlernen ist und deshalb nicht komplett abwesend sein darf. Kontrastive Sprachvergleiche sind für Wandruszka erforderlich, um fehlerhafte Interferenzen aufzudecken. Kontrastiv meint bei Wandruszka (1979, S. 329) „… die divergierenden Formen und Strukturen nebeneinanderhalten, um zu lernen, sie auseinanderzuhalten." Das Übersetzen von Sprachen hilft uns „… zu lernen, nicht mehr zu übersetzen" (ebd., S. 331). Wandruszka meint damit, dass Übersetzungen durchaus legitim sind, um ein Nachdenken über Sprachen zu initiieren und Interferenzfehler aufzudecken.

Die Überlegungen Wandruszkas zu einer Didaktik der Mehrsprachigkeit sind dann in den 80er und 90er Jahren in eine Reihe von bilingualen Programmen eingeflossen (siehe zusammenfassend z. B. Fthenakis et al., 1985). Allerdings wurde Mehrsprachigkeit und Sprachenvielfalt in diesen Programmen auf zwei Einzelsprachen (z. B. Deutsch-Englisch; Deutsch-Spanisch; Türkisch-Deutsch) verkürzt und nicht eine Unterstützung der sprachlichen Entwicklung in allen Herkunftssprachen der Kinder und ihren Familien angestrebt. Erst zu Beginn des neuen Jahrtausends setzten sich Wissenschaftlerinnen und Wissenschaftler aus verschiedenen Fachrichtungen nicht nur kursorisch mit einer gemeinsamen Didaktik der Mehrsprachigkeit auseinander (z. B. Bausch, 2007; Wiater, 2006; Wolff, 2012; Zellerhoff, 2009). Seitdem gibt es auch Bemühungen einer Ausweitung der Mehrsprachigkeitsdidaktik auf den Kontext der frühkindlichen Bildung, Betreuung und Erziehung (Briedigkeit, 2011).

Dabei werden gemäß Wolff (2014) von der Didaktik der Mehrsprachigkeit vor allem die schulnahen Ansätze der Begegnungssprachen und des Language Awareness aufgegriffen und weiterentwickelt. „Methodisch stehen in der Didaktik der Mehrsprachigkeit die Prinzipien des Vergleichens und des Kontrastierens im Vordergrund" (Wolff, 2012, S. 7). Wie dies bereits in den 1970er Jahren von Wandruszka (z. B. 1971; 1979) skizziert wurde. Gemäß Wolff (2012, S. 7) gibt es drei verschiedene Ebenen auf denen Vergleiche angestellt werden können: „… auf der Ebene der Sprachsysteme, der Kulturen oder des unterschiedlichen Kommunikationsverhaltens." Zielgruppe sind dabei alle Sprecher einer Gruppe und nicht nur Kinder mit nichtdeutscher Herkunftssprache (Lüttenberg, 2010).

Als Folge von Migrationsbewegungen werden pädagogische Fachkräfte dauerhaft mit mehr als nur zwei oder drei verschiedenen Sprachen oder Sprachvarietäten umgehen müssen. Und so werden heute im Rahmen der Mehrsprachigkeitsdidaktik neue Konzepte, wie beispielsweise „Translanguaging"[18] (García & Wei, 2014; García, 2009) und der „Heteroglossie" (Busch, 2013) diskutiert. Diese bauen auf Arbeiten von Bachtin (1979) und Wandruszka (1979) auf. García (2009, S. 298) plädiert für die Anerkennung des pragma-

---

18 Im deutschsprachigen auch als „Quersprachigkeit" bezeichnet (List & List, 2004).

tischen und situationellen Code-Switchings der Kinder (auch „Code-Mixing/
Codemixing"; siehe hierzu Chilla et al., 2010, S. 59f.). Die Fähigkeit der hybri-
den Verwendung von zwei oder mehreren Sprachen wird in diesem Verständnis als eine Kompetenz, welche nicht zwangsläufig zu einer Sprachverlagerung
führen muss, betrachtet. Bisher fehlen jedoch zumindest für die frühkindliche
Bildung, Betreuung und Erziehung konkrete didaktische Implikationen (als
Ausnahme siehe Panagiotopoulou, 2016).

2.3 Mehrsprachige Programme in Kindertageseinrichtungen

Allgemein kann nach Nickel (2014, S. 652) zwischen „erwerbsorientierten"
und „begegnungsorientierten" Programme unterschieden werden. Erstgenann-
te streben eine zwei- oder mehrsprachige sprachstrukturelle Behandlung von
Sprache(n) an, während bei zweitgenannten Programmen „… eine Sprach-
sensibilisierung sowie eine Wertschätzung und Anerkennung von (Familien-)
Sprachen im Vordergrund steh[t]" (Nickel, 2014, S. 652; siehe auch Briedigkeit, 2011; Jampert, 2005). „Hinsichtlich der Inhalte und Methoden zeigen sich
deutliche Unterschiede zwischen *linguistisch* und *elementarpädagogisch* begründeten Programmen" (Briedigkeit, 2011, S. 88; Herv. im Original). Während sprachwissenschaftlich begründete Programme eine Unterstützung von
bestimmten sprachstrukturellen Aspekten betonen, wird in elementarpädagogisch begründeten Programmen die kommunikative Fähigkeit der Kinder
in den Mittelpunkt der Bildung, Betreuung und Erziehung gestellt (Jampert,
2005, S. 18f.). Zwischen diesen beiden Programmarten bewegen sich pädagogisch-didaktische Bemühungen zur Berücksichtigung der Sprachenvielfalt und
Mehrsprachigkeit in Kindertageseinrichtungen.

Allerdings finden sich in Deutschland noch kaum elementarpädagogische
oder sprachwissenschaftliche Programme, die eine lebensweltliche Mehrsprachigkeit der Kinder, unter Berücksichtigung der in dieser Arbeit beschriebenen Kriterien, anstreben. Einen guten Überblick über die in Deutschland
vorzufindenden Programme gibt die im Rahmen des DJI-Projektes „Schlüsselkompetenz Sprache" entstandene Expertise von Jampert, Best, Guadatiello, Holler und Zehnbauer (2007). Bezogen auf den Umgang mit migrationsbedingter Mehrsprachigkeit können sie aufzeigen, dass kaum ein Programm der
lebensweltlichen Mehrsprachigkeit Beachtung schenkt (Jampert et al., 2007,
S. 300f.). Und auch Gogolin (2007a, S. 41) kommt in der Expertise „Institutionelle Übergänge als Schlüsselsituationen für mehrsprachige Kinder" zu dem
Schluss, dass Deutschland diesbezüglich „… eine insgesamt eher arme Land-
schaft an Ideen und Projekten …" ist.

2.3.1 Begegnungsorientierte Programme

Exemplarisch für ein elementarpädagogisch begründetes, begegnungsorientiertes Programm soll an dieser Stelle das Rahmenkonzept „Interkulturelle Arbeit und Sprachförderung in Kindertageseinrichtungen", das von Ulich, Oberhuemer und Soltendieck (2013) entwickelt wurde, genannt werden[19]. Die ursprünglich im Jahr 2000 für den Freistaat Bayern entwickelte Broschüre liegt auch als Buchveröffentlichung vor und wurde seitdem mehrmals neu aufgelegt. Spielerisch soll die nichtdeutsche Herkunftssprache der Kinder in die Bildung und Förderung von Sprache eingebunden werden. Sprachenvielfalt und Mehrsprachigkeit wird als Gewinn für die gesamte Einrichtung betrachtet. „Auch deutsche Kinder müssen sich zunehmend in einer kulturell pluralen Gesellschaft bewegen. Sie brauchen ein Umfeld, das ihnen einen selbstbewussten und selbstverständlichen Umgang mit fremden Sprachen und Kulturen ermöglicht" (Ulich et al., 2013, S. 9). Die Zielsetzung des Programmes kann gemäß Jampert et al. (2007) folgendermaßen beschrieben werden:

– Förderung der deutschen Sprache
– Integration der Erstsprachen in den Kita-Alltag
– Förderung der kommunikativen Fähigkeit im Alltag
– Förderung von Literacy
– Förderung sprachlicher Bewusstheit durch Sprachvergleich
– Förderung sprachlicher Fähigkeiten innerhalb anderer Bildungsbereiche: Interkulturelle Erziehung (S. 132)

Die nichtdeutsche Herkunftssprache wird soweit wie möglich in den Kita-Alltag integriert. In dem Buch werden vielfältige Ideen beschrieben, wie die nichtdeutschen Herkunftssprachen in die sprachliche Bildung einbezogen werden können. Evaluationsergebnisse zu diesem Programm liegen nicht vor.

2.3.2 Erwerbsorientierte Programme

Exemplarisch für ein sprachwissenschaftlich begründetes, erwerbsorientiertes Programm kann das Beispiel „Kinder in Kulturen und Sprachen" (KIKUS)[20], das von Garlin (ZKM — Zentrum für kindliche Mehrsprachigkeit e.V.) entwickelt wurde, genannt werden. Zielgruppe in diesem im Jahr 1998 erstandenen

---

19 Dieses Programm wird in der Expertise „Schlüsselkompetenz Sprache" (Jampert et al., 2007, S. 131–134) ausführlich nach Zielgruppe, Zielsetzung, Sprachförderinhalt/ Methoden, Durchführung und Grundlagen besprochen.
20 Dieses Programm wird in der Expertise „Schlüsselkompetenz Sprache" (Jampert et al., 2007, S. 138–143) ausführlich besprochen.

Programm sind Kinder (3 bis 10 Jahre) mit nichtdeutscher Erstsprache. Durch verschiedene Themen wie Familie, Kleidung oder Essen werden Wortschatz, Grammatik und sprachlich-soziale Handlungsmuster systematisch und spielerisch vermittelt und eingeübt. Des Weiteren wird durch eine angeleitete Eltern-Kind-Arbeit die Beschäftigung mit der Erstsprache des Kindes in der Familie angeregt. Die Zielsetzung des Programmes kann gemäß Jampert et al. (2007) folgendermaßen beschrieben werden:

– Förderung der deutschen Sprache
– Förderung von Zweisprachigkeit
– Förderung kommunikativer Fähigkeiten im Alltag
– Förderung grammatikalischer Lerninhalte
– Förderung von sprachlichen Handlungsmustern
– Förderung von Schriftspracherwerb
– Förderung sprachlicher Bewusstheit durch Reflexion sprachlicher Regeln und sprachvergleich (S. 139)

Die KIKUS-Sprachförderung wird in wöchentlich stattfindenden Kleingruppeneinheiten (6 bis 8 Kinder) im Umfang von 60 Minuten realisiert. Dabei wird immer gleich vorgegangen: Freies Sprechen, Anfangsritual, Hausaufgaben anschauen, Einführung bzw. Fortsetzung eines Themas, Bewegungsübung, Hausaufgaben ausgeben und Abschlussritual. Methodik und Didaktik des KIKUS-Programmes sowie exemplarische Lernfortschritte der teilnehmenden Kinder sind bei Guadatiello (2003) dokumentiert. Vom ZKM wurden verschiedene Materialien (z. B. Bildkarten, Arbeitsblätter, Audio-CD, Liederheft) für die Sprachförderung erstellt und veröffentlicht (z. B. Garlin, 2008). Allerdings wurde gemäß Gogolin (2007a, S. 47) „… durch die Publikation in einem kommerziellen Verlag [...] der Akzent anscheinend von der Förderung der Mehrsprachigkeit stärker auf die Förderung des Deutschen verschoben." So gibt es die KIKUS-Materialien über den Buchhandel nur in den Sprachen Deutsch und Englisch (als Zweitsprache oder als Fremdsprache). Aktuell ist in Zusammenarbeit mit der Siemens Stiftung eine KIKUS interaktive Sprach-Lern-Software für Deutsch, Englisch und Spanisch entstanden. Das KIKUS-Programm wurde von Groth, Egert und Sachse (2015) am *TransferZentrum für Neurowissenschaften und Lernen* (ZNL) in Ulm im Auftrag der Siemens Stiftung evaluiert. In der Studie „FoSmeK – Begleitforschung zu einem Sprachförderkonzept für mehrsprachige Kinder" wurde die Effektivität des Sprachförderkonzeptes KIKUS erstmals umfassend evaluiert. Insgesamt nahmen 171 mehrsprachige Kinder im Alter zwischen drei und fünf Jahren aus 19 Einrichtungen teil. Ein Teil der Kinder ($n=89$) gehörte der KIKUS-Gruppe an, welche über anderthalb Jahre KIKUS regelmäßig einsetzte. In der Vergleichsgruppe ($n=82$) wurde kein additives Sprachförderprogramm verwendet. Bei allen 171

Kindern zeigten sich bedeutsame Verbesserung der Sprachleistungen im Deutschen und eine Annäherung an die Sprachleistung einsprachig deutscher Kinder über alle drei Messzeitpunkte hinweg. Jedoch gab es keine Überlegenheit der KIKUS-Gruppe gegenüber der Vergleichsgruppe ohne additive Sprachförderung (Groth et al., 2015; Groth et al., 2017).

2.4   Forschungsbefunde: Effekte von mehrsprachigen Programmen in Kindertageseinrichtungen

In der *frühkindlichen Forschungsliteratur*[21] fand sich während des Recherchezeitraumes noch kaum Erkenntnisse darüber, welche Effekte mehrsprachige Programme auf Kinder mit nichtdeutscher und deutscher Herkunftssprache haben (mit Ausnahme von: Moser, Bayer & Tunger, 2010; Souvignier, Duzy, Glück, Pröscholdt & Schneider, 2012). Es gibt zwar für den deutschen Sprachraum Ergebnisse zur Wirkung eines frühen Fremdsprachenlernens in Kitas (meist Deutsch-Englisch; siehe hierzu Bausch, Christ & Krumm, 2007). Selten sind jedoch Studien, in welchen die Effekte einer mehrsprachigen Bildung unter Berücksichtigung der lebensweltlichen Mehrsprachigkeit von Kindern erfasst werden. Wenn sich Forschungsprojekte den Themen Mehrsprachigkeit und Sprachenvielfalt in Kitas nähern, dann meist unter der handlungsleitenden Fragestellung, inwieweit eine explizite Förderung der nichtdeutschen Herkunftssprache bzw. die Berücksichtigung der nichtdeutschen Herkunftssprache positive oder negative Transfereffekte auf die deutsche Sprache haben. Die theoretische Grundlage hierfür liefert insbesondere die von Cummins entwickelte „Interdependenzhypothese"[22] (z. B. Cummins, 1978; 1979; 1991). Aus

---

21 Für den deutschsprachigen Raum sind das gemäß Dorner und Fröhlich-Gildhoff (2015, S. 81) die Zeitschriften: „Frühe Bildung", „Forschung in der Frühpädagogik", „Empirische Pädagogik", „bildungsforschung.org", „Zeitschrift für Grundschulforschung", „Journal for Educational Research online", „Psychologie in Erziehung und Unterricht", „Zeitschrift für Entwicklungspsychologie und Pädagogische Psychologie", „Zeitschrift für Erziehungswissenschaft" und „Diskurs Kindheits- und Jugendforschung".

22 Die Interdependenzhypothese besagt: „To the extent that instruction in Lx is effective in promoting proficiency in Lx, transfer of this proficiency to Ly will occur provided there is adequate exposure to Ly (either in school or environment) and adequate motivation to learn Ly" (Cummins & Swain, 1986, S. 87). Cummins postuliert, darin, dass Kinder, die grundlegende Kommunikationsfähigkeiten in ihrer Herkunftssprache erworben haben, auch in der zweiten zu erlernenden Sprache darauf aufbauen können (z. B. Cummins, 1981). Zur Veranschaulichung dieses Sachverhaltes verwendet Cummins das Bild eines Eisberges, dessen beiden Eisbergspitzen („First & Second language surface feature"; Cummins, 1992, S. 23) aus dem Wasser ragen, unter dem Wasser („Common Underlying Proficiency"; ebd.) jedoch miteinander verbunden sind.

ökonomischer Perspektive ist eine Erstsprachförderung für den weiteren Bildungs- und Integrationsverlauf nur dann effizient, wenn damit auch ein positiver Transfereffekt auf die deutsche Sprache einhergeht. Die bisherigen empirischen Studien kommen dabei zu widersprüchlichen Erkenntnissen.

In einer Interventionsstudie von Souvignier, Duzy, Glück, Pröscholdt und Schneider (2012) wurden 89 Kinder im Alter von 5 bis 6 Jahren mit türkischem Migrationshintergrund in ihrer Herkunftssprache oder mit einem deutschsprachigen Programm zwei Monate gefördert. Ein Teil der Kinder ($n=38$) wurde durch das computergestützte Programm zur Förderung der phonologischen Bewusstheit und Laut-Buchstaben-Zuordnung in der türkischen Version von „Hören, Sehen, Lernen" (Coninx & Stumpf, 2007) zwei Mal wöchentlich für 20 Minuten gefördert. Der andere Teil der Kinder ($n=51$) wurde täglich im Umfang von 10 Minuten mit dem Programm „KON-LAB" von Penner (2005) und Übungen aus dem Programm „Hören, Lauschen, Lernen" von Küspert und Schneider (2006) trainiert. Eine Kontrollgruppe ohne gezielte Förderung gab es nicht. Beide Gruppen, jeweils mit einer Förderung im Türkischen oder mit einer Förderung im Deutschen, konnten im Prä-Post-Vergleich ähnliche Leistungsverbesserungen sowohl in der deutschen als auch in der türkischen Sprache erzielen (Souvignier et al., 2012, S. 47ff.). Je nach Lesart stützt dieses Ergebnis die Transfertheorie von Cummins (1979) oder kann sie zumindest nicht widerlegen. Allerdings ist die Aussagekraft der Ergebnisse durch die fehlende Vergleichsgruppe begrenzt. Aus pragmatischen Gesichtspunkten spricht das ebenso hohe Förderergebnis in der deutschen und in der türkischen Sprache für die Konzentration auf die Förderung der deutschen Sprache, da nur wenige Einrichtungen auf eine multilinguale Personalstruktur zurückgreifen können. Anderseits stellen Souvignier et al. (2012, S. 50) abschließend fest, dass „… unter dem Blickwinkel einer Unterstützung der muttersprachlichen Identität und der kulturellen Wurzeln lohnend erscheinen lässt, Fördermaßnahmen in der Muttersprache anzubieten."

In einer schweizer Interventionsstudie gehen Moser, Bayer und Tunger (2010) ebenfalls der Frage nach, welche wechselseitige Bedeutung die Förderung der nichtdeutschen Herkunftssprache auf die Entwicklung der deutschen Sprache hat. In der Längsschnittstudie waren insgesamt 181 Kinder ($n=63$ Experimentalgruppe; $n=118$ Kontrollgruppe) mit den Herkunftssprachen Albanisch, Kroatisch, Serbisch, Portugiesisch, Spanisch und Tamil beteiligt. Die Intervention fußt auf drei Handlungsansätzen: „1. Förderung der Erstsprache im Kindergarten während zwei Lektionen pro Woche, 2. Koordination der Sprachförderung in der Erstsprache und in der Zweitsprache, 3. Unterstützung der Eltern bei der Förderung der Erstsprache innerhalb der Familie" (ebd., S. 635). Die wöchentlichen Lektionen wurden von pädagogischem Personal aus den Herkunftsländern der Kinder durchgeführt. Es wurde dabei ausschließlich in der nichtdeutschen Herkunftssprache gesprochen. Des Weiteren wurden über die Dauer von zwei Jahren vier Interventionsphasen von zwölf Wochen durchgeführt (Moser et al., 2010, S. 635f.). „Ziel dieser Förderung war es, den Kindern ihr bereits vorhandenes Vokabular und ihr Weltwissen in der Erstsprache gezielt ins Gedächtnis zu rufen und damit die Kenntnisse in der Erstsprache zu festigen sowie den Erwerb der Zweitsprache Deutsch zusätzlich zu fördern" (Moser et al., 2010, S. 635f.). Außerdem wurde die Zusammenarbeit mit den Eltern intensiviert. „Die Eltern wurden gezielt in die Sprachförderung ihrer Kinder einbezogen und aufgefordert, ihren Kindern zu Hause drei Mal pro Woche während 15 Minuten in ihrer Erstsprache vorzulesen oder in ihrer Anwesenheit Hörbücher abzuspielen" (ebd.). Die Sprachenkompetenz in der deutschen Sprache wurde zu vier Testzeitpunkten mit dem Test „wortgewandt & zahlenstark" (Moser & Berweger, 2007) und adaptierten Versionen in den fünf Herkunftssprachen der Kinder erfasst. Bezogen auf den Zusammenhang von sprachlichen Kompetenzen der Sprachen zueinander stellen Moser und sein Team fest: „Die Effekte der Kompetenzen in der Erstsprache auf die Kompetenzen in der Zweitsprache sind von geringer bis mittlerer Größe […]. Die Effekte der Kompetenzen in der Zweitsprache auf die Kompetenzen in der Erstsprache sind gering oder statistisch nicht signifikant …" (Moser et al., 2010, S. 644). Es zeigten sich somit kaum positive Transfereffekte im Bereich phonologisches Bewusstsein, Wortschatz und Buchstabenkenntnis zwischen Erst- und Zweitsprache. Die Annahme, dass Erstsprachförderung positive Effekte auf die Zweitsprache habe, wird durch diese Ergebnisse in Frage gestellt. Anderseits stellen Moser et al. (2010, S. 645) abschließend fest, „… dass der bilinguale Zugang zur Sprachförderung von den beteiligten Eltern als Wertschätzung aufgefasst wurde, was der Zusammenarbeit zwischen Schule und Elternhaus zugute kam." Hierin kommt nach Angaben der Autorinnen und Autoren der Studie zum Ausdruck, dass es auch über die Diskussion um Transferwirkungen hinaus Argumente für eine gezielte und regelmäßige Unterstützung in der nichtdeutschen Familiensprache gibt.

2.5   Zusammenfassung: Mehrsprachigkeit in Kindertageseinrichtungen

In den Bildungsprogrammen der Länder zeigt sich ein Konsens darüber, die mitgebrachte Sprachenvielfalt in den Einrichtungen und die Mehrsprachigkeit der Kinder zu erhalten. Vor dem Hintergrund einer globalisierten Welt, in der Migrationserfahrungen oft nicht ein einmaliges Ereignis in einer Biographie bleiben, gilt es als großer Gewinn für jeden, zwei oder mehrere Sprachen zu beherrschen. Als übergreifendes Ziel einer mehrsprachigen Bildung in Kindertageseinrichtungen werden die Anerkennung und der aktive Einbezug der nichtdeutschen Familiensprachen genannt. Das pädagogische Personal soll Respekt gegenüber anderen Sprachen und Kulturen fördern, eine sprachliche Brücke zu den zwei- und mehrsprachigen Familien aufbauen und zu einem weiteren Kompetenzerwerb in der deutschen und nichtdeutschen Familiensprache beitragen. Damit soll vor dem Hintergrund eines modernen Bildungsverständnisses sowohl den Kindern mit Migrationshintergrund als auch ausdrücklich den Kindern ohne Migrationshintergrund eine Entwicklung zu verantwortlich handelnden Individuen in einer heterogenen Gesellschaft ermöglicht werden. Konkret soll dies durch das Sichtbarmachen der Sprachenvielfalt in der Raumgestaltung und Materialauswahl, durch die Berücksichtigung der Familiensprachen in Liedern, Reimen und Spielen, durch den Einbezug der Eltern in den Kita-Alltag und durch die Ermöglichung von Peer-Interaktionen im Deutschen wie auch in den nichtdeutschen Familiensprachen geschehen (z. B. Bereznai, 2017; Focali et al., 2009; Hoppenstedt & Apeltauer, 2010; Jampert et al., 2009a; Jahreiß, 2018; Schlösser, 2012).

Eine mehrsprachige Bildung in diesem Verständnis richtet sich an alle Kinder einer Gruppe, versucht ausnahmslos alle gesprochenen Sprachen der Kinder und deren Eltern zu berücksichtigen und strebt einen funktionalen Gebrauch von Sprache(n) an. Fast alle in diesem Kapitel vorgestellten Ansätze einer mehrsprachigen Bildung sind im Schulkontext entstanden, einzig mit der „Vorurteilsbewussten Bildung und Erziehung" und mit der „Interkulturellen sprachlichen Bildung" sind verschriftliche Programme entwickelt worden, in denen Wege und Möglichkeiten im Umgang mit der lebensweltlichen bzw. migrationsbedingten Mehrsprachigkeit in Kindertageseinrichtungen aufgezeigt werden. Linguistisch begründete, erwerbsorientierte Programme sind jedoch nur dann in der Praxis umsetzbar, wenn ein großer Teil der Kinder in einer Kita die gleiche nichtdeutsche Herkunftssprache spricht und es pädagogisches Personal gibt, das ebenfalls muttersprachliche Kompetenzen in dieser Sprache aufweist. Vor dem Hintergrund der Sprachenvielfalt und der monolingualen Personalstruktur findet man nur in wenigen Kitas die Voraussetzungen für solche Programme. Unter den gegebenen strukturellen Bedingungen in deutschen Kitas scheinen elementarpädagogisch begründete, begegnungsorientierte Programme deshalb ein realistischer Zugang, um mit sprachlicher Heterogenität umzugehen. Die eher enttäuschenden Evaluationsergebnisse zur Effektivität von Programmen für migrationsbedingt mehrsprachig aufwachsende Kinder haben dazu geführt, die Qualität und Professionalität des pädagogischen Handelns im Kita-Alltag in den Blick zu nehmen. Es wird davon ausgegangen, dass vor allem durch intensive Professionalisierungsmaßnahmen die pädagogische Qualität im Umgang mit heterogenen Sprachgruppen verbessert werden kann. Im Folgenden wird deshalb die Qualität und Professionalität sprachlicher Bildung im Kontext von Mehrsprachigkeit thematisiert.

3 Qualität und Professionalität sprachlicher Bildung im Kontext von Mehrsprachigkeit

In diesem Kapitel wird zunächst eine Konzeptualisierung von pädagogischer Qualität im Kontext von sprachlicher Bildung unter Bedingungen von Mehrsprachigkeit dargestellt (Kapitel 3.1). Dabei wird auf das interaktionistische Qualitätsparadigma eingegangen. Eng verknüpft mit der Diskussion der pädagogischen Qualität in Kindertageseinrichtungen ist die Professionalisierungsdebatte (König, 2013). Hierzu werden im zweiten Teil dieses Kapitels aktuelle Professionalisierungskonzepte vorgestellt und darauf aufbauend fachliche und theoretische Überlegungen zu einem professionellen Handeln im Umgang mehrsprachig aufwachsenden Kindern angestellt (Kapitel 3.2). Neben einer theoretischen Auseinandersetzung werden jeweils aktuelle relevante empirische Forschungsergebnisse diskutiert.

3.1 Qualität im Umgang mit migrationsbedingter Mehrsprachigkeit

Wenn es darum geht, die Qualität der FBBE zu erfassen, bedarf es einer genauen Vorstellung davon, welche Kriterien für die Qualität von sprachlicher Bildung und Förderung unter Bedingungen von Mehrsprachigkeit stehen. Welche Ansprüche in diesem Kontext an die FBBE gestellt werden, ist Gegenstand des ersten folgenden Kapitels (Kapitel 3.1.1). Die theoretischen Grundlagen des in der quantitativ-empirisch ausgerichteten Forschung vorherrschenden Paradigmas werden daran anknüpfend erörtert (Kapitel 3.1.2). Daran schließt sich ein Kapitel an, in dem aktuelle empirische Forschungsergebnisse aus der Qualitätsforschung vorgestellt werden (Kapitel 3.1.3). Es wird vor allem (soweit vorhanden) auf die Ergebnisse der bereichsspezifischen pädagogischen Qualität in Einrichtungen mit einem hohen Migrationsanteil eingegangen.

3.1.1 Konzeptualisierung von pädagogischer Qualität

Der Qualitätsbegriff wird alltagssprachlich immer dann verwendet, um den Wert oder die Güte einer bestimmten Sache oder Leistung zu beurteilen. In der Erziehungswissenschaft gibt es sehr unterschiedliche Vorstellungen darüber, wie eine qualitativ hochwertige Pädagogik aussehen soll (z. B. Becker-Stoll & Wertfein, 2013; Kluczniok & Roßbach, 2014; Roux, 2013; Roux & Tietze, 2007). Je nach theoretischem Zugang wird die Qualität der pädagogischen Arbeit in Kitas unterschiedlich bewertet. Roux (2013, S. 131) unterscheidet zwischen einem *relativistischen*, einem *strukturell-prozessualen* und einem *humanökologischen* Zugang (siehe vertiefend hierzu Roux, 2013). Das in dieser vorliegenden Arbeit herangezogene strukturell-prozessuale Qualitätsverständnis leitet sich aus der Prämisse ab, dass sich auf der Grundlage von quantitativ-empirisch ausgerichteten Forschungsergebnissen allgemein gültige Qualitätsstandards entwickeln lassen (Roux, 2013).

Ein solcher deskriptiv-analytischer Zugang wurde im deutschsprachigen Raum erstmal von Tietze und seinem Team in der Studie „Wie gut sind unsere Kindergärten?" (1998) beschrieben und ist in Anlehnung an die in den USA und England bereits etablierte Qualitätsforschung entstanden (z. B. Cryer, 1999; NICHD — Early Child Care Research Network 1991; Sylva, Melhuish, Sammons, Siraj & Taggart, 2004). Von einer guten pädagogischen Qualität in der Kita wird aus dieser Perspektive immer dann gesprochen, wenn „... das körperliche, emotionale, soziale und intellektuelle Wohlbefinden und die Entwicklung der Kinder in diesen Bereichen [ge]fördert und die Familie in ihrer Betreuungs- und Erziehungsaufgabe unterstützt [wird; S.J.]" (Tietze, 1998, S. 20). Das Konzept der pädagogischen Qualität „... rückt die Sichtweise und das Interesse des Kindes in den Mittelpunkt und macht dieses zum Maßstab für die Qualität einer Kindertageseinrichtung" (Tietze et al., 2005, S. 19). Demnach bemisst sich die pädagogische Qualität am Wohlbefinden und der Entwicklung des Kindes.

Tietze und sein Team („Wie gut sind unsere Kindergärten?", 1998) konnten darlegen, dass es in Deutschland einen Zusammenhang zwischen Entwicklungsunterschieden von bis zu einem Jahr und der Qualität der Einrichtung gibt. In einer Folgestudie von Tietze, Roßbach und Grenner („Kinder von 4 bis 8 Jahren", 2005) konnte nachgewiesen werden, dass die pädagogische Qualität der Kita auch bis zum Ende der zweiten Grundschulklasse Einfluss, beispielsweise auf einen höheren Sprachentwicklungstand, hat. Und auch die *Nationale Untersuchung zur Bildung, Betreuung und Erziehung in der frühen Kindheit* (NUBBEK) konnte aufzeigen, dass diese Konzeptualisierung von pädagogischer Qualität signifikante Auswirkungen auf das Wohlbefinden und die kindliche Entwicklung hat (Tietze et al., 2013).

In den oben genannten Studien wurde pädagogische Qualität in drei Qualitätsbereiche aufgeteilt: „Pädagogische Prozesse (Prozessqualität)"; „Pädagogische Strukturen (Strukturqualität)" und „Pädagogische Orientierungen (Orientierungsqualität)" (z. B. Tietze, 1998, S. 21f.). Die folgende Abbildung 1 zeigt das Zusammenwirken dieser Qualitätsbereiche.

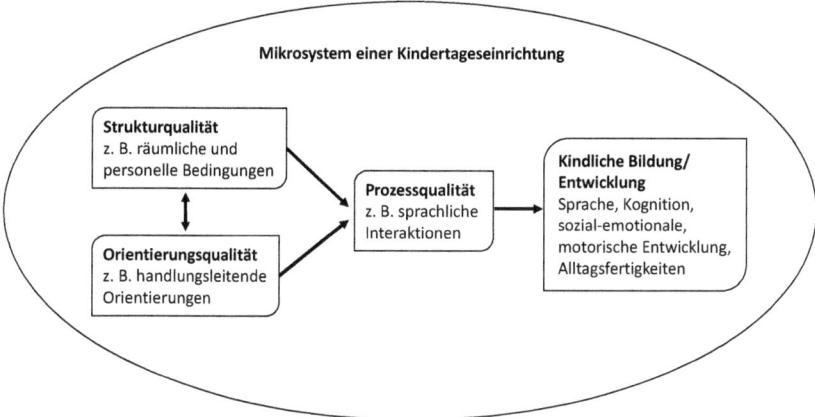

Abbildung 1:   Qualitätsbereiche der pädagogischen Qualität in Anlehnung an Tietze, 1998, S. 31;
Tietze et al., 2005, S. 37; Tietze et al., 2013, S. 22

Im Qualitätsbereich *pädagogische Prozessqualität* werden sämtliche Interaktionen zwischen dem pädagogischen Personal und den Kindern analysiert. In Übereinstimmung mit internationalen Sichtweisen und Kriterien (siehe Tietze et al., 2005, S. 55) wird eine gute *pädagogische Prozessqualität* immer dann angenommen, wenn „…Kinder eine *sichere Betreuung* erfahren […], eine *der Gesundheit förderliche Betreuung* gewährleistet ist […], eine *entwicklungsangemessene Stimulation* erhalten […], ein *positives Interaktionsklima mit den ErzieherInnen* gegeben ist […], eine *ermutigende Haltung gegenüber der individuellen emotionalen Entwicklung* […], [und; S.J.] *positive Sozialbeziehungen zu anderen Kindern* gefördert werden" (Tietze et al., 2005, S. 55f.; Herv. im Original). Im Gegensatz zur Konzeptualisierung *Bildungsqualität* (Fthenakis & Oberhuemer, 2010), in welcher vor allem der Bildungsauftrag der Kita in den Mittelpunkt gerückt wird, ist das Konzept der *pädagogischen Prozessqualität* breiter angelegt.

Im Qualitätsbereich *pädagogische Strukturqualität* werden die Rahmenbedingungen der Einrichtung, in denen pädagogische Prozesse ablaufen und beeinflusst werden, erfasst (Tietze et al., 2013, S. 23). Innerhalb der Strukturqualität kann wiederum zwischen vier Untersuchungsbereiche unterschieden werden. Pädagogische Prozesse finden unter „… bestimmten Rahmenbedingungen statt, die räumlich, personaler oder auch sozial-organisatorischer Natur sind" (ebd.). Betrachtet werden in der *räumlichen Dimension* der Einrichtung Aspekte, wie die Raumgröße innen und außen (ebd.) Zur *personalen Dimension* in der Einrichtung gehören Aspekte „… wie Qualifikation des pädagogischen Personals, Alter und Berufserfahrung, Persönlichkeitsmerkmale der Pädagogin…" (Tietze et al., 2013, S. 23). Die *sozial-organisatorische Dimension* umfasst Aspekte wie, die „… Gruppengröße, Kinder-Personal-Relation, Alterszusammensetzung der Gruppen, Anteil an Kindern mit Migrationshintergrund …" (ebd.). Zusammengenommen handelt es sich um „… situationsunabhängige Bedingungen in den Einrichtungen […] innerhalb derer sich Prozessqualität als der dynamische Aspekt pädagogischer Qualität vollzieht…" (ebd.).

Zusätzlich zu den strukturellen Bedingungen in einer Kindertageseinrichtung haben auch „… normative Vorgaben und pädagogische Bedingungen, Vorstellungen und Überzeugungen, die […] unter dem Begriff Orientierungsqualität subsumiert werden" Einfluss auf die pädagogische Qualität der Einrichtung (Tietze et al., 2013, S. 23). Solche handlungsleitenden Vorstellungen und das Wissen des pädagogischen Personals (z. B. Bild vom Kind) „… werden als zeitlich relativ stabile und überdauernde Konstrukte betrachtet, die wie die Merkmale der Strukturqualität Rahmenbedingungen für das direkte pädagogische Handeln darstellen und somit die Prozessqualität beeinflussen" (ebd.). Aus diesem Grund ist es erforderlich, Qualifizierungsmaßnahmen für das pädagogische Personal langfristig anzulegen und zu überprüfen (siehe auch Kapitel 3.2.5).

Gemäß der hier beschriebenen Konzeptualisierung von pädagogischer Qualität hat die vorgelagerte Orientierungsqualität und Strukturqualität direkte Auswirkungen auf die pädagogische Prozessqualität des pädagogischen Personals und somit beeinflussen diese Qualitätsbereiche das Wohlbefinden und Entwicklung des Kindes, so die zugrundeliegende Annahme.

Bezogen auf die Qualität der Bildung und Förderung von Sprache unterscheiden Fried und Briedigkeit (2008, S. 16) zwischen zwei zu berücksichtigenden Bedingungen: „Die Wirkung von Sprachförderung hängt sowohl von makro- als auch von mikrodidaktischen Faktoren ab. Zu den makrodidaktischen Faktoren zählen die Bereitstellung von Materialien, die Gestaltung von Räumen sowie Programmen und Förderformaten. Mit mikrodidaktischen Faktoren sind die unmittelbaren Erzieher-Kind-Interaktionen gemeint". Qualität von didaktischem und pädagogischem Handeln zeigt sich in diesem Zugang somit sowohl in den räumlichen und materiellen Bedingungen der Einrichtung als auch in der prozessualen Interaktion zwischen pädagogischem Personal und den Kindern.

3.1.2 Theoretischer Bezugsrahmen von Qualität in Kindertageseinrichtungen

Die Konzeptualisierung von pädagogischer Qualität, wie sie im vorangegangen Kapitel beschrieben wurde, orientiert sich vor allem an ökopsychologischen Zugängen der Bildung und Entwicklung (z. B. Tietze, 1998; Tietze et al., 2005; Tietze et al., 2013). Dieser theoretische Zugang ist auch in internationalen Studien zu finden (z. B. Weikart, Olmsted & Montie, 2003; Cryer, Tietze, Burchinal, Leal & Palacios, 1999).

Wohlwill (1973) kritisierte die lange Zeit vorherrschende Praxis der isolierten Betrachtung der kindlichen Entwicklung von Umwelteinflüssen und gilt dadurch als Vorbereiter einer ökologischen Theorie, wie sie später Bronfenbrenner in seiner Ökologie der Menschlichen Entwicklung (1979; 1981; 1989) herausgearbeitet hat:

> Menschliche Entwicklung ist der Prozeß, durch den die sich entwickelnde Person erweiterte, differenziertere und verläßlichere Vorstellungen über ihre Umwelt erwirbt. Dabei wird sie zu Aktivitäten und Tätigkeiten motiviert und befähigt, die es ihr ermöglichen, die Eigenschaften ihrer Umwelt zu erkennen und zu erhalten oder auch nach Form und Inhalt ähnlich komplexem oder komplexerem Niveau umzubilden. (Bronfenbrenner, 1981, S. 44)

Grundannahme seiner systemischen Sichtweise ist es, dass der Mensch in verschiedenen sich gegenseitig beeinflussenden Lebensbereichen (Ökologien) lebt, die er auf der einen Seite aktiv verändern kann, aber auch von ihnen beeinflusst wird (Bronfenbrenner, 1989). Die menschliche Umwelt beschreibt Bronfenbrenner als eine „... Reihe ineinandergeschachtelter ökologischer Strukturen..." (1981, S. 22). So kann die kindliche Entwicklung nicht losgelöst von den sich gegenseitig beeinflussenden Umweltsystemen betrachtet werden. Bronfenbrenner unterscheidet zwischen dem „Mikrosystem", dem „Mesosystem", dem „Exosystem", dem „Makrosystem" und dem „Chronosystem".

Im *Mikrosystem* werden sämtliche Beziehungen im unmittelbaren Umfeld einer Person gefasst (Bronfenbrenner, 1989, S. 38). Die Familie, Freunde (Peers) und die Erzieherinnen oder Erzieher sind Elemente des Mikosystems. Die zuvor besprochene Konzeptualisierung von pädagogischer Qualität als Prozess-, Struktur- und Orientierungsqualität hat diese theoretische Annahme aufgegriffen und untersucht sowohl das Mikrosystem in der Institution als auch das Mikrosystem in der Familie (z. B. Tietze et al., 2005).

Im *Mesosystem* werden die einzelnen Beziehungen zwischen zwei oder mehreren Mikrosystemen, dem das Kind angehört, beschrieben (Bronfenbrenner, 1989, S. 41). Das Mesosystem besteht demzufolge aus mindestens zwei

Mikrosystemen, die durch ihre wechselseitigen Beziehungen bestimmt werden (z. B. Fachkraft-Kind-Interaktion in der Kindertageseinrichtung).

Als *Exosystem* bezeichnet Bronfenbrenner „… einen Lebensbereich oder mehrere Lebensbereiche, an denen die sich entwickelnde Person nicht selbst beteiligt [ist; S.J.], in denen aber Ereignisse stattfinden, die beeinflussen, was in ihrem Lebensbereich geschieht oder die davon beeinflusst werden" (1989, S. 42). Dem Exosystem können beispielsweise Nachbarn, Freunde der Familie oder der Arbeitsplatz der Eltern zugerechnet werden. Zu diesem pflegt das Individuum zwar keine direkte Beziehung, wird aber dennoch indirekt beeinflusst (z. B. durch den Einfluss der elterlichen Erwerbsarbeit auf die mit dem Kind zu Verfügung stehende gemeinsame Zeit).

Das *Makrosystem* „… bezieht sich auf die grundsätzliche formale und inhaltliche Ähnlichkeit der Systeme niedriger Ordnung (Mikro-, Meso- und Exosystem), die in der Subkultur oder der ganzen Kultur bestehen oder bestehen können, einschließlich der ihnen zugrundeliegenden Weltanschauungen und Ideologien" (Bronfenbrenner, 1989, S. 42). Solche kulturabhängigen Weltanschauungen und Ideologien können alle anderen Systeme beeinflussen. Konkret am Beispiel der Sprachenpolitik festgemacht, hat sich mehr und mehr das Bildungsziel eines mehrsprachigen EU-Bürgers, welches zunächst nur in der Wissenschaft und Politik diskutiert wurde, durchgesetzt (siehe Kapitel 2.1). Das in verschiedenen Gesetzen, Bestimmungen und Ausführungsverordnungen beschriebene Bildungsziel wird bereits in der Kita durch das pädagogische Personal oder später vom Arbeitgeber an das Individuum herangetragen. Dies ist ein Beispiel dafür, wie Bildungspolitik indirekt Einfluss auf den Einzelnen ausüben kann.

Später wurde das *PPCT Modell* (process–person–context–time) noch um das *Chronosystem* ergänzt (Bronfenbrenner & Morris, 2006). Damit wird die zeitliche Perspektive der Sozialisation berücksichtigt. Sämtliche Beziehungen eines Individuums mit seiner Umgebung können sich im Laufe des Lebens verändern. So steht ab einem Alter von sechs Jahren in der Regel der ökologische Übergang vom Mikrosystem Kita zum Mikrosystem Schule an. Die mesosystemische Interaktion zwischen Kind und pädagogischer Fachkraft wird aufgelöst. Diese von Bronfenbrenner entwickelte Forschungsheuristik bietet einen theoretischen Zugang, um kindliche Entwicklung in Abhängigkeit von Veränderungen in der Umgebung des Kindes untersuchen zu können. Entwicklung wird hier ausdrücklich als aktiver Prozess des Kindes und des pädagogischen Personals verstanden, weshalb die Theorie zu den interaktionistischen Paradigma der Entwicklungspsychologie gezählt werden kann (Walper, 2014).

3.1.3   Forschungsbefunde: Erfassung von pädagogischer Qualität

Erfasst wird die pädagogische Qualität in den oben beschriebenen Studien durch das Beobachtungsinstrument „Kindergarten-Einschätz-Skala" (KES; erstmals 1997 veröffentlicht; 2017 erschien die vierte erweiterte Auflage, KES-RZ; Tietze & Roßbach, 2017). Es handelt sich dabei um eine Adaption der von Harms und Clifford entwickelten „Early Childhood Environment Rating Scale" (1980), welche im Jahr 1998 unter Zusammenarbeit mit Cryer in überarbeiteter Form erneut veröffentlicht wurde (Harms et al., 1998). Die KES-RZ besteht aus insgesamt 51 Merkmalen, die in acht thematisch zusammengehörende Bereiche zusammengefasst sind: „1. Räume und Ausstattung", „2. Pflege und Routinen", „3. Sprachliche und kognitive Anregungen", „4. Aktivitäten", „5. Interaktionen", „6. Strukturierung der pädagogischen Arbeit", „7. Eltern und pädagogische Fachkräfte", „8. Übergänge" (Tietze & Roßbach, 2017, S. 10). Dem Bereich „Sprachliche und kognitive Anregung" sind beispielsweise die Merkmale „Nutzung von Büchern und Bildern", „Anregung zur Kommunikation", „Nutzung der Sprache zur Entwicklung kognitiver Fähigkeiten" und „Allgemeiner Sprachgebrauch" zugeordnet (ebd.). Es werden somit sowohl „makrodidaktische Faktoren" (z. B. Bücher und Bilder) als auch „mikrodidaktische Faktoren" (z. B. Anregung und Kommunikation) erfasst (Fried & Briedigkeit, 2008, S. 16). Jedes dieser Merkmale hat sieben Bewertungsstufen von „unzureichend" bis hin zu „ausgezeichnet". Als „unzureichende" pädagogische Qualität gilt bei dem Merkmal „Anregung zur Kommunikation", wenn folgende Beschreibung zutrifft: „Pädagogische Fachkraft schafft *keine* Anlässe, um die Kinder zur Kommunikation anzuregen …" und „*Sehr wenige* Materialien zugänglich, welche die Kinder zur Kommunikation anregen" (Tietze & Roßbach, 2017, S. 54; Herv. im Original). Als „ausgezeichnete" pädagogische Qualität hingegen wird gewertet, wenn keine der unzureichenden Beschreibungen und zugleich alle der minimalen, guten und ausgezeichneten Qualität erfüllt sind. Auszeichnet ist in diesem Fall: „Zuhören und Reden der pädagogischen Fachkraft stehen entsprechend dem Alter und den Fähigkeiten der Kinder in angemessenem Verhältnis …" und „Pädagogische Fachkraft verbindet von Kindern gesprochene mit geschriebener Sprache …" (Tietze & Roßbach, 2017, S. 54). Sind diese beschriebenen Verhaltensweisen im Gruppengeschehen zu beobachten, kann von einer sehr guten pädagogischen Qualität der Prozesse ausgegangen werden, die sich positiv auf das Wohlbefinden und die Entwicklung der Kinder in der Gruppe auswirkt. Aufgrund der geringen Anzahl an Items, die sich mit der bereichsspezifischen Qualität sprachpädagogischen Handelns beschäftigen, ist dieses Instrument vor allem dazu geeignet, die allgemeine gruppenbezogene Qualität zu erfassen.

Im *Nationalen Kriterienkatalog* sind weitere Anhaltspunkte für die bereichsspezifische pädagogische Qualität aufgeführt (Tietze & Viernickel, 2016). Einer von 20 Qualitätsbereichen thematisiert „Sprache, Mehrsprachigkeit und Bilinguale Erziehung" (ebd., S. 125–140). Alle Qualitätsbereiche werden jeweils anhand von sechs Leitgesichtspunkten erläutert: „Räumliche Bedingungen", „Pädagogische Fachkraft-Kind-Interaktion", „Planung", „Nutzung und Vielfalt von Material", „Individualisierung" und „Partizipation" (Tietze & Viernickel, 2016, S. 40–43). Unter dem Leitgesichtspunkt „Räumliche Bedingungen"[23] wird für diesen Qualitätsbereich beispielsweise gefordert: „Es gibt mindestens eine Buch- und Leseecke zum Anschauen und Vorlesen von Bilderbüchern, Geschichten und Märchen aus verschiedenen Kultur- und Sprachkreisen" (Tietze & Viernickel, 2016, S. 127). Bei „Vielfalt und Nutzung von Material"[24] wird gefordert: „Es gibt zweisprachige Bilder- und Kinderbücher" (ebd., S. 136). Daran anknüpfend sind Checklisten für jeden Qualitätsbereich und seinen Leitgesichtspunkten zur Selbsteinschätzung der eigenen pädagogischen Praxis entstanden (Tietze & Viernickel, 2017). Diese Checklisten dienen der internen Qualitätsentwicklung in Kindertageseinrichtungen.

In der NUBBEK-Studie haben Tietze et al. (2013) die pädagogische Qualität von verschiedenen frühkindlichen Betreuungsformen (Kindergarten, altersgemischte Gruppe, Krippe, Kindertagespflege und Familienbetreuung) untersucht. Zur Erfassung der allgemeinen pädagogischen Prozessqualität im Kindergarten wurde das IQS-Instrumentarium (Tietze, 2010) eingesetzt. Dabei handelt es sich um eine Kombination der KES-R und weiterer adaptierten Versionen und Erweiterungen („KES-E"[25] und „KES-Z"[26]) (Tietze et al., 2013, S. 73). Bei den 270 auf Kindergartengruppenebene (3 bis 6 Jahre) durchgeführten Beobachtungen mit der KES-R wurde eine *mittlere Qualität* von durchschnittlich 3.90 bei einer Standardabweichung von 0.73 (min. 2.25, max. 6.05) festgestellt (Tietze et al., 2013, S. 74f.). Bei der Kombination von

---

23 Leitgesichtspunkt Räumliche Bedingungen: „Unter diesem Leitgesichtspunkt werden Aussagen zusammengefasst, die sich auf das Vorhandensein und die Möglichkeit der Nutzung von Innen- und Außenräumen beziehen" (Tietze & Viernickel, 2016, S. 40).

24 Leitgesichtspunkt Nutzung und Vielfalt von Material: „Hinter dem Begriff der Vielfalt verbirgt sich die Forderung nach einer Umwelt, die es den Kindern ermöglicht, sich eigenständig mit einem alle Sinne ansprechenden Angebot auseinander zu setzen" (Tietze & Viernickel, 2016, S. 42).

25 Kindergarten-Skala-Erweiterung (KES-E) (Roßbach & Tietze, 2018). Die KES-E beinhaltet 18 bereichsspezifische Merkmale, die vier Bereichen zugeordnet sind: (1) Sprache; (2) Mathematik; (3) Naturwissenschaft und Umwelt; (4) Individuelle Förderung.

26 Die KES-Z enthält sechs zusätzliche Items (Eingewöhnung, Konzeption, Beobachtung und Dokumentation, Individualisierung der pädagogischen Arbeit, Interne und externe Kommunikation und Selbstständigkeit) die zusammen mit der KES-R verwendet werden und im Rahmen des TransKiGs-Projektes erstellt wurden (Fried et al., 2012).

KES-R und KES-Z (KES-RZ) werden bei den 271 Beobachtungen annähernd gleiche Ergebnisse erzielt (*M*=3.87, *SD*=0.72, min. 2.17, max. 6.00) (ebd.). In der bereichsspezifischen Erfassung der Bildungsaspekte Lesen, Mathematik, Naturwissenschaft/Umwelt und Individuelle Förderung wird bei den 270 Beobachtungen mit der KES-E nur eine *unzureichende Qualität* (<3) eruiert (*M*=2.81, *SD*=0.88, min. 1.33, max. 5.67) (Tietze et al., 2013, S. 74). Berücksichtigt man zusätzlich den Anteil an Kindern mit Migrationshintergrund der beobachteten Gruppen, so zeigt sich ein signifikanter Zusammenhang zwischen der mit der KES-RZ erhobenen pädagogischen Qualität und einem hohen bzw. niedrigeren Migrantenanteil („hoher Migrationsanteil (≥67%)"; „niedrigerer Migrationsanteil (<67%)". „Der Mittelwert für Gruppen mit hohem Migrationsanteil beläuft sich auf 3.66 (*n*=47), der für die Gruppen mit niedrigerem auf 3.89 (*n*=218). Die Effektstärke beträgt d=.33" (Tietze et al., 2013, S. 77). Für die KES-E zeigt sich ebenfalls ein schlechteres Abschneiden, das aber nicht signifikant ist („hoher Migrationsanteil": 2.66; „niedrigerer Migrationsanteil": 2.84) (ebd.). Kinder in Kindergärten (3 bis 6 Jahren) mit einem „hohen Migrationsanteil" finden somit häufiger ungünstige Bedingungen vor. Des Weiteren zeigt sich, dass es einen großen Unterschied macht, ob allgemeine und bereichsspezifische Qualitätsmerkmale beobachtet werden. Fried (2008b, S. 272) merkt in diesem Zusammenhang kritisch an, „… dass es bei vielen Anliegen nicht reicht, nur die globale pädagogische Qualität zu erfassen …" (vgl. Dickinson, 2003). Pädagogisches Handeln wird deshalb zunehmend auch unter der Perspektive einer bereichsspezifischen Didaktik (z.B. Hopf, 2014 zusammenfassend für den Bildungsbereich Naturwissenschaft, Mathematik und Sprache) und auch einer bereichsspezifischen Qualität (z.B. Kluczniok, Sechtig & Roßbach, 2012; Sylva et al., 2004) diskutiert. Denn auch wenn in einer Kita eine gute allgemeine pädagogische Qualität wahrnehmbar ist, muss dies nicht zwangsläufig auf alle Bereiche zutreffen.

Forschungsbefunde zum Umgang mit migrationsbedingter lebensweltlicher Mehrsprachigkeit unter alltäglichen Bedingungen sind bisher selten. Zumindest gibt es Ergebnisse, die auf der Selbstauskunft von Erzieherinnen und Erziehern beruhen. In der Expertise „Schlüssel zu guter Bildung, Erziehung und Betreuung" (Viernickel & Schwarz, 2009) und der darauf aufbauenden bundesweiten Fachkräftebefragung (Viernickel, Nentwig-Gesemann, Nicolai, Schwarz & Zenker, 2013) haben Viernickel und ihr Team die Sprachförderaktivitäten in Kitas untersucht. Im Kontext Umgang mit Mehrsprachigkeit zeigt sich ein ernüchterndes Bild. Ein großer Teil der befragten pädagogischen Fachkräfte stimmt folgenden Aussagen voll und ganz zu: „Die Familiensprache der Kinder ist für den Erwerb der deutschen Sprache wichtig" (58%) und „Sprachmischungen und Sprachwechsel sind normale Phänomene in der Sprachentwicklung beim Erwerb der Zweitsprache" (40.1%) (Viernickel et al., 2013, S. 112).

Während die erste Aussage kaum Ablehnung erfährt („trifft gar nicht zu" gaben 5.4% an) wird die zweite Aussage immerhin von jedem fünften Befragten bezweifelt („trifft gar nicht zu" gaben 12.1% an) (Viernickel et al., 2013, S. 111f.). Noch weniger Zustimmung erhalten Aussagen, in denen eine konkrete Umsetzung von Mehrsprachigkeit im Alltag thematisiert wird: „Ich kenne einige Wörter in den verschiedenen Sprachen der Kinder." (19.6%) und „Schriftzeichen verschiedener Sprachen sind bei uns für die Kinder sichtbar" (5.7%) (ebd., S. 112). Des Weiteren geben nur wenige der pädagogischen Fachkräfte an, täglich verschiedene Sprachen zu verwenden (z. B. zur Begrüßung) (11.8%), zweisprachige Bücher zu nutzen (1.5%) und Lieder in den Sprachen der Kinder zu singen (15.3%) (ebd.). Die Befragungsergebnisse zeigen auf, dass dem pädagogischen Personal die Bedeutung der Bildung und Förderung von Mehrsprachigkeit teilweise bekannt ist, die in Bezug auf Mehrsprachigkeit in den Bildungsprogrammen formulierten Anforderungen aber noch kaum systematisch und regelmäßig im Kita-Alltag umsetzen.

3.2 Professionalität im Umgang mit migrationsbedingter Mehrsprachigkeit

Eine Bestimmung dessen, was eigentlich Professionalität in der Kindheitspädagogik bedeuten kann, gestaltet sich schwierig (Balluseck, 2008, S. 22; für den aktuellen Diskurs siehe Friederich, Lechner, Schneider, Schoyerer & Ueffing, 2016; Rißmann, Hellmann, Lochner, & Thole, 2014; Schmidt & Smidt, 2015). Noch komplexer wird das Unterfangen, wenn es darum geht, eine bereichsspezifische Professionalität zu definieren (z. B. Bildungsbereich Sprache und Mehrsprachigkeit). Einen ersten Zugang bietet der Professionalisierungs- und Kompetenzdiskurs in der Kindheitspädagogik. In dem folgenden Kapitel wird deshalb zunächst auf grundlegende professionalisierungstheoretische Konzepte eingegangen (Kapitel 3.2.1). Insbesondere die kompetenzorientierte Konzeptualisierung von Professionalität wird im weiteren Verlauf näher beleuchtet (Kapitel 3.2.2). Anschließend wird in den theoretischen Zugang des pädagogischen Habitus eingeführt (Kapitel 3.2.3). Daran knüpft ein Kapitel an, in welchem der Frage nachgegangen wird, wie habituelle Veränderungen des pädagogischen Personals erfasst werden können. Hierzu werden aktuelle Instrumente und deren Operationalisierungen der bereichsspezifischen Sprachförderkompetenz besprochen (Kapitel 3.2.4). Abschließend wird eruiert, welche Qualitätsmerkmale eine kompetenzorientierte Weiterbildung benötigt (Kapitel 3.2.5), und Forschungsbefunde erörtert, in denen die Effekte der Qualifizierungsmaßnahmen erhoben werden (Kapitel 3.2.6).

3.2.1 Konzeptualisierung von Professionalität

Der quantitative Ausbau der frühkindlichen Bildung, Betreuung und Erziehung schreitet weiter voran (Autorengruppe Bildungsberichterstattung, 2016). Nach dem bereits seit 1996 geltenden Rechtsanspruch auf einen Kindergartenplatz ab dem vollendeten dritten Lebensjahr gilt dies nun seit dem 1. August 2013 auch für Kinder ab Vollendung des ersten Lebensjahres (§24 Abs. 2 Satz 1 SGB VIII). Mit der Ausweitung des Rechtsanspruchs auf einen Krippenplatz (für Kinder unter drei Jahren) und der damit einhergehenden Zunahme an außerfamiliärer Betreuungszeit rückt mehr und mehr die Frage der Professionalität und Professionalisierung des pädagogischen Personals in den Mittelpunkt der fachlichen und fachpolitischen Diskussion (z. B. Cloos, 2016; Rißmann et al., 2014). Hierzu lassen sich folgende zwei Bemühungen feststellen; „zum einen die inhaltliche Reformierung der bestehenden ErzieherInnenausbildung mit gezielten Fort- und Weiterbildungen und zum anderen die Forderung nach einer Akademisierung des Personals für die Handlungsfelder der Pädagogik der Kindheit" (Rißmann et al., 2014, S. 464). Bezugspunkte sind hierfür unterschiedliche theoretische Modelle von Professionalisierung und Professionalität des pädagogischen Handelns. Thole (2008, S. 272–278) beschreibt fünf Zugänge (siehe hierzu auch zusammenfassend Balluseck, 2008; Rißmann et al., 2014; Viernickel, Nentwig-Gesemann & Weßels, 2015).

Zunächst einmal kann gemäß Thole (2008, S. 272f.) ein Professionalisierungsdiskurs festgestellt werden, welcher die formalen zertifizierten Qualifikationen betrachtet[27]. Mit den Worten von Balluseck (2008, S. 25) wird in diesem Zugang „Professionalität [...] synonym benutzt [...] für Akademisierung." Professionalität wird somit alleine am Qualifizierungsniveau festgemacht. Nach Berechnungen der Autorengruppe für den *Bildungsbericht 2016* haben 70% des pädagogischen Personals eine fachschulische Qualifikation (mehrheitlich Erzieher/-innen) (Autorengruppe Bildungsberichterstattung, 2016, S. 64f.). Einen universitären oder fachhochschulischen Abschluss haben 2015 bundesweit 5% der Beschäftigten in Kindertageseinrichtungen erworben (u. a. Diplom-Sozialpädagoginnen/-pädagogen; Diplom-Erziehungswissenschaftlerinnen/-wissenschaftler; Kindheitspädagoginnen/-pädagogen) (Autorengruppe Bildungsberichterstattung, 2016, S. 65). Momentan gibt es in Kitas fast keine Mitarbeiterinnen bzw. Mitarbeiter mit keinem oder nicht einschlägigem Berufsabschluss. Dennoch fällt die geringe Zahl der akademisch ausgebildeten Fachkräfte auf. Die Professionalisierung der frühkindlichen Bildung, Betreuung und Erziehung befindet sich demnach noch am An-

---

27 Balluseck nennt diesen Zugang zu Professionalität: „Das Formale Modell" (2008, S. 25).

fang. „Der jeweils real anzutreffende Professionalisierungsgrad kann allerdings über diese, auf die formalen beruflichen Zertifikate konzentrierte Perspektive nur sehr oberflächlich und formal erfasst werden" (Thole, 2008, S. 273; siehe hierzu auch Cloos, 2013).

Ein zweiter Zugang, um Professionalität zu erfassen sind gemäß Thole (2008, S. 273) „merkmal- oder indikatorenbasierte Modelle". Gemäß diesen ist dann von Professionalität auszugehen, wenn:

- Fachwissen, dokumentiert über ein akademisches Studium, ausgewiesenes Wissen und Können sowie entsprechende berufliche Titel,
- eine geregelte berufliche Zugangsberechtigung und Autonomie des beruflichen Engagements [besteht; S.J.], dokumentiert über das Recht, exklusiv beispielsweise medizinische, theologische oder juristische Tätigkeiten weitgehend unabhängig von staatlichen Interventionen ausüben zu können,
- eine altruistische, ethisch abgefederte Handlungsorientierung am Gemeinwohl sowie
- die Existenz einer Kommunikationspraxis [besteht; S.J.], die auf exklusives Professionswissen basiert und sich in Standesorganisationen und eigenen Publikationsformen dokumentiert (Thole, 2008, S. 273f.).

Der erste Zugang erfährt durch diese auf Indikatoren und Merkmale gestützten Modelle insofern eine Erweiterung, als zusätzlich zu dem akademischen Abschluss auch Zugangsberechtigung, ethische Orientierung und exklusives Wissen und Kommunikationspraxis mit einbezogen werden (Balluseck, 2008, S. 25). Inzwischen kann die Kindheitspädagogik auf bundesweite Studienmöglichkeiten, eine einheitliche, staatlich anerkannte Berufsbezeichnung, gleich mehrere Standesorganisationen und fachspezifische Publikationsmöglichkeiten zurückblicken (siehe z. B. Cloos, 2016). Jedoch darf gemäß Dewe (1996, S. 743; siehe auch Vath, 1975) nicht davon ausgegangen werden, dass professionalisiertes Handeln „… schlichtweg durch eine institutionalisierte sowie fachlich spezifizierte Ausbildung auf wissenschaftlicher Grundlage allein zu erwerben [ist; S.J.] […], an de[ssen; S.J.] Ende die Beherrschung eines Fachwissens samt dem dazugehörigen beruflichen Methodenrepertoire steht". Cloos (2013, S. 44; Herv. im Original) kommt deshalb zu dem Schluss, „… dass berufliche Differenzen auf der Basis unterschiedlicher Bildungs- *und* Ausbildungsbiographien das Resultat einer eingeübten und habituell strukturierten Praxis in Organisationskulturen und beruflichen Handlungsfeldern sind" (siehe auch Cloos, 2008). Der dokumentierte Studienabschluss ist somit kein Garant für professionelles pädagogisches Handeln.

Ein sich von dem formalen und indikatorengestützten Zugang zur Professionalität abgrenzendes Modell stellt gemäß Thole (2008, S. 274) das sogenannte „fall- und feldbezogene" Konzept dar. In diesem theoretischen Zugang

steht die „… Genese, Konsistenz, Kontinuität und Ausgestaltung der pädagogischem Interaktionen zwischen Professionellen und Kindern…" im Fokus
(Thole, 2008, S. 274). Es geht somit um die Beziehungsgestaltung zwischen pädagogischem Personal und Kind, „… die im jeweiligen Feld rekonstruktiv erschlossen wird" (Balluseck, 2008, S. 25). Als ein Vertreter dieses Zugangs gilt
Schäfer (z. B. 2013; 2011). In diesem Verständnis von Professionalität kann das
Handeln des pädagogischen Personals nicht losgelöst von der entsprechenden Einrichtung und ggf. von der Gruppe („Feld"), in der die Fachkraft tätig ist, betrachtet werden. Genauso wenig kann durch Deduktion professionelles Handeln, das auf den konkreten und individuellen pädagogischen Umgang
zwischen pädagogischen Fachkraft und Kind („Fall") übertragbar wäre, beschrieben werden. Mit den Worten von Balluseck handelt es sich bei diesem
Zugang „… um ein idealistisches und idealisierendes Konzept" (2008, S. 25).
Die Erfassung von professionellem Handeln entzieht sich hier weitgehend einer empirisch-quantitativen Erfassung.

Ein weiterer Zugang zum Professionalisierungsdiskurs sind gemäß Thole (2008, S. 276) sogenannte „wirksamkeitsevaluierende und qualitätssichernde Modelle"[28]. Vor allem in der nationalen und internationalen vergleichenden frühkindlichen Bildungsforschung, aber auch in der Kindheitspädagogik
wird auf solche quantitativen Methoden zur Erfassung der pädagogischen Professionalität zurückgegriffen (Cloos, 2015; Stamm, 2014; Thole, 2008). Gemäß
Baumert und Kunter (2006, S. 476) ist professionalisiertes Handeln „… keine
Frage des intuitiven Fallverstehens, sondern eine Frage der sorgfältigen Unter-
richtsplanung und einer erfahrungsgesättigten pädagogischen und fachdidaktischen Kompetenz, die sich auch der Mittel extrinsischer Motivierung bedient."
Pädagogisches Handeln setzt hier eine sorgfältige pädagogische und didaktische Planung voraus und nutzt Methoden der Anregung von Bildungsprozessen.

> In Bezug auf die Pädagogik der Kindheit sind dieser Fassung von Professio-
> nalität Modelle zuzurechnen, die über eine stärkere und intensivere fachdi-
> daktische Grundlegung die Qualität von Kindertageseinrichtungen zu erhö-
> hen hoffen und so gleichsam, quasi als ein Effekt dieser Entwicklung, auch
> das professionelle Niveau zu qualifizieren wünschen. (Thole, 2008, S. 275)

Ein solcher wirksamkeitsevaluierender und qualitätssichernder Zugang ist
beispielsweise in der im vorangegangenen Kapitel (3.1.3) vorgestellten KES-
RZ (Tietze & Roßbach, 2017) zu finden. Eigentlich handelt es sich bei diesem Instrument um ein Verfahren der Qualitätssicherung, es wird aber gemäß

---

28 Balluseck nennt diesen Zugang zu Professionalität: „Modell der Planung als Professi-
    onalitätsgrundlage" (2008, S. 25). Viernickel, Nentwig-Gesemann und Weßels (2015,
    S. 137) schlagen die Bezeichnung „Ergebnisorientierung" vor.

Thole (2008, S. 276) „… implizit ebenso als Professionalisierungsmodell[e] gehandelt…". Zu diesem Zugang können auch solche Professionalisierungsbemühungen gezählt werden, „… die über eine Neujustierung curriculare Rahmenbedingungen und darauf bezogene Fort- und Weiterbildungskonzeptionen die professionellen Standards neu zu justieren versuchen" (Thole, 2008, S. 275). Gemäß Cloos (2015, S. 49) stellt sich in diesem Zusammenhang die Frage, ob wirksamkeitsevaluierende und qualitätssichernde Modelle überhaupt den Professionalisierungskonzepten hinzugefügt werden können, da es bei solchen Forschungszugängen meist mehr um die Erfassung von bereichsspezifischer Qualität oder um die Feststellung der Wirkungen eines Programmes oder einer Intervention geht (siehe hierzu auch Thole, 2008, S. 276).

Im Professionalisierungsdiskurs in der Erziehungswissenschaft besteht weitgehend Einigkeit darüber, dass weder mit einem formal-, einem merkmal-/indikatorenbezogenen oder einem fall-/feldbezogenen, wirksamkeitsevaluierenden/qualitätssichernden Zugang die Komplexität eines professionalisierten Handelns hinreichend erfasst werden kann (siehe hierzu auch Rißmann et al., 2014). Jüngst wird versucht, die Professionalität des pädagogischen Personals anhand von Kompetenzmodellen zu beschreiben und zu erfassen. Der Kompetenzdiskurs in der Kindheitspädagogik wird im folgenden Kapitel dargestellt.

3.2.2 Kompetenzorientierte Konzeptualisierung von Professionalität

Ein neuer Zugang zum Professionalisierungsdiskurs sind *Kompetenzmodelle*[29] (siehe Balluseck, 2008, S. 25; Thole, 2008, S. 276). Orientiert an allgemeinen Kompetenzmodellen (z. B. Weinert, 2001; 2014) haben Fröhlich-Gildhoff, Nentwig-Gesemann und Pietsch (2011; 2014) ein Modell für die Früh-/Kindheitspädagogik, das der multidimensionalen und prozesshaften Komplexität von Professionalität gerecht werden möchte, entwickelt (Abbildung 2). Weinert (2014) definiert Kompetenz folgendermaßen:

> … die bei Individuen verfügbaren oder durch sie erlernbaren kognitiven Fähigkeiten und Fertigkeiten, um bestimmte Probleme zu lösen, sowie die damit verbundenen motivationalen, volitionalen und sozialen Bereitschaften und Fähigkeiten, um die Problemlösungen in variablen Situationen erfolgreich und verantwortungsvoll nutzen zu können. (S. 27f.)

---

29 Zum Begriff „Kompetenzmodell": „Kompetenzmodelle konkretisieren Bildungs- und Lernziele auf der Basis fachdidaktischer Konzepte und pädagogisch-psychologischer Erkenntnisse zum Aufbau von Wissen und Können" (ISB, 2006, S. 30).

Unterschieden wird bei der individuellen Kompetenz zudem zwischen Dispositionen und Performanz der pädagogischen Fachkräfte (Fröhlich-Gildhoff et al., 2011; 2014). Zugrunde liegt die Annahme, dass man für ein kompetentes Handeln bestimmte „Könnensdispositionen" (z. B. Wissen, Orientierungen, Motivation) benötigt (Cloos, 2015, S. 49). Für Gnahs (2010, S. 21) sind folgende Merkmale zu berücksichtigen: „Kompetentes Handeln schließt den Einsatz von Wissen, von kognitiven und praktischen Fähigkeiten genauso ein wie soziale und Verhaltenskomponenten (Haltungen, Gefühle, Werte und Motivationen)." Performanz hingegen nimmt „... die im Handeln tatsächlich realisierten Kompetenzen und die Qualität des Handelns in den Blick" (Cloos, 2015, S. 49). Die Qualität des Handelns (Performanz), wie sie sich im pädagogischen Alltag beobachten lässt, baut auf den kognitiven Fähigkeiten und Fertigkeiten und motivationalen Aspekten (Disposition) auf (siehe hierzu auch zusammenfassend ISB, 2006, S. 28f.). Klieme und Hartig (2008) fassen die Grundannahme folgendermaßen zusammen:

> [Es; S.J.] ist davon auszugehen, dass sich im situativen Vollzug, im „kompetenten" Handeln deklaratives Wissen, prozedurales Wissen und Fertigkeiten, Einstellungen (beliefs) sowie Regulationskomponenten (z. B. metakognitive Strategien) verknüpfen. In diesem Sinne kann Kompetenz verstanden werden als die Verbindung von Wissen und Können in der Bewältigung von Handlungsanforderungen. (S. 19)

Die Komplexität und Unvorhersehbarkeit des pädagogischen Alltags setzt zusätzlich eine hohe methodisch fundierte Selbstreflexivität des pädagogischen Personals voraus (Fröhlich-Gildhoff et al., 2011). „Die *Reflexion* über das handlungsleitende – explizite und implizite – Wissen macht im Kern Professionalität aus" (Nentwig-Gesemann, 2008, S. 256; Herv. im Original). Selbstreflexivität ist deshalb auch ein grundlegender Bestandteil für das Kompetenzmodell von Fröhlich-Gildhoff, Nentwig-Gesemann und Pietsch (2011, S. 17), das „... Handlungsgrundlagen (Disposition), Handlungsbereitschaft und Handlungsrealisierung bzw. Handlungsvollzug (Performanz) ..." in ein erklärendes Handlungsmodell zusammenfasst (Abbildung 2).

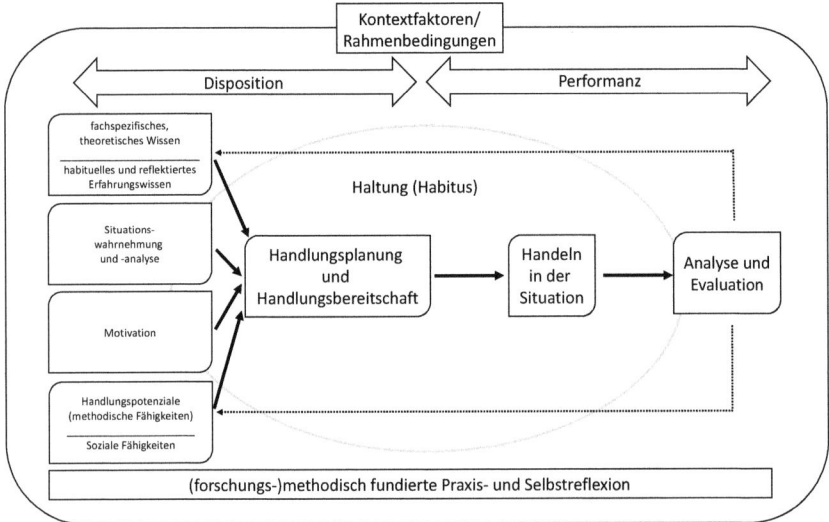

Abbildung 2:   Allgemeines Kompetenzmodell in der Frühpädagogik von Fröhlich-Gildhoff, Nentwig-Gesemann und Pietsch 2011; 2014

Das Kompetenzmodell sensibilisiert dafür, dass die im pädagogischen Alltag gezeigte Performanz des pädagogischen Personals von den individuellen Dispositionen determiniert wird. Aber nur wenn „Fachspezifisches, theoretisches Wissen", „Situationswahrnehmung und -analyse", „Motivation" und „Handlungspotenziale" gemeinsam betrachtet werden, ergibt sich ein ganzheitliches Bild auf die Könnensdispositionen. Kausale Zusammenhänge einzelner Dispositionen und der gezeigten Performanz sind jedoch aufgrund der Komplexität des pädagogischen Handelns nicht zu erwarten (König, 2009).

Fachspezifisches Wissen meint in diesem Modell „wissenschaftlich-theoretisches Wissen und implizites Erfahrungswissen" (Fröhlich-Gildhoff et al., 2011, S. 17). Die *Handlungspotenziale* sind die grundsätzlichen „Fähigkeiten und Fertigkeiten" der pädagogischen Fachkraft (ebd.). Die *Handlungsplanung und Handlungsbereitschaft*, das vorhandene Wissen mit den gegebenen Fähigkeiten und Fertigkeiten umzugehen, wird maßgeblich von der *Situationswahrnehmung und Situationsanalyse* und der *Motivation* der pädagogischen Fachkraft beeinflusst (ebd., S. 18). Das Vorhandensein eines entsprechenden Wissens bedeutet jedoch nicht, dass dies auch immer in der Praxis umgesetzt wird (Cloos, 2013). Beeinflusst werden all diese Dispositionen durch die *Haltung* („handlungsleitenden Orientierungen, Werthaltungen und Einstellungen"; Fröhlich-Gildhoff et al., 2011, S. 18) der pädagogischen Fachkraft. „Diese *Haltung* liegt quasi als handlungsgenerierende Struktur – im Sinne eines individuell-biografischen und kollektiven Habitus – ‚hinter' der Ebene der Disposition und beeinflusst wesentlich die Enaktierung von Dispositionen in die pädagogische Performanz" (Fröhlich-Gildhoff et al., 2011, S. 18; Herv. im Original). Aus der *Handlungsplanung und -bereitschaft* heraus entsteht dann das situative *pädagogische Handeln*, das entweder explizit oder implizit *evaluiert* bzw. *reflektiert* wird und als neues Wissen oder Fähigkeit/Fertigkeit zukünftiges pädagogisches Handeln beeinflusst. Professionelle, gelingende Arbeit in der FBBE setzt einen forschenden-reflexiven pädagogischen Habitus voraus (vgl. Balluseck, 2008, S. 30f.; Fröhlich-Gildhoff et al., 2011, S. 18; Nentwig-Gesemann, 2008, S. 255f.). Das aus der Soziologie stammende Konzept des Habitus wird im folgenden Kapitel erläutert.

3.2.3 Theoretischer Bezugsrahmen von Professionalität

Der lateinische Begriff *Habitus* hat in der Soziologie eine lange Tradition (siehe hierzu zusammenfassend Krais, 2015). Populär wurde der Begriff *Habitus* vor allem als zentraler theoretischer Begriff in der von Bourdieu entwickelten *Soziologie der Praxis* (2009, franz. 1972)[30]. Als Habitus bezeichnet er in seinem Werk *Wie die Kultur zum Bauern kommt* als „… eine inkorporierte Geschichte, eine Körper gewordene Geschichte, eingeschrieben in das Gehirn, aber auch in die Falten des Körpers, die Gesten, die Sprechweisen, den Akzent, in die Aussprache, die Ticks, in alles, was wir sind. Diese inkorporierte Geschichte ist der Ursprung, von dem aus wir antworten…" (2001, S. 165). Dieser im Rahmen der *Sozialisation*[31] von Geburt an im Austausch mit der Umwelt erworbene Habitus ist Ausgangspunkt jeglichen Handelns. In einem Interview erklärt Bourdieu (1997, S. 31), „… was ich »Habitus« nenne, das ist eine allgemeine Grundhaltung, eine Disposition gegenüber der Welt, die zu systematischen Stellungnahmen führt." Die im Rahmen der Sozialisation gemachten Erfahrungen gehen dauerhaft in den Habitus ein. Der Habitus ist deshalb nicht ohne größere Anstrengungen zu verändern.

---

30 Es wird im Folgenden nicht auf das gesamte „Modell des sozialen Raums" (Bourdieu, 1982) eingegangen, sondern nur auf das für diese Arbeit relevante Habitus-Konzept (siehe hierzu Krais, 2015; Krais & Gebauer, 2002).

31 Zum Begriff „Sozialisation": „Als Sozialisation wird der Prozess der Entwicklung menschlicher Persönlichkeit in produktiver Auseinandersetzung mit der natürlichen Anlage eines Menschen (v.a. den körperlichen und psychischen Grundmerkmalen) und der Umwelt (v.a. dem kulturellen, wirtschaftlichen und sozialen Kontext, sowie der physikalischen Lebenswelt) bezeichnet" (Hurrelmann, 2015, S. 253).

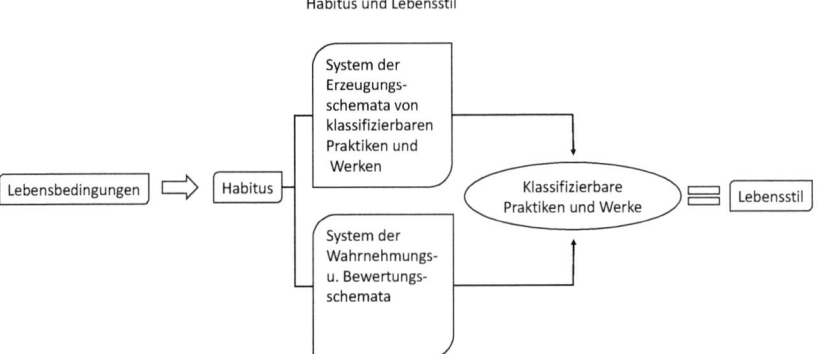

Abbildung 3: Habitus und Lebensstil nach Bourdieu 1982, S. 280

Anhand der Abbildung 3 beschreibt Bourdieu in seinem Werk *Die feinen Unterschiede* (1982; franz. *La distinction,* 1979) anschaulich, wie der Habitus den Lebensstil eines Menschen beeinflusst und strukturiert. Er stellt zugleich eine „strukturierte und strukturierende Struktur" dar (Bourdieu, 1982, S. 280). Er ist nicht von Geburt an festgelegt (Krais, 2015, S. 99). Die Lebensbedingungen, in welchen ein Individuum aufwächst, wirken auf den Habitus ein und formen diesen. „In den Dispositionen des Habitus ist somit die gesamte Struktur des Systems der Existenzbedingungen angelegt ..." (Bourdieu, 1982, S. 279). Im Habitus objektivieren sich die Lebensbedingungen, in denen ein Individuum aufgewachsen ist. Dies wirkt wiederum regulierend einerseits auf das „System der Erzeugungsschemata von klassifizierbaren Praktiken und Werken", und andererseits das „System der Wahrnehmungs- u. Bewertungsschemata (»der Geschmack«)" ein (Bourdieu, 1982, S. 280). Diese wiederum bringen dann „Klassifizierbare Praktiken u. Werke" hervor, die sich in einem „Lebensstil" „als System von klassifizierten u. klassifizierenden Praktiken" ausdrückt (ebd.). Ein Individuum wird nicht nur von seiner „strukturierten" sozialen Umwelt geprägt, sondern trägt wiederum durch sein Handeln („strukturierende Struktur") zur Aufrechterhaltung des vom Habitus beeinflussten Lebensstils bei.

> Der Habitus bewirkt, daß die Gesamtheit der Praxisformen eines Akteurs (oder einer Gruppe von aus ähnlichen Soziallagen hervorgegangenen Akteuren) als Produkt der Anwendung identischer (oder wechselseitig austauschbarer) Schemata zugleich systematischen Charakter tragen und systematisch unterschieden sind von den konstitutiven Praxisformen eines anderen Lebensstils. (Bourdieu, 1982, S. 278)

Zusammenfassend lässt sich daraus schlussfolgern, dass Menschen unter vergleichbaren Lebensbedingungen und mit ähnliche Erfahrungen einen vergleichbaren Habitus entwickeln. Deshalb darf nicht nur der einzelne Mensch berücksichtigt werden, sondern auch der soziale Kontext, in dem ein Individuum sozialisiert wurde.

Bezogen auf das Arbeitsfeld der FBBE kann gemäß Cloos (2008, S. 304) der pädagogische Habitus als „… ein Dispositionssystem der Inkorporation von Wissen, Können und Erfahrungen verstanden werden, das im Laufe der (Berufs-)Biographie gebildet wird." Das pädagogische Personal entwickelt den beruflichen Habitus in formalen, non-formalen und informellen Bildungssituationen. „Erfahrungen aus Kindheit und Jugend stellen einen vorberuflichen Ressourcenpool bereit, auf den bei Ausgestaltung des späteren beruflichen Alltags zurückgegriffen wird und der für die Entwicklung pädagogischer Orientierungen einen wichtigen Bezugsrahmen darstellt" (Rißmann et al., 2014, S. 468). Die Entwicklung des pädagogischen Habitus wird gemäß Cloos (2008, S. 304–307) von folgenden (berufs-) biographischen Merkmalen entscheidend beeinflusst:

(1) „… der kulturelle Hintergrund, in denen die habituellen Dispositionen eingelagert sind …" (S. 304)

(2) „… unterschiedliche vorberufliche Erfahrungen, an die sich unterschiedliche beruflich-habituelle Orientierungen anschließen" (S. 305)

(3) „… persönliche Merkmale und Kompetenzen […], die im Zusammenspiel mit dem bildungsbiografischen und kulturellen Hintergrund einen persönlichen habituellen Stil im Beruf ergeben" (S. 306)

(4) „… Erfahrungen, die im Beruf gewonnen werden konnten, [spielen; S.J.] eine besondere Rolle, da durch das Nachmachen, Erkunden und durch das Abarbeiten am jeweiligen Stil der KollegInnen, die über mehr Qualifikationen verfügen, die fehlenden formalen Qualifikationen erheblich kompensiert werden können" (S. 307)

(5) „… Karriere- und Weiterqualifizierungspläne …" (S. 307)

Dadurch, dass der pädagogische Habitus im Rahmen der beruflichen und biographischen Sozialisation nicht bewusst angeeignet wurde, entzieht er sich zu einem gewissen Grad der reflexiven Auseinandersetzung (z.B. Balluseck, 2008; Cloos, 2008; Nentwig-Gesemann, 2008; Rabe-Kleberg, 1996). Der Habitus ist in den Worten von Cloos (2008, S. 42) „einverleibt und einsozialisiert". Hinzu kommt, dass die Motive für bestimmte verinnerlichte Haltungen und Praktiken vergessen werden (Krais, 2015, S. 99). Vor diesem Hintergrund erscheint die Reflexion der persönlichen und beruflichen Erfahrungen und Perspektiven unverzichtbar für ein professionelles Handeln (Balluseck, 2008, S. 31). „In kompetenzorientierten Betrachtungen werden im Besonderen Selbstreflexivität, biographische Kompetenz und forschende Haltungen als Aspekt angesehen, die auch im Rahmen von Aus- und Weiterbildung mittels spezifischer Lehr- bzw. Lernformate gefördert werden sollten" (Rißmann et al., 2014, S. 468). Aus habitustheoretischer Sicht bedarf es für ein professionalisiertes Handeln, eigene habituell erzeugte Wahrnehmungen und Handlungen durch Reflexion aufdecken zu können.

3.2.4 Forschungsbefunde: Erfassung von Professionalität und Kompetenz des pädagogischen Personals

Bezugnehmend auf das bereits vorgestellte Kompetenzmodell von Fröhlich-Gildhoff et al. (2011; 2014) kann bei der Erfassung von Professionalität des pädagogischen Personals anhand von Kompetenzbeschreibungen entweder die Disposition oder Performanz in den Blick genommen werden. Kompetenzen sind nach übereinstimmender Auffassung „… hypothetische Konstrukte […], die sich auf etwas beziehen, das sich der unmittelbaren Beobachtung verschließt" (Seel & Hanke, 2015, S. 20). Um es in den Worten von Schott und Azizi Ghanbari (2012, S. 40) zu sagen: „Eine Kompetenz einer Person kann nicht direkt beobachtet werden. Eine Kompetenz kann nur indirekt über deren entsprechende Performanz erschossen werden, d. h. über das betreffende beobachtbare Verhalten oder über die betreffenden beobachtbaren Verhaltensprodukte." Sichtbar wird das hypothetische Konstrukt einer Kompetenz bei der Bewältigung spezifischer Aufgaben, so die Grundannahme.

> Worin eine Kompetenz besteht, wird letztlich durch die Angabe der spezifischen Merkmale (inhalts- und verhaltensbezogen) von *Aufgaben* bestimmt, die eine Person auszuführen imstande ist. Der beobachtbaren Performanz, also der Leistung zur Lösung bestimmter Aufgaben, wird eine entsprechende Kompetenz, also Fähigkeit, unterstellt, die ihrerseits wiederum auf grundlegendere Dispositionen zurückgeführt wird." (Seel & Hanke, 2015, S. 20f.; Herv. im Original)

So wie in der Schule die Sprachkompetenzen anhand von zu lösenden Testaufgaben sichtbar werden, kann die Sprachförderkompetenz von pädagogischem Personal anhand von Wissenstests („Dispositionen") oder durch Beobachtungen im Kita-Alltag („Performanz") erfasst werden. Des Weiteren können die Kompetenzen gemäß Schott und Azizi Ghanbari (2012) nach *Kompetenzgrad* und *Kompetenzniveau* unterschieden werden. Nach Klieme und Leutner (2006,

S. 883) beschreibt letzteres „… welche konkreten situativen Anforderungen Personen bei welcher Ausprägung einer Kompetenz bewältigen können." Der Kompetenzgrad hingegen beschreibt nach Seel und Hanke (2015, S. 21), „… wie gut die Menge der Aufgaben gelöst wird …". Während diese Unterscheidung umstritten ist, „… besteht Übereinstimmung in der Annahme, dass Kompetenzen relativ überdauernd sind …" (ebd.). Aus diesem Grund plädieren Mischo und Fröhlich-Gildhoff (2011, S. 7) dafür dass „… Effekte von Professionalisierungsmaßnahmen auf die Teilnehmer/innen nicht nur unmittelbar direkt nach Durchführung der Maßnahme empirisch erfasst werden, sondern auch – in Form von follow-up-Studien – nach einem längeren Zeitraum …". Im Folgenden werden einschlägige Studien bezogen auf die Frage der Operationalisierung und Erfassung der Kompetenz der pädagogischen Fachkräfte in Bezug auf sprachlicher Bildung im Kontext von Mehrsprachigkeit in Kindertageseinrichtungen dargestellt.

Im Bereich der Dispositionsforschung untersuchten Thoma, Tracy und ihr Team (z. B. Thoma et al., 2011; Thoma et al., 2012; Tracy et al., 2014) in dem Forschungsprojekt *Sprachförderkompetenz Pädagogischer Fachkräfte* (Sprach-KoPF) Wissens- und Könnensaspekte aus linguistischer Perspektive. Insbesondere aus der Schulforschung ist bekannt, dass Wissen ein wichtiger Bestandteil einer professionellen Lehrerpersönlichkeit darstellt (z. B. Baumert & Kunter, 2006; Shulman, 1987). Nach Baumert und Kunter (2006, S. 482) kann Wissen unterschieden werden nach „Pädagogischem Wissen", „Fachwissen", und „Fachdidaktischem Wissen" (siehe auch Bromme, 1997; Seel & Hanke, 2015; Shulman, 1987). Angelehnt an diese Aufteilung haben Hopp, Thoma und Tracy (2010, S. 614) aus linguistischer Perspektive die Sprachförderkompetenz in „bereichsbezogene Kenntnisse (Wissen), Fähigkeiten (Können) und Handlungen (Machen)" operationalisiert. In dem eigens für dieses Projekt entwickelten Fragebogen SprachKoPF (Thoma & Tracy, 2013) werden jedoch nur *Wissen* und *Können* in Form eines Onlinefragebogens abgefragt. In der Pilotierung des Onlinefragebogens (SprachKoPF$_{v07}$) wurden 209 unterschiedlich qualifizierte pädagogische Fachkräfte befragt[32] (Thoma & Tracy, 2014, S. 4). Thoma und Tracy (2014, S. 8) können aufzeigen, dass pädagogisches Personal im Beruf über ein signifikant höheres „anwendungsbezogenes Wissen (d. h. Wissen über Spracherwerb und –förderung)"[33] als über „linguistisches Basiswissen

---

32 „Im Einzelnen nahmen folgende Gruppen teil: Expertinnen der Sprachförderung (N=39), studentische Sprachförderkräfte (N=24), pädagogische Fachkräfte im Beruf (N=81), sowie pädagogische Fachkräfte in Ausbildung an einer Fachschule (N=65)" (Thoma & Tracy, 2014, S. 5).

33 Linguistisches Wissen: „Fragen zu Phonologie, Lexikon, Morphologie, Syntax, Semantik/Pragmatik, Soziolinguistik" (Thoma & Tracy, 2013, S. 8).

(d. h. Wissen über Grammatik)"[34] verfügt. Im direkten Vergleich der Gruppe der pädagogischen Fachkräfte im Beruf ($t(80)$ = -3.20, $p < .01$) und der pädagogischen Fachkräfte in der Ausbildung ($t(64)$ = -3.02, $p < .01$) zeigt sich ein signifikanter Unterschied im t-Test (Thoma & Tracy, 2014, S. 8). Auch lässt sich anhand der Daten darstellen, dass eine höhere Schulbildung in Form einer allgemeinen Hochschulreife im Post-hoc-Test ein signifikant besseres Abschneiden sowohl im *Wissen* ($F(2,206)$= 121,54, $p < .001$, $\eta2$= .54) als auch im *Können* ($F(2,206)$= 31,12, $p < .001$, $\eta2$= .23) erklärt (ebd.).

In einer früheren Veröffentlichung konnten Thoma, Ofner, Seybel und Tracy (2011, S. 33) von einer hohen Varianz bei pädagogischen Fachkräften (n=40) sowie Studierenden eines kindheitspädagogischen Bachelorstudiengangs an einer Pädagogischen Hochschule (n=14) berichten. „Die Fachkräfte beantworteten zwischen 30–82% der Fragen korrekt, während sich die Werte der Frühpädagogik-Studierenden zwischen 71–86% bewegten" (Thoma et al., 2011, S. 34). Auch konnte in der Studie nachgewiesen werden, dass Fort- und Weiterbildung signifikant positive Effekte bei der Testleistung ($t(23)$ = 2.39, $p < 0.05$) bewirkten (ebd.). Aufgrund der Stichprobengröße sind jedoch generalisierende Rückschlüsse nicht zulässig. Cloos (2013, S. 53) stellt in diesem Zusammenhang die Frage „… ob die Unterschiede weniger durch das formale Ausbildungsniveau als durch die Aktualität des verfügbaren Wissens erklärt werden können." Dafür spricht, so Cloos (2013, S. 53), auch das Ergebnis, dass sich die Testleistungen annähern, wenn eine Weiterbildung zum Thema Sprache besucht wurde. Noch völlig ungeklärt ist auch die Frage, wie sich das Wissens- und Könnensrepertoire von akademisch ausgebildeten Fachkräften im Praxisalltag verändert, welcher in Deutschland bisher kaum akademische Fachkräfte kannte (zur historischen Entwicklung der Kita siehe Konrad, 2012).

Eine Ausnahme stellt die Studie *Ausbildung und Verlauf von Erzieherinnen-Merkmalen* (AVE) dar (z. B. Mischo, 2014). Als ein Teilprojekt der Studie haben Hendler, Mischo, Wahl und Strohmer einen Fragebogen zur Erfassung von sachbezogenen Kompetenzen von Fachkräften in der Frühpädagogik entwickelt (FESKO-F) und bei rund 1000 angehenden frühpädagogischen Fachkräften an Fachschulen und Hochschulen eingesetzt (Hendler et al., 2011). In diesem Projekt wird die sprachbezogene Kompetenz von pädagogischem Personal, ähnlich wie bei Thoma und Tracy (2013), in „sprachbezogenes Wissen", „sprachbezogene diagnostische Kompetenz", sowie „sprachbezogene Förderkompetenz" operationalisiert (Hendler et al., 2011, S. 522). Das sprachbezogene Wissen wird anhand von 33 Fragen zu „… Grundbegriffe[n] der Sprach-

---

34 Anwendungsbezogenes Wissen: „Fragen zu Spracherwerb und Sprachförderung/-diagnostik" (Thoma & Tracy, 2013, S. 8). Es werden sowohl Fragen zum einsprachigen als auch zum mehrsprachigen Aufwachsen gestellt (siehe hierzu auch Thoma et al., 2012, S. 49f.).

wissenschaft, Besonderheiten der deutschen Sprache sowie häufig vertretender Migrantensprachen, Schritte der kindlichen Sprachentwicklung, Verfahren zur Sprachdiagnostik sowie spezifische Sprachentwicklungsstörungen und Sprachfördermöglichkeiten" eruiert (ebd.). In einem zweiten und dritten Teil werden anhand von jeweils vier *Vignetten*[35] die sprachbezogene diagnostische Kompetenz sowie die sprachbezogene Förderkompetenz in einem offenen Antwortformat abgefragt (Hendler et al., 2011, S. 522). In dem zitierten Artikel werden aber nur Ergebnisse aus dem Wissensteil berichtet. An der Testung nahmen „… insgesamt 952 Personen aus 15 Fachschulen und 13 Studiengängen (536 Fachschülerinnen und 416 Studierende)" in Baden-Württemberg zu Beginn der Ausbildung bzw. des Studiums teil (ebd., S. 532). In einer *t*-Test Analyse zeigt sich, dass die Studierenden signifikant mehr der gestellten Fragen richtig lösen konnten als die Fachschülerinnen und -schüler (t (939.79) = 11.83, $p < .001$, Cohens $d = .77$) (Hendler et al., 2011, S. 533). Alle teilnehmenden Personen wurden zu Beginn gefragt, wie sicher sie sich seien, die Fragen lösen zu können und am Ende noch einmal, ob sie der Meinung seien, die Fragen richtig gelöst zu haben. Dabei kam heraus, „… dass das Selbstkonzept der Studierenden vor der Testbearbeitung („ease of learning"-Urteil) negativer ausgeprägt ist als das der Fachschülerinnen, obwohl die Studierenden insgesamt über ein größeres sprachbezogenes Wissen verfügen als Fachschülerinnen" (Hendler et al., 2011, S. 536). Positiver ausgedrückt kann man auch schlussfolgern, dass bereits angehende akademische Fachkräfte über einen kritisch-reflexiven Habitus verfügen. Sollte sich dieses Ergebnis nicht falsifizieren lassen, so kann dies ein Indiz dafür sein, dass es nicht die Hochschule ist, die einen selbstkritischen pädagogischen Habitus hervorbringt. Allerdings sind diese Ergebnisse trotz der großen Fallzahlen nicht überzubewerten, wie die Autoren aufgrund der geringen internen Konsistenz des Instrumentes selbstkritisch anmerken (Hendler et al., 2011, S. 533; S. 536).

Fried (2009; 2008b; 2007; 2006) operationalisiert wiederum *Sprachförderkompetenz* als „… das Ensemble aus Motiv-, Wissens-, und Könnenskonstituenten […], das Erzieherinnen brauchen, um die Aufgaben und Probleme bewältigen zu können, die sich bei der Sprachförderung im Kindergarten stellen" (2008b, S. 266f.). Grafisch dargestellt kann die *Sprachförderkompetenz* zunächst einmal als ein bipolares Zusammenspiel zwischen den Dispositionen „Motiv/Wissen" und der Performanz „Können" und dem Professionsverständnis („Professionsbild") aufgezeigt werden (Abbildung 4).

---

35 Zum Begriff Vignetten: „Vignetten sind kurze Beschreibungen von realen Situationen, die Probanden im Rahmen einer Umfrage dargeboten werden. Sie dienen der Erfassung normativer Einstellungen und Handlungsintentionen" (Eifler, van Loon & Schmidt, 2015, S. 19f.).

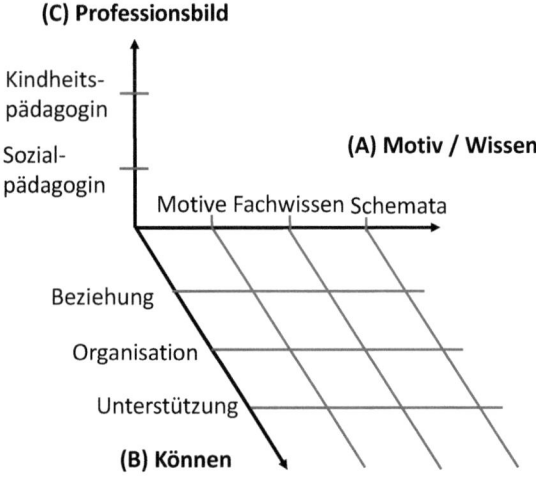

Abbildung 4:   Sprachförderkompetenzmodell nach Fried, 2008b, S. 266

Wenn es also darum geht, die Professionalität des pädagogischen Personals zu erfassen, so müssen sowohl die Dispositionen (hier „Motiv/Wissen) als auch die Performanz (hier „Können") berücksichtigt werden. Für die empirische Forschung bedeutet dies gemäß Fried (2006) folgendes:

1. Man muss klären, über welche sprachförderrelevanten Wissensvorräte ErzieherInnen derzeit verfügen, also wie es um ihr diesbezügliches Fachwissen sowie ihre diesbezüglichen Haltungen, Bewältigungsstrategien und Routinen steht.

2. Man muss ausloten, wie die sprachförderrelevanten Könnens-Register der ErzieherInnen aussehen. Dazu ist es erforderlich, ihr Handeln in der Praxis zu beobachten. (S. 5)

Angelehnt an Klix (1998) kann gemäß Fried (2008b, S. 266–268) Professionswissen in folgende Wesensformen unterteilt werden: „Motive", „Fachwissen" und „Schemata"[36].

---

36 Zusätzlich zu diesen drei Wissensformen beschreibt Fried noch eine vierte Form („Heuristiken"), die aber nicht in das Sprachförderkompetenzmodell mit aufgenommen wurde (siehe Fried, 2008b). „Heuristiken: Das meint Wissen im Sinne von persontypischen Herangehensweisen an bzw. Präferenzen in Bezug auf die Handhabung beruflicher Aufgaben und Probleme" (2008b, S. 268).

Motive („Haltungen, Einstellungen") können gemäß Fried als „… Kern der beruflichen Identität…" bezeichnet werden (2008b, S. 267). „Wichtige Komponenten dieser Wissensform sind Selbstwirksamkeitserwartungen in Form von Überzeugungen, auf welchem Niveau man berufliche Situationen kontrollieren kann" (ebd.). Motive entwickeln sich nicht losgelöst von der beruflichen und vorberuflichen Erfahrung. Sie entstehen im kollektiven Austausch im Team bzw. innerhalb der Berufsgruppe (ebd.).

Fachwissen ist mit den Worten von Fried „… disziplinäres Wissen, welches in der Aus- und Fortbildung, durch Lektüre, im Verlauf von Beratung, Supervision usw. angeeignet wird; und mit dessen Hilfe Erzieherinnen ihr berufliches Handeln fachlich begründen und organisieren können" (2008b, S. 268). Fachwissen vom pädagogischen Personal wird also in formalen, non-formalen und informellen Bildungsprozessen erworben (siehe hierzu Leu, 2014). Eine kompetenzorientierte Weiterbildung baut idealerweise auf das bestehende Fachwissen auf.

Als *Schemata* (auch „Situationsschemata" bzw. „Ereignisschemata") bezeichnet Fried „… Gedächtniseinträge der wesentlichsten Aspekte ständig wiederkehrender Berufssituationen, wie z. B. typische Arrangements im Gruppenraum, gemeinsames Frühstück, Bilderbuchbetrachtung usw." (2008b, S. 267). Es handelt sich also um typische Handlungsweisen, die relativ unabhängig von der individuellen Situation im Kita-Alltag aufgrund von Erfahrungen immer wieder in ähnlichen Situationen gezeigt werden.

In einem früheren Forschungsprojekt mit dem Titel *Sprache in Kindertageseinrichtungen*, das im Zeitraum von 2004 bis 2005 durchgeführt wurde, hat Fried und ihr Team auf Grundlage dieses vorgestellten Sprachförderkompetenzmodells zunächst 791 pädagogische Fachkräfte in Nordrhein-Westfalen zu ihrem sprachförderrelevanten „Fachwissen, sowie ihre diesbezüglichen Haltungen, Bewältigungsstrategien und Routinen" befragt (2007, S. 26). Hierzu haben Fried und ihr Team einen standardisierten Fragebogen mit 106 Fragen erstellt (2007, S. 26). Es wurde in diesem Fragebogen auch explizit nach dem Umgang mit Kindern mit nichtdeutscher Herkunftssprache und Mehrsprachigkeit gefragt. Das pädagogische Personal wurde gebeten, verschiedene Aussagen als zutreffend oder weniger zutreffend zu beantworten. Als Beispiel wird von Fried (2008b, S. 268) genannt: „Uns ist wichtig, dass Kinder verschiedene Sprachen respektieren und wertschätzen." Im Bezug auf Mehrsprachigkeit gaben 61% der Befragten an, „… dass multikulturelle Projekte immer eine gezielte Sprachförderung beinhalten sollten. Allerdings geht das nur für ca. 40% so weit, dass man spezielle Methoden und Mittel für mehrsprachige Kinder anwendet, um sie dadurch gezielt anzuregen, ihre kulturelle Identität zu entfalten und ihre sprachlichen Fähigkeiten weiter zu entwickeln" (Fried, 2007, S. 27). Des Weiteren wollten nur 40% der befragten ErzieherInnen, die Kinder mit und ohne Migrationshintergrund ermutigen, auch andere Sprachen als Deutsch zu sprechen (ebd.). „Und nur ca. 35% wollen den mehrsprachig aufwachsenden Kindern erlauben, in der Kindertageseinrichtung ihre Muttersprache zu sprechen" (ebd.). Das Ergebnis deckt sich weitestgehend mit den aktuellen Befragungsergebnissen der Studie *Schlüssel zu guter Bildung, Erziehung und Betreuung* (Viernickel et al., 2013, S. 112f.; siehe hierzu auch Kapitel 3.1.3).

Im Bereich der *Performanzforschung* liegt mit der von Fried und Briedigkeit (2008) entwickelten *Dortmunder Ratingskala zur Erfassung sprachförderrelevanter Interaktionen* (DO-RESI) erstmals ein umfassendes Beobachtungsinstrument vor (Redder & Weinert, 2013). Im Gegensatz zu den vorgestellten linguistischen (z. B. Thoma & Tracy, 2013) und psychologischen (z. B. Hendler et al., 2011) Konzeptualisierungen von Sprachförderkompetenz ist es mit diesem Instrument möglich, das tatsächliche Könnensrepertoire der pädagogischen Fachkräfte im Kita-Alltag zu erfassen. Im Gegensatz zur KES-RZ (Tietze & Roßbach, 2017) misst DO-RESI (Fried & Briedigkeit, 2008) nicht die gruppenbezogene Qualität, sondern die personenbezogenen Kompetenzen. Es ist dadurch in besonderem Maße geeignet, den individuellen Kompetenzzuwachs einer pädagogischen Fachkraft durch eine Weiterbildung zu erfassen.

Während einer drei- bis vierstündigen Hospitation in einer Kindertageseinrichtung werden die sprachförderrelevanten Prozesse von Kindern im Alter zwischen drei und sechs Jahren und einer Erzieherin bzw. einem Erzieher beobachtet und im Anschluss in einen Bewertungsbogen übertragen. Dieser gliedert sich in vier sogenannte Qualitätsdimensionen, welchen wiederum 23 *Items*[37] zugeordnet sind (Tabelle 1).

---

37 Zum Begriff „Items": „Der Begriff Item bezeichnet eine Einschätzaufgabe, mit der Verhaltensweisen einer Erzieherin als mehr oder weniger günstig eingeschätzt und markiert werden können" (Fried & Briedigkeit, 2008, S. 17).

Tabelle 1:   Qualitätsdimensionen und Items der Sprachförderkompetenz nach Fried & Briedigkeit, 2008, S. 17

Organisation (ORG)	Beziehung (BEZ)
– Pädagogischer Überblick – Planung, Routine – Vorkehrungen für Kinder mit besonderem Sprachförderbedarf – Sprachfördergewohnheiten – Gesprächsförderung	– Kontrolle – Kongruenz – Empathisches Zuhören – Nähe
Adaptive Unterstützung (UST)	Sprachlich-kognitive Herausforderung (HRF)
– Sensitivität – Engagement – Anregung – Handlungen verbalisieren – Verständnissicherung – Informationen, Berichte einholen – Instruktionswechsel – Lernmöglichkeiten aufzeigen	– Vielfalt des Wortschatzes – Grammatikalisch komplexer Input – Offene Fragen – Themen benennen, entdecken – Themen verbinden – Zusammenhänge eines Themas erklären, hinterfragen

Jedes dieser 23 Items kann in sieben Bewertungsstufen von unzureichend bis exzellent eingeteilt werden (Fried & Briedigkeit, 2008, S. 18). Die Qualitätsstufen des Bewertungssystems zur Erfassung des sprachförderrelevanten Verhaltens sind folgendermaßen aufgebaut:

> Die Qualitätsstufen 1 und 2 bezeichnen ein Verhalten, das der Korrektur bedarf; die Qualitätsstufe 3 kennzeichnet die minimalen Bedingungen für gelungene Interaktionen. Auf den Qualitätsstufen 4 bis 6 wird ein Verhalten beschrieben, das darüber hinausgeht, aber noch mehr oder wenig ausbaufähig ist. Schließlich werden auf der Qualitätsstufe 7 Kennzeichen für exzellentes Verhalten genannt. (Fried & Briedigkeit, 2008, S. 18f.)

Für jedes der Items liegt eine Operationalisierung der Qualitätsstufen (unzureichend, minimal, gut und exzellent) vor. Als „unzureichende" Qualität gilt bei dem Item „Handlungen verbalisieren" (Qualitätsdimension: „Adaptive Unterstützung"), wenn folgende Beschreibung zutrifft: „Die Erzieherin hat zu allem und jedem etwas zu sagen"; „Die Erzieherin verbalisiert keine Handlungen der Gruppe oder eines Kindes" (Fried & Briedigkeit, 2008, S. 44). Als „exzellente" Qualität hingegen wird gewertet, wenn keine der unzureichenden Beschreibungen und zugleich alle der minimalen, guten und exzellenten Qualität erfüllt sind. Exzellent ist in diesem Fall: „Es kommt vor, dass die Erzieherin gemeinsam mit den Kindern eine Handlung plant oder mental durchspielt."; „Es kommt vor, dass die Erzieherin ein Kind fragt, ob und wieweit es ihrer Deutung einer Handlung zustimmt." (ebd.). Die Auswertung erfolgt wie in vergleichbaren Verfahren zur Qualitätsfeststellung (z. B. KES-RZ). Aus den einzelnen Skalenwerten, die zu einer Qualitätsdimension gehören, kann ein gemeinsamer Wert gebildet werden. Inzwischen liegen einige Studien vor, in denen die sprachförderrelevanten Interaktionen des pädagogischen Personals mit Hilfe des Instrumentes DO-RESI untersucht wurden (Tabelle 2).

Tabelle 2:   Do-RESI Studienübersicht

Studie	Stichprobengröße	Ergebnis	
Fried, 2008a; Fried, 2008b; Fried & Briedigkeit, 2008	N=103 ErzieherInnen	ORG: BEZ: UST: HRF:	4.97 5.42 4.58 3.86
Fried, 2011; Fried, 2013	N=291 ErzieherInnen (131 NRW, 128 Reinland-Pfalz, 16 Brandenburg, 5 Bremen, 5 Berlin, 6 Thüringen)	ORG: BEZ: UST: HRF:	4.64 5.00 4.30 4.05
Fried et al., 2012	N=32 ErzieherInnen	ORG: BEZ: UST: HRF:	4.95 5.37 4.77 4.21

Die bisherigen Studien kommen zu dem weitgehend übereinstimmenden Ergebnis, dass die untersuchten pädagogischen Fachkräfte vor allem in der Qualitätsdimension „sprachlich-kognitive Herausforderung" (HRF) und „adaptive Unterstützung" (UST) einen erhöhten Weiterbildungsbedarf zeigen. Die Qualitätsdimension „Organisation" (ORG) und „Beziehung" (BEZ) hingegen wird in allen dargestellten Studien als durchwegs gut angegeben (Tabelle 2).

Neben den in der Dispositionsforschung üblichen Befragungen von pädagogischen Fachkräften und der in der Performanzforschung realisierten Beobachtungen des pädagogischen Alltags des Kita-Personals (Cloos, 2015, S. 49) gibt es noch einen weiteren Zugang zur Kompetenzerfassung. So können durch eine „Materialanalyse" (z. B. Portfolios, Lerntagebücher, Arbeitsprodukte, Bilder der Gruppenräume, Materialangebot) Kompetenzveränderungen erfasst werden (Fröhlich-Gildhoff et al., 2014, S. 133; Petersen & Schiersmann, 2012; Strauch, Jütten & Mania, 2009). Geht es um die Sprachförderkompetenz pädagogischer Fachkräfte, können Arbeitsprodukte, wie beispielsweise die Sprachbeobachtungsdokumente oder Protokolle von Elterngesprächen wichtige Informationen über Veränderungen des sprachförderrelevanten Handelns liefern. Auch ein sprachförderliches Raum- und Materialangebot in einer Kita ist Teil der Sprachförderkompetenz der pädagogischen Fachkräfte. In der Bildung und Förderung von Sprache zählen nicht nur die „mikrodidaktischen Faktoren" (Fachkraft-Kind-Interaktion), sondern auch die „makrodidaktischen Faktoren" (Materialbereitstellung und Raumgestaltung) (Fried & Briedigkeit, 2008, S. 16). Schließlich lernen Kinder nicht nur von ihrer „sozial-kulturellen Umwelt", sondern auch von der „dinglichen Umwelt" (Tietze & Viernickel, 2016, S. 26). Allerdings gibt es im Umgang mit Sprachenvielfalt und Mehrsprachigkeit noch kaum entsprechende Erhebungsinstrumente. Für die interne Weiterentwicklung der pädagogischen Arbeit ist der Beobachtungsbogen „Literacy und Sprache in Kindertageseinrichtungen (LiSKit)" zu nennen (Mayr, Hofbauer, Kofler & Šimić, 2012). Im Themenbereich „Ausstattung und Räumlichkeit"[38] werden förderliche Bedingungen beim Thema „Literacy und Sprache" aufgeführt, die entweder selbst oder durch eine/n Kollegin/Kollegen eingeschätzt werden können. Auch wenn es nicht explizit um den Umgang mit Sprachenvielfalt und Mehrsprachigkeit geht, wird es dennoch teilweise bei der Beurteilung der eigenen Praxis durch einzelne Items berücksichtigt. Dem Autor der vorliegenden Studie sind keine veröffentlichten Ergebnisse bekannt. In den bereits besprochenen Befragungsergebnissen der „Schlüssel-Studie" (Viernickel et al., 2013, S. 112) wird deutlich, dass die Sprachenvielfalt der Kinder in Kindertageseinrichtungen noch kaum Berücksichtigung in der Raumgestaltung und Materialauswahl findet (siehe Kapitel 3.1.3).

3.2.5 Professionalisierung durch kompetenzorientierte Weiterbildung

Bereits in der Empfehlungen des *Forum Bildung* (2001) wurde gefordert, die Aus- und Weiterbildung der pädagogischen Fachkräfte zu verbessern und aufzuwerten. Im Bereich der Ausbildung ist gemäß Dudek, Hanssen und Reitzner (2013) in den letzten Jahren eine „Pluralisierung der Ausbildungslandschaft" festzustellen. „Der Ausbau von frühpädagogischen Studiengängen sowie Maßnahmen zum Quereinstieg ermöglichen neue Zugänge zu einer Beschäftigung in Kindertageseinrichtungen" (Dudek et al., 2013, S. 63). Wie die aktuellen Zahlen des *Fachkräftebarometers Frühe Bildung* (2017) zeigen, machen diese neuen Zugänge zum Arbeitsfeld nur einen verschwindend geringen Anteil der Beschäftigten in Kindertageseinrichtungen aus. Für die Projektleitung der WiFF[39] ist die Weiterbildung deshalb im „... derzeitigen Reformprozess [ein; S.J.] zentrales Element der Professionalisierung ..." (König, 2014, S. 178).

---

38 Themenbereich Ausstattung und Räumlichkeit: „Buchbereich/Raum für Bücher", „Buchbestand", „Medien und Technik für Kinder", „Schreiben und Schriftkultur", „Gesellschaftsspiele", „Rollenspiele" (Mayr, 2013, S. 221).

39 Die Weiterbildungsinitiative Frühpädagogische Fachkräfte (WiFF) wurde 2009 gegründet und ist ein Projekt des Bundesministeriums für Bildung und Forschung (BMBF) und der Robert Bosch Stiftung in Zusammenarbeit mit dem Deutschen Jugendinstitut e.V.

Eine weit verbreitete Definition von Weiterbildung ist dem *Strukturplan des Deutschen Bildungsrates* (1970) entnommen. Hier wird Weiterbildung, „... als Fortsetzung oder Wiederaufnahme organisierten Lernens nach Abschluß einer unterschiedlich ausgedehnten ersten Bildungsphase ..." definiert (Deutscher Bildungsrat, 1970, S. 197). Weiterbildung akzentuiert sich nach einer „realistischen Wendung" (Arnold, Nuissl & Rohs, 2017) in den 1970er Jahren als „... eine kontinuierliche, lebenslange Weiterbildung, durch die Arbeitnehmerinnen und Arbeitnehmer ihre Beschäftigungsfähigkeit erhalten" (Diller, 2014, S. 17). Eine aktuelle Definition von Weiterbildung stellen Seel und Hanke (2015, S. 17) auf: „Weiterbildung zielt auf eine Vertiefung, Erweiterung oder Erneuerung von Wissen, Fähigkeiten und Fertigkeiten bei Menschen, die bereits erste oder zweite Bildungsphase abgeschlossen haben und in der Regel erwerbstätig sind." Im Gegensatz zu den Begriffen „Erwachsenenbildung" und „Fortbildung" beschreibt „Weiterbildung"[40] am besten die Zielgruppe, an die sich die Professionalisierungsbemühungen in der vorliegenden Arbeit richten: Nämlich das pädagogische Personal, das bereits eine berufliche Ausbildung abgeschlossen hat (meist eine Erzieher/-innen-Ausbildung bzw. Kinderpfleger/-innen-Ausbildung[41]) und im Feld der frühen Bildung, Betreuung und Erziehung tätig ist.

Ein wichtiger neuer Impuls in der Professionalisierungsdiskussion des pädagogischen Personals ging von dem Europäischen *Qualifikationsrahmen für lebenslanges Lernen* (EQR) aus. „Er rückt den Stellenwert von Bildungsabschlüssen in den Hintergrund und die Bedeutung von Handlungskompetenzen in den Vordergrund"[42] (Diller, 2014, S. 12). Formale, einmal erworbene Qualifikationen sollen durch eine kontinuierliche lebenslange Weiterbildung aktuell gehalten werden. Mit der Einführung des EQR wurde auch das Ziel verbunden, eine bessere Vergleichbarkeit von Bildungsabschlüssen innerhalb von Europa zu gewährleisten. Auf nationaler Ebene hat der Arbeitskreis (AK) des *Deutschen Qualifikationsrahmens* (DQR) (AK DQR, 2011) die Anforderungen

---

40 Die historische Entwicklung der verschiedenen Formen und Begriffe der Erwachsenenbildung werden beispielsweise bei Arnold (2001) dargestellt.
41 Zur Ausbildung pädagogischer Fachkräfte in Kitas siehe im *Fachkräftebarometer Frühe Bildung* der Autorengruppe Fachkräftebarometer, 2017, S. 29–34.
42 Zum Begriff „Handlungskompetenz": Gemäß Weinert „... bezeichnet berufliche Handlungskompetenz ein bei Individuen verfügbares, durch Lernprozesse (Erfahrung, Übung) in bestimmten Bereichen erworbenes bzw. erweitertes System von kognitiven plus motivationalen sowie anwendungs- plus lösungsbezogenen Voraussetzungen" (Weinert, 2001; zit. in Fried & Briedigkeit, 2008, S. 10).

des EQR auf die hiesigen Verhältnisse übertragen. Angelehnt an den DQR[43] hat sich im Professionalisierungsdiskurs ein vierdimensionales Kompetenzmodell durchgesetzt, das zwischen „Fachkompetenz, Methodenkompetenz, Sozialkompetenz und Selbstkompetenz bzw. Selbstständigkeit" unterscheidet (Fröhlich-Gildhoff et al., 2011, S. 16; siehe auch Lehmann & Nieke, 2001, S. 2; Seel & Hanke, 2015, S. 22).

Darauf aufbauend hat insbesondere die WiFF für viele Weiterbildungsthemen sogenannte „Wegweiser" entwickelt. Die *Wegweiser Weiterbildung* wurden jeweils von einer Expertengruppe erstellt und beinhalten den fachwissenschaftlichen und fachpolitischen Hintergrund des Gegenstandes und seiner Handlungsfelder. Im *Wegweiser Weiterbildung* zum Thema „Inklusion – Kulturelle Heterogenität in Kindertageseinrichtungen" (DJI, 2013) ist die „Förderung von Mehrsprachigkeit und Deutsch als Zweitsprache" (S. 57–64) ein solches Handlungsfeld. Daran anschließend folgt eine Einführung in die kompetenzorientierte Gestaltung von Weiterbildungen einschließlich eines Kompetenzprofils[44] zum jeweiligen Thema. In dem Kompetenzprofil werden für sämtliche Handlungsanforderungen die entsprechende „Fachkompetenz" („Wissen" und „Fertigkeiten") und „Personale Kompetenz" („Sozial-" und „Selbstkompetenz") angegeben. Das Profil „Kulturelle Heterogenität in Kindertageseinrichtungen" (DJI, 2013, S. 126–155) beinhaltet beispielsweise Anforderungen für das Handlungsfeld „Sprachliche Bildung unter Bedingungen von Mehrsprachigkeit gestalten" (DJI, 2013, S. 142f.). Daran schließt sich wiederum ein Kapitel an, in dem Qualität und Praxis kompetenzorientierter Weiterbildung thematisiert werden.

Die theoretische und fachliche Grundlage für eine kompetenzorientierte Gestaltung von Weiterbildungen bildet die im Auftrag der WiFF von Fröhlich-Gildhoff, Nentwig-Gesemann und Pietsch (2011) erstellte Expertise „Kompetenzorientierung in der Qualifizierung frühpädagogischer Fachkräfte". Zu dem von den genannten Autoren erstellten *Qualitätszirkel kompetenzbasierte Wei-*

---

43 Im DQR wird „Wissen" und „Fertigkeiten" der „Fachkompetenz" hinzugezählt (AK DQR, 2011, S. 4). „Sozialkompetenz" und „Selbständigkeit" bzw. Selbstkompetenz werden der „Personalen Kompetenz" hinzugerechnet (ebd.). „Methodenkompetenz wird als Querschnittskompetenz verstanden und findet deshalb in der DQR-Matrix nicht eigens Erwähnung" (ebd.).

44 Kompetenzprofile der WiFF: „Die Kompetenzprofile sind ‚idealtypische' Konstrukte, an die sich die Teilnehmenden der Veranstaltung annähern sollen. Die Aufgabe der Weiterbildnerinnen und Weiterbildner ist es, die Veranstaltung so zu konzipieren und durchzuführen, dass die Teilnehmenden Impulse erhalten, ihre Kompetenzen weiterzuentwickeln, sodass sie sich an den im Kompetenzprofil beschriebenen ‚Idealzustand' annähern können" (DJI, 2013, S. 120). „Außerdem werden die beschriebenen Kompetenzen in den Kompetenzprofilen der WiFF auch nicht bestimmten *Niveaustufen* zugeordnet (beispielsweise Kinderpflegerin/Kinderpfleger, Erzieherin/Erzieher). Die *Wegweiser Weiterbildung* sollen für frühpädagogische Fachkräfte mit unterschiedlichen Voraussetzungen nutzbar sein" (ebd., S. 121; Herv. im Original).

terbildung (Fröhlich-Gildhoff et al., 2011, S. 68) hat Lentner (2013, S. 166) den Qualitätszirkel[45] für den *Wegweiser Weiterbildung* „Inklusion – Kulturelle Heterogenität" (2013) folgendermaßen ergänzt und abgewandelt (Abbildung 5):

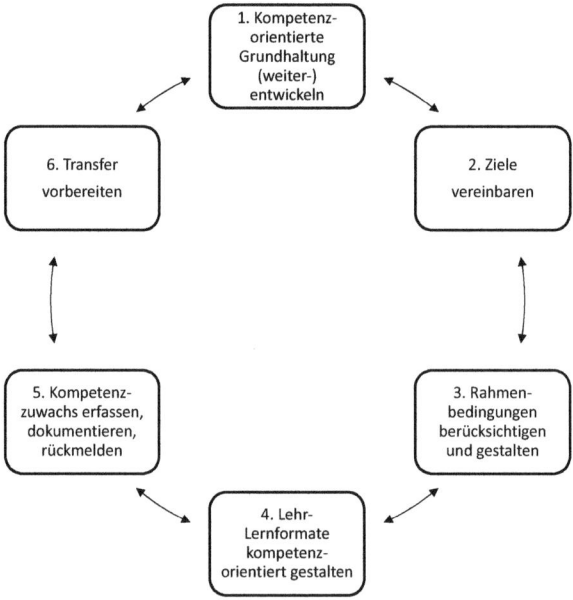

Abbildung 5:   Qualitätszirkel kompetenzorientierter Gestaltung von Weiterbildungen nach Lentner, 2013, S. 166

Für die Weiterbildnerin bzw. den Weiterbildner bedeutet dies zunächst, sich mit den eigenen (1) *Grundhaltungen* auseinanderzusetzen (Abbildung 5). „Eine kompetenzorientierte Grundhaltung basiert auf einem konstruktivistischen Grundverständnis…" (Lentner, 2013, S. 166). Terhart (2009) beschreibt die Grundzüge einer konstruktivistischen Didaktik folgendermaßen:

---

45 Qualitätszirkel: „Die Anforderungen sind als Handlungsschritte beschrieben, deren chronologische Abfolge idealtypisch als zirkulärer Prozess zu verstehen ist. Dies schließt ein, dass einzelne Anforderungen in verschiedenen Phasen immer wieder aktuell werden können" (Lentner, 2013, S. 165). Die Anforderungen sind „… ein Maßstab für die Qualität der Weiterbildung, den die Weiterbildnerin bzw. der Weiterbildner zur Einschätzung ihrer bzw. seiner Arbeit nutzen kann" (ebd.).

Grundlegend für konstruktivistisches Denken in der Didaktik ist die Vorstellung, dass alles Wissen konstruiert ist […], dass Lernen ein Akt der (Ko-)
Konstruktion in Gemeinschaften ist, dass Lehrer das Lernen nicht erzeugen,
sondern nur anregen können, und dass eine Beurteilung von Lernergebnis-
sen auf der Basis von Richtig/Falsch-Unterscheidungen inadäquat ist. (S. 44)

Bezogen auf das Arbeitsfeld der Weiterbildung von Erwachsenen bedeutet
dies, auf die Praxiserfahrungen der Teilnehmerinnen und Teilnehmer einzu-
gehen, die Vorkenntnisse gezielt zu berücksichtigen und biographische Erfahrungen anzuerkennen (siehe Fröhlich-Gildhoff et al., 2011, S. 65; Lentner,
2013, S. 166).

Als weitere Anforderung gilt, im Vorfeld der Weiterbildung (2) *Ziele auf-
zustellen* (Abbildung 5). Um Ziele formulieren zu können, ist es erforderlich
„… sich über die Ergebnisse der Bedarfsanalyse zu informieren und diese in
den regionalen und landesspezifischen fachpolitischen Kontext einzuordnen,
beispielsweise in Vorgaben der Bildungspläne und Gesetze zu Kindertageseinrichtungen" (Schelle, 2011, S. 125). Erst dann kann eine kompetenzorientierte Weiterbildung entwickelt werden. Wichtig bei der Formulierung der Ziele ist es, für die Weiterbildung die Perspektiven der „Einrichtungsträger", der
„Weiterbildungsanbieter" und der „Teilnehmenden" zu berücksichtigen (ebd.).
„Aufgabe der *Referentinnen und Referenten* ist es, diese Ziele teilnehmerspezi-
fisch und kompetenzorientiert zu konkretisieren" (Schelle, 2011, S. 126; Herv.
im Original). Im Schulkontext bedeutet dies Folgendes: „Ein kompetenzorientierter Unterricht sollte im Sinne einer Outputorientierung gewährleisten, dass
seine Unterrichtsziele (d. h. die betreffenden präskriptiven Kompetenzen) mittels des Unterrichts erreicht werden und dass dies durch die Lernerfolgskon-
trolle überprüft werden kann" (Schott & Azizighanbari, 2012, S. 153). Bezogen
auf die Weiterbildung von Erwachsenen erfordert dies, „… eine Trennschärfe
der Ziele, vor allem im Hinblick auf Wissen, Fertigkeiten, soziale und personale Kompetenzen …" (Fröhlich-Gildhoff et al., 2011, S. 68) herzustellen, die
auch eine Überprüfbarkeit gewährleisten.

Als weitere Aufgabe gilt es, die (3) *Rahmenbedingungen* der Weiterbildung
zu berücksichtigen (Abbildung 5). Hier sind „Angebotsformate", „Gruppengröße" und „Räume und Medien" den Zielen der Weiterbildung anzupassen
(Schelle, 2011, S. 128f.). Beim Thema Angebotsformate gelten *langfristige Wei-
terbildungsveranstaltungen*[46] mit dem gesamten Team als besonders erfolgs-
versprechend (Lentner, 2013, S. 169; Schelle, 2011, S. 128). Durch langfristig
angelegte Weiterbildungsformate ist es möglich, „… den Teilnehmenden das

---

46 Als *langfristige* Fort- und Weiterbildungen gelten „… Veranstaltungen und Fortbil-
dungsreihen mit einem Umfang von insgesamt mehr als einer Woche" (Beher & Walter, 2012, S. 37) Als *längerfristig* gelten Weiterbildungen dann, wenn sie „… mehr als
drei Tage und bis zu einer Woche dauern" (ebd.).

Gelernte zwischenzeitlich im beruflichen Alltag zu erproben" (ebd.). Durch die Arbeit mit dem gesamten Team können alle von den Erfahrungen der Kolleginnen und Kollegen profitieren und darauf aufbauend die pädagogische Arbeit gemeinsam weiterentwickeln. „Eine besondere Form kann dabei ein „training on the job" sein, d. h. eine Angebotsform, bei der geschulte Trainer und frühpädagogische Fachkräfte unmittelbar am Arbeitsplatz entstandene Videoaufnahmen gemeinsam reflektieren" (Schelle, 2011, S. 129). Da Videoaufzeichnungen nicht immer möglich sind, kann auch eine kollegiale Beobachtung oder eine Beobachtung der/des Referentin/Referenten ohne Videoaufzeichnung angedacht werden. Was die Gruppengröße betrifft, sollte es „… der Weiterbildnerin bzw. dem Weiterbildner noch möglich [sein; S.J.], die Lernprozesse der Teilnehmenden individuell im Blick zu haben" (ebd.). Auch Raumgestaltung und Materialauswahl können einen Kompetenzzuwachs der Teilnehmenden begünstigen oder behindern. Von Vorteil ist es, wenn mehrere Räume zu Verfügung stehen, so dass eine Binnendifferenzierung möglich ist (Lentner, 2013, S. 170). „Die Arbeitsmaterialien sowie Lerngegenstände sollen interessieren, irritieren und inspirieren und alle Sinne ansprechen" (Ostermayer, 2010 zit. nach Schelle, 2011, S. 129). Nicht auf alle hier genannten Rahmenbedingungen haben die Referentin bzw. der Referent und auch der Weiterbildungsveranstalter Einfluss, jedoch beeinflussen sie erheblich den Outcome einer Weiterbildung.

Bei der direkten Arbeit mit den Teilnehmenden einer Weiterbildung gilt es, (4) die *Lehr-Lernformate kompetenzorientiert zu gestalten* (Abbildung 5). Nach Ansicht von Fröhlich-Gildhoff et al. (2011, S. 67) ist die Voraussetzung dafür, dass „… Bezug genommen [wird; S.J.] auf ein klares und explizites Kompetenzmodell. Damit ist eine innere Logik gegeben, entlang der die Kompetenzbeschreibungen einzelner Module erfolgen kann …" (siehe hierzu Kapitel 3.2.2). Erst dann können didaktische[47] Überlegungen angestellt werden, wie die im *Kompetenzprofil* beschrieben fachlichen und personalen Kompetenzen methodisch[48] bearbeitet werden sollen. Lehr- und Lernformen unterscheiden sich in der Zielsetzung „Wissen", „Fertigkeiten" („Fachkompetenz"), „Sozialkompetenz" oder „Selbstkompetenz" („Personale Kompetenz") (z. B. Schelle, 2011, S. 130).

Kompetenzorientierung in der Weiterbildung bedeutet auch, dass der (5) *Kompetenzzuwachs erfasst, dokumentiert und rückgemeldet* wird (Abbildung 5). Das erfordert bereits bei der Planung überprüfbare Ziele zu formulieren. Idealerweise werden bereits vor oder zu Beginn einer langfristig ange-

---

47 Zur Didaktik in der Erwachsenenbildung und Weiterbildung siehe Fuhr, 2011 und Schelle, 2011.
48 Zum Methodenrepertoire von Weiterbildnerinnen und Weiterbildnern siehe Lentner, 2013 und Bodenburg, 2014.

legten Weiterbildungsveranstaltung die Kompetenzen der Teilnehmer erfasst. „Eine systematische Kompetenzerfassung, die nicht ausschließlich auf einer Zufriedenheitsabfrage und Selbsteinschätzung der Teilnehmenden fußt, ist eine berechtigte Forderung, die aufgrund der Rahmenbedingungen selten umgesetzt werden kann" (Lentner, 2013, S. 174). Ausgewählte theoriegeleitete Befragungs- und Beobachtungsinstrumente zur Kompetenzerfassung wurden im vorangegangenen Kapitel (3.2.4) dargestellt. „Losgelöst von der methodischen Frage ist es Aufgabe der Weiterbildnerin bzw. des Weiterbildners, im Weiterbildungsprozess genügend Raum zu schaffen für ein individuelles Feedback zu den Lernprozessen" (Lentner, 2013, S. 175).

Vor dem Hintergrund eines modernen Bildungsmanagements (Müller, 2007) stellt sich die Frage nach dem (6) *Transfer* der Kompetenzen in den Alltag und einer nachhaltigen Sicherung der erworbenen Kompetenzen (Abbildung 5). „Kompetenzorientierung zielt darauf ab, das berufliche Handeln der einzelnen Fachkräfte langfristig zu verändern. Ziel einer Weiterbildung ist es also nicht allein, die Fähigkeit zu beruflichem Handeln zu legen (Disposition), sondern die Umsetzung dessen in der Praxis anzubahnen (Performanz)" (Kovačević & Schelle, 2016, S. 98). Nur wenn der Transfer der erworbenen Kompetenzen in den Kita-Alltag gelingt, ist die Wirksamkeit einer Weiterbildungsmaßnahme gegeben. Sind alle Mitglieder eines Teams an der Weiterbildung beteiligt, sind gute Voraussetzungen für einen Transfer in die Praxis vorhanden. Allerdings kann es immer zu krankheitsbedingten Ausfällen kommen oder eben zu einem Wechsel im Team. Im Sinne eines Transfermanagements sollte für solche Fälle vorgesorgt werden[49]. „Erlauben es die Ressourcen, so begleitet die Weiterbildnerin bzw. der Weiterbildner auch nach der Weiterbildungsveranstaltung den Transferprozess beratend und steht vor allem bei Schwierigkeiten der Umsetzung und bei Rückfragen zur Verfügung" (Lentner, 2013, S. 177). Einen langfristigen Transfer in die Praxis kann auch eine Verschriftlichung wichtiger Inhalte und deren Integration in die Einrichtungskonzeption bewirken.

3.2.6 Forschungsbefunde: Effekte von Weiterbildungen frühpädagogischer Fachkräfte

Kompetenzorientierung in der Weiterbildung bedeutet, den Kompetenzzuwachs systematisch zu erfassen (Fröhlich-Gildhoff et al., 2014). Nach einer bundesweiten Fachkraftbefragung der WiFF schließen Weiterbildungen jedoch

---

49 Verschiedene Strategien in einem solchen Fall werden bei Schelle, 2011, S. 136f. genannt.

nur selten mit einer Überprüfung der Leistungen und einer transparenten Zertifizierung ab (Beher, Leygraf, Stadler, Walter & Vogelfänger, 2012). So kann meist keine Aussage zum Kompetenzerwerb durch die Weiterbildung getroffen werden. Und auch in der frühkindlichen Bildungsforschung liegen bislang noch kaum empirisch überprüfte Weiterbildungskonzepte vor. Aus der internationalen Forschung ist bekannt, dass Weiterbildungen nicht automatisch zu einer gesteigerten Handlungskompetenz beitragen (z.B. Hyson, Tomlinson & Morris, 2009; Mitchell & Cubey, 2003). Für den deutschsprachigen Raum wurden inzwischen Studienergebnisse erzielt, in denen die Effekte von Weiterbildungsmaßnahmen auf die Sprachförderkompetenz pädagogischer Fachkräfte standardisiert untersucht wurden (Beller et al., 2007; 2009; Jungmann et al., 2013; Roth et al., 2015). Im Folgenden werden diese Studien näher vorgestellt.

In einer Interventionsstudie von Jungmann, Koch und Etzien (2013) wird die Effektivität alltagsintegrierter Sprachbildung bzw. Sprachförderung untersucht. Erforscht wurden nicht die Evidenz eines spezifischen Sprachförderprogrammes, sondern die Auswirkungen einer Fortbildungsreihe für Erzieherinnen und Erzieher zur alltagsintegrierten Sprachbildung bei ein- und mehrsprachigen Kindern. Die Fortbildungskonzeption setzt sich in erster Linie aus dem „Heidelberger Interaktionstraining – HIT" (Buschmann, Jooss, Simon & Sachse, 2010 zusammen und wurde durch Teile des DJI-Konzeptes „Kinder-Sprachen stärken" (Jampert et al., 2009b) und der alltagsintegrierten Sprachförderung für Kinder mit Migrationshintergrund nach Adler (2011) ergänzt (Jungmann et al., 2013, S. 114). Das „Heidelberger Interaktionstraining" wurde durch eine Mitarbeiterin des Frühinterventionszentrums in Heidelberg (FRIZ), und alle weiteren Bereiche der Fortbildung durch ProjektmitarbeiterInnen der Universität Rostock durchgeführt (ebd.). Die folgenden Ergebnisse beziehen sich auf eine Substichprobe von 16 pädagogischen Fachkräften und 129 ein- und mehrsprachig aufwachsenden Kindern im Alter von 3;0 bis 5;11 Jahren (ebd.). Die sprachliche Entwicklung der Kinder wurde nur in der deutschen Sprache mit dem Testverfahren „SETK 3–5" (Grimm et al., 2010) erfasst. Die zu Beginn der Fortbildung (Prätest) mit dem SETK 3–5 diagnostizierten Spracherwerbsstörungen konnten nach sechs Monaten zum zweiten Testzeitpunkt (Postest) in beiden Gruppen signifikant reduziert werden (Jungmann et al., 2013, S. 116). Allerdings blieb der Anteil an Spracherwerbsstörungen mit 14% (einsprachig) und 48% (zwei- und mehrsprachig) deutlich über den von Grimm (2012) angegebenen 6 bis 10 Prozent (Jungmann et al., 2013, S. 119). Das Fehlen einer Kontrollgruppe lässt jedoch keine Rückschlüsse darüber zu, ob sich die Reduzierung der Spracherwerbsstörungen auch ohne eine der beiden Interventionen ergeben hätte.

In einer Interventionsstudie von Beller, Merkens, Preissing und Beller (für 1- bis 3-jährige Kinder, 2007; für 4- bis 5-jährige Kinder, 2009) wurde der Frage nachgegangen, ob sich durch eine gezielte Erzieherqualifizierung das sprachliche Anregungsniveau in Kitas mit hohem Migrationsanteil so verändern lässt, dass dies auch positive Auswirkungen auf die sprachliche Entwicklung der Kinder hat. Die Studie im Pre-post-Design wurde mit einer Kontrollgruppe durchgeführt. 38 Erzieherinnen und Erzieher in Berlin (18 in der Interventions- und 20 in der Kontrollgruppe) wurden von Januar bis Juli 2008 von einer geschulten „Interventionistin" einmal wöchentlich besucht und darin angeregt, das eigene sprachliche Anregungsniveau und den Erziehungsstil zu reflektieren und zu verändern (Beller et al., 2009, S. 53f.). Die Erzieherinnen und Erzieher der Kontrollgruppe erhielten eine qualitativ und quantitativ reduzierte Fortbildungsversion (ebd., S. 92f.). Bei den Erzieherinnen und Erziehern wurde das sprachliche Anregungsniveau (Gierke & Beller, 2004) und der Erziehungsstil (Beller, Stahnke, Butz, Stahl & Wessels, 1996) in Alltagssituationen beobachtet und eingeschätzt (Beller et al., 2009, S. 95f.). Darüber hinaus wurden 151 Kinder im Alter von vier bis fünf Jahren (53,6% mit Migrationshintergrund) auf ihre sprachliche und kognitive Entwicklung hin untersucht. Verwendet wurde der „Heidelberger Sprachentwicklungstest – HSET" (Grimm & Schöler, 1991), sowie die deutsche Version des Testverfahrens „Coloured Progressive Matrices – CPM" (Raven, Bulheller & Häcker, 2001) zur Erfassung des allgemeinen Intelligenzpotentials. Auf Ebene der Eltern wurde mit einem Fragebogen der sozio-ökonomische Status abgefragt. Die Autorinnen und Autoren der Studie beschreiben, dass sich das sprachliche Anregungsniveau der Erzieherinnen und Erzieher im prä-post-Vergleich zwischen Interventions- und Kontrollgruppe erfolgreich erhöht habe (Beller et al., 2009, S. 108f.). Und auch der Erziehungsstil zeigte nach der Intervention signifikante Veränderungen verglichen mit der Kontrollgruppe (Beller et al., 2009, S. 115f.). Nur eine erhöhte „Responsivität" konnte nicht festgestellt werden (ebd.). Bezogen auf die sprachlichen Veränderungen der Kinder über die Zeit konnte in der Varianzanalyse kein signifikanter Zusammenhang zwischen Intervention und Sprachentwicklung hergestellt werden (Beller et al., 2009, S. 119f.). Die kognitiven Veränderungen nach der Intervention gemessen mit dem CPM waren nicht signifikant (ebd., S. 126). Die sprachliche Entwicklung in den Herkunftssprachen der Kinder wurde in dieser Studie nicht erhoben.

In einer Interventionsstudie von Roth, Hopp und Thoma (2015) wurden die Effekte einer Fort- und Weiterbildung mit dem standardisierten Instrument SprachKoPF (Thoma & Tracy, 2012) zu zwei Testzeitpunkten in zwei unterschiedlichen Gruppen erhoben. Untersucht wurde eine Gruppe von bereits im Beruf tätigen Erzieherinnen ($N=26$) und eine Gruppe von Multiplikatorinnen ($N=32$) die im Rahmen des Bundesprogrammes „Frühe Chancen" tätig sind (Roth et al., 2015, S. 218–222). „Beide Gruppen wurden mit gleichem Material, in gleichem Umfang und von identischem Personal mit sprachwissenschaftlichen Universitätsabschlüssen und Berufserfahrungen weitergebildet und begleitet…" (ebd., S. 219). Die Weiterbildung der Erzieherinnen fand im Rahmen des Programmes „Sprache macht stark!" (Tracy, 2009) statt. „Die Qualifizierung umfasste elfeinhalb Schulungstage, von denen sechs auf Weiterbildungstage entfielen. An den fünf übrigen Tagen wurden organisatorische Themen zur Umsetzung von Sprachförderung, Teamentwicklung und Elternarbeit behandelt. An siebeneinhalb Tagen nach der Qualifizierung fanden zusätzlich Coachings […] statt…" (Roth et al., 2015, S. 221). Getestet wurden die Erzieherinnen mit dem SprachKoPF-Test zu Beginn und nach Ende der zehnmonatigen Weiterbildung. Die Multiplikatorinnen des Bundesprojektes „Offensive Frühe Chancen" erhielten ebenfalls eine Weiterbildung im Umfang von zwölf Tagen, wobei auch an sechs Tagen sprachförderrelevantes Wissen vermittelt wurde (ebd., S. 222). Beide Gruppen konnten im Vergleich zur ersten Erhebung die Fragen des SprachKopf-Sprachtest (Teilkompetenz „Wissen" ist aufgeteilt in „Linguistisches" und „Anwendungsbezogenes Wissen") besser beantworten (Roth et al., 2015, S. 222). Die Erzieherinnen, die im ersten Test im Mittel auf einem geringeren Niveau (Wissen M=.27) als die Multiplikatorinnen (Wissen M=.46) gestartete waren, konnten allerdings weniger von der Weiterbildung profitieren (ebd.). Während die Multiplikatoren sowohl ihr *Linguistisches Wissen*[50] als auch ihr *anwendungsbezogenes Wissen*[51] im t-Test höchst signifikant ($t(31)$ =-5.782, $p < .001.$) verbessern konnten, waren bei den Erzieherinnen nur signifikant bedeutsame Fortschritte im *anwendungsbezogenen Wissen* ($t(25) = -3.53, p .002$) zu verzeichnen (ebd.). Aus den Ergebnissen schließen die Autoren (Roth et al., 2015) zusammenfassend:

> Die Daten belegen, (a) dass Qualifizierungseffekte von fokussierten Weiterbildungsmaßnahmen auf Sprachförderkompetenzen gemessen werden können, (b) Qualifizierungseffekte durch vergleichbare Maßnahmen zwischen Gruppen in der Frühpädagogik tendenziell variieren und (c) selbst relativ umfangreiche Qualifizierungen für frühpädagogische Fachkräfte in der Breite eher zu moderaten Qualifizierungseffekten und -niveaus führen. (S. 224)

Eine Limitierung der Forschungsergebnisse ist durch das Fehlen einer Kontrollgruppe gegeben. Es ist also nicht klar, inwieweit sich die *pädagogischen* Fachkräfte auch ohne Weiterbildung verbessert hätten. Außerdem wurden nur Veränderungen der Dispositionen per Selbstauskunft erfasst. Die Frage, wel-

---

50 „Der Bereich linguistisches Wissen deckt die Bereiche Phonologie, Lexikon, Morphologie, Syntax, Semantik/Pragmatik ab" (Roth et al., 2015, S. 221).

51 „Anwendungsbezogenes Wissen umfasst die Bereiche Spracherwerb, Sprachförderung und –diagnostik" (Roth et al., 2015, S. 221).

che Effekte eine kompetenzorientierte, langfristig angelegte Weiterbildung auf die Performanz des pädagogischen Handelns hat, bleibt somit weiterhin offen.

In einem narrativen Review von Egert, Eckhardt und Fukkink (2017) wurden aus 1195 relevanten Artikeln 36 wissenschaftlich evaluierte Interventionsstudien mit 42 verschiedenen Weiterbildungen identifiziert, welche anhand einer externen Qualitätseinschätzung (z. B. ECERS, Harms & Clifford, 1980; CLASS, Pianta et al., 2008) auf ihre Wirksamkeit hin untersucht wurden. Kriterien zur Einbeziehung waren: Interventionsstudien mit Prä- und Postmessungen, eine Mindestanzahl von fünf Teilnehmenden und eine berufsbegleitende Weiterqualifizierung. Hierfür wurde die deutsch-, englisch- und französischsprachige Literatur von 1970 bis 2011 gesichtet. Von den 42 Weiterbildungsformaten lassen sich 13 feststellen, die einen großen Effekt (Effektstärke > 0.8) auf die Qualität in Kindertageseinrichtungen haben. Von diesen 13 Weiterbildungsprogrammen wurden 12 in den USA und eines in Kanada durchgeführt. Als zentrale Wirkmechanismen für eine effektive Weiterbildung von pädagogischen Fachkräften in Kindertageseinrichtungen lassen sich fünf Merkmale identifizieren. Erfolgreiche Programme zeichnen sich demnach durch eine (1) Unterstützung vor Ort (um den Transfer von neuem Wissen an den Arbeitsplatz zu garantieren), ein (2) anwendungs- und performanzbezogenes Vorgehen (mit unmittelbarer Anwendung des Gelernten im Kita-Alltag), eine (3) Weiterbildungsbedarfermittlung (gemeinsam Erarbeitung von Weiterbildungszielen und Aktionsplänen), (4) Video-Feedback und Reflexion (für ein besseres Verständnis für Interaktionen) und ein (5) Individuell an die Fachkraft angepasstes Vorgehen aus (Egert et al., 2017, S. 58). Man sollte jedoch kritisch anmerken, dass es sich bei allen Studien um Prä-Post-Testungen handelt. Aussagen über Langzeiteffekte können somit nicht getroffen werden. Außerdem wurden alle Programme im Ausland durchgeführt und es ging in den Weiterbildungen nicht um einen spezifischen Umgang mit sprachlicher und kultureller Heterogenität.

Für den spezifischen Umgang mit Sprachenvielfalt und Mehrsprachigkeit liegen zum Zeitpunkt der Recherche weder veröffentlichte Weiterbildungskonzepte noch entsprechende empirische Evaluationen von solchen Qualifizierungsmaßnahmen vor. In einer Expertise systematisierten Otto, Schröder und Gernhardt (2013) nationale und internationale Weiterbildungsformate im Kontext von kultureller Heterogenität. Sie konnten von einer Vielzahl unterschiedlicher nationaler und internationaler interkultureller Weiterbildungsformate berichten. Sucht man in dieser Expertise jedoch nach Weiterbildungen mit einem breiten Verständnis von Interkulturalität, welches Vielfalt nicht nur an dem Merkmal Migrationshintergrund festmacht und die Sprachentwicklung von Kindern explizit berücksichtigt, wird man nicht fündig. Das in dieser Arbeit beschriebene Verständnis einer mehrsprachigen Bildung, welches sich

an alle Kinder einer Kita richtet und einen Kompetenzzuwachs in allen gesprochenen Sprachen begünstigen möchte, ist bisher nicht Teil von Weiterbildungen für pädagogische Fachkräfte (siehe Kapitel 2.2).

3.3   Zusammenfassung: Qualität und Professionalität sprachlicher Bildung im Kontext von Mehrsprachigkeit

Die wissenschaftliche Auseinandersetzung eines professionellen Handelns in
der frühkindlichen Bildung, Betreuung und Erziehung ist geprägt von zwei
verschiedenen Zugängen. Sowohl die Qualitätsdiskussion als auch die Diskussion um allgemeine oder bereichsspezifische Professionalität in der Kindheitspädagogik hat entscheidende Impulse für die aktuellen Bemühungen zur weiteren Professionalisierung pädagogischer Fachkräfte beigetragen.

In der *Qualitätsforschung* werden anhand von zumeist quantitativ-empiri-
scher Forschung oder Expertenmeinungen allgemeingültige normative Qualitätsstandards in bestimmten Dimensionen (Struktur-, Orientierungs-, Prozessqualität) generiert. Für die sprachliche Bildung und Mehrsprachigkeit gibt es
bisher nur wenige Erkenntnisse. Aus der bundesweiten Befragungsstudie von
Viernickel et al. (2013) ist bekannt, dass zwei-/mehrsprachige Bücher größtenteils nicht in Kindertageseinrichtungen zum Einsatz kommen und andere
Schriftzeichen außer dem Lateinischen kaum sichtbar sind. Aus der NUBBEK-
Studie (Tietze et al., 2013) geht hervor, dass in Einrichtungen mit einem hohen Anteil an Kindern mit Migrationshintergrund die pädagogische Qualität
signifikant schlechter ausfällt als in Einrichtungen mit einem niedrigen Migrationsanteil. Aus der Schlüssel-Studie (Viernickel et al., 2013) stammt das
Ergebnis, dass dem pädagogischen Personal überwiegend die Bedeutung der
nichtdeutschen Herkunftssprache bzw. Familiensprache für die kindliche Entwicklung bewusst ist, was jedoch nicht zwangsläufig in entsprechendes pädagogisches Handeln mündet. Mit der KES-E[52], zur Erfassung der Förderqualität
auch im Umgang mit Diversität, wurde in der NUBBEK-Studie (Tietze et al.,
2013) eine unzureichende bereichsspezifische Qualität aufgezeigt. Hier ist eine
Diskrepanz zwischen Anspruch und Wirklichkeit festzustellen.

Während die Qualitätsforschung das gesamte System Kindertageseinri-
richtung in den Blick nimmt, ist der Gegenstand der pädagogischen *Profes-
sionalitätsforschung* die Profession der Kindheitspädagogik als solche und das
professionelle Handeln innerhalb dieser Profession. Im allgemeinen kindheits-

---

52 „KES-E – Kindergarten-Skala-Erweiterung" (Roßbach & Tietze, 2018) – deutsche Adaption der „Early childhood environment rating scale – extension (ECERS-E)" (Sylva
et al., 2011).

pädagogischen Kompetenzmodell (Fröhlich-Gildhoff et al., 2011; 2014) besteht Professionalität aus den Dispositionen und der Performanz der pädagogischen Fachkräfte. Zur Erfassung der bereichsspezifischen Dispositionen und Performanz wird in den vorgestellten linguistischen, psychologischen und pädagogischen Studien mit dem theoretischen Konstrukt „Sprachförderkompetenz" gearbeitet. In aktuelleren Studien zu den Dispositionen pädagogischer Fachkräfte im Kontext von sprachlicher Bildung und Mehrsprachigkeit zeigen sich Wissenslücken (im linguistischen Basiswissen mehr als im anwendungsbezogenen Wissen) und zum Teil korrekturbedürftige Haltungen gegenüber mehrsprachigen Kindern (z. B. Fried, 2007; Hendler et al., 2011; Thoma et al., 2011; Thoma et al., 2012; Tracy et al., 2014; Viernickel et al., 2013). Noch nicht gänzlich geklärt ist allerdings, wie spezifisch dieses Fachwissen über Sprache sein muss, damit sich daraus auch eine beobachtbare gesteigerte Performanz ergibt. Durch ein kompetenzorientiertes Verständnis von Professionalität rückt die tatsächlich gezeigte Performanz des pädagogischen Personals in den Fokus von Untersuchungen. In aktuelleren Studien wurde hierzu eine sprachlich-kognitive herausfordernde und adaptiv unterstützende Bildung und Förderung als weiterbildungsbedürftig identifiziert (z. B. Fried, 2008a; Fried, 2008b; Fried & Briedigkeit, 2008; Fried, 2011; Fried et al., 2012; Fried, 2013).

Für die aktuelle Professionalisierungsdiskussion gilt vor allem die kompetenzorientierte Weiterbildung als eine wichtige Möglichkeit, um neues Fachwissen in der Praxis zu etablieren, korrekturbedürftige Haltungen und Einstellungen zu reflektieren und neue methodische Fertigkeiten zu erlernen. Die vorgestellten Studien zeigen, dass zumindest moderate Verbesserungen diesbezüglich über langfristig angelegte Weiterbildungen möglich sind (z. B. Beller et al., 2007; 2009; Jungmann et al., 2013; Roth et al., 2015). Viel zu selten wird in solchen Qualifizierungsmaßnahmen jedoch der Praxistransfer in den Kita-Alltag evaluiert. Bisher begnügt man sich weitestgehend mit Selbstauskünften der an der Weiterbildung teilnehmenden pädagogischen Fachkräfte. Welche tatsächlich beobachtbaren Veränderungen eine kompetenzorientierte, langfristig angelegte Weiterbildung auf das pädagogische Handeln hat, bleibt somit offen. Ein narratives Review (Egert et al., 2017) neueren Datums legt zumindest für in Nordamerika durchgeführte Weiterbildungen nahe, dass sich effektive Qualifizierungen an den individuellen Bedürfnissen vor Ort ausrichten und einen hohen Anwendungsbezug aufweisen müssen. Der Transfer im Kita-Alltag muss unterstützt werden und regelmäßige Videoanalysen und Feedbackgespräche sind von Nöten. Wissenschaftlich evaluierte Interventionsstudien zur Weiterqualifizierung des pädagogischen Personals in Kindertageseinrichtungen zum Umgang mit Sprachenvielfalt und Mehrsprachigkeit liegen bislang noch nicht vor (Otto et al., 2013).

4. Forschungsfragen und theoretische Vorüberlegungen

Ausgehend von den erläuterten theoretischen Annahmen und dem aktuellen Forschungsstand zum Thema sprachliche Bildung und migrationsbedingte Mehrsprachigkeit in Kitas werden in diesem Kapitel die daraus resultierenden Forschungsfragen dargestellt.

Fachwissenschaftlich und fachpolitisch werden in der Kindheitspädagogik mehrheitlich die mitgebrachten Sprachen der Kinder als Chance begriffen. Dies drückt sich vor allem in den Bildungsprogrammen der Länder, in denen mehrheitlich ein wertschätzender Umgang bis hin zu einer gezielten Bildung und Förderung von Mehrsprachigkeit gefordert wird, aus. Die wenigen querschnittlichen Befunde zum pädagogischen Handeln im Umgang mit Sprachenvielfalt und Mehrsprachigkeit deuten darauf hin, dass das Thema noch kaum Beachtung in der pädagogischen Arbeit findet. Längsschnittlich angelegte empirische Evaluationsstudien zu den Transfereffekten durch langfristig angelegte Weiterbildungsmaßnahmen fehlen. Die vorliegende Studie soll dazu beitragen, das bestehende Forschungsdesiderat zu überwinden. Die Forschungsfragen gliedern sich in einen querschnittlichen und längsschnittlichen Fragenkomplex.

In einem ersten querschnittlich zu verfolgenden Fragenkomplex wird der Frage nachgegangen, welches sprachpädagogische Handeln in deutschen Kindertageseinrichtungen mit hohem Anteil an mehrsprachigen Kindern zu beobachten ist. Konkret werden folgende Fragestellungen behandelt:

1) Welches sprachpädagogische Handeln zeigen die beobachteten pädagogischen Fachkräfte im Umgang mit Sprachenvielfalt und Mehrsprachigkeit in Kindertageseinrichtungen mit hohem Anteil an mehrsprachigen Kindern?
   - Wie interagiert das pädagogische Personal mit ein- und mehrsprachig aufwachsenden Kindern in Kindertageseinrichtungen?
   - Wie berücksichtigt das pädagogische Personal in Kindertageseinrichtungen die Sprachenvielfalt und Mehrsprachigkeit der Kinder bei der Raumgestaltung?
   - Welche zwei- und mehrsprachigen Materialien findet man in Kindertageseinrichtungen?

In einem zweiten Fragenkomplex soll eruiert werden, welche Veränderungen sich durch eine kompetenzorientierte Weiterbildung zum Thema Mehrsprachigkeit in Kindertageseinrichtungen in Bezug auf das pädagogische Handeln im Bildungsbereich Sprache und Mehrsprachigkeit zeigen. Es wird ein Verständnis von Professionalität zugrunde gelegt, welches Veränderungen des professionellen Handelns sowohl in der direkten Fachkraft-Kind-Interaktion als auch in der Raumgestaltung und Materialauswahl sichtbar werden lässt. Vor diesem Hintergrund werden folgende Forschungsfragen gestellt:

2) Welche Veränderungen des sprachpädagogischen Handelns ergeben sich durch die kompetenzorientierte Weiterbildung?
   - Welche Veränderungen des Interaktionsverhaltens des pädagogischen Personals sind auf die kompetenzorientierte Weiterbildung zurückzuführen?
   - Welche Veränderungen ergeben sich durch die kompetenzorientierte Weiterbildung bei der Raumgestaltung?
   - Welche Veränderungen ergeben sich durch die kompetenzorientierte Weiterbildung bei der Materialauswahl?

Die Grundlage der Untersuchung bildet das in der frühkindlichen Bildungsforschung bewährte allgemeine Kompetenzmodell der Kindheitspädagogik (Fröhlich-Gildhoff et al., 2011; 2014) und das bereichsspezifische Sprachförderkompetenzmodell (Fried, 2008b). Professionalität zeigt sich in diesen Modellen nicht in dem Vorhandensein bestimmter Qualifikationen oder Weiterbildungszertifikaten, sondern anhand der tatsächlich gezeigten Performanz bzw. Prozessqualität. Ziel jeglicher Weiterbildungsmaßnahmen soll es sein, im Kita-Alltag beobachtbare Veränderungen herbeizuführen. Aus diesem Verständnis von Professionalität muss das empirisch beobachtbare pädagogische Handeln in den Blick genommen werden. Pädagogisches Handeln im Bildungsbereich Sprache und Mehrsprachigkeit ist jedoch nicht nur auf die direkte Interaktion mit den Kindern zu reduzieren. Auch daran, wie das pädagogische Personal räumliche und materielle Bedingungen für die Bildung und Förderung der Sprache nutzt, zeigt sich professionelles Handeln. Wie die bereits dargestellten Forschungsbefunde zeigen, reicht die Erfassung der Dispositionen der pädagogischen Fachkräfte nicht aus. In der vorliegenden Arbeit werden somit sowohl Aspekte der kindheitspädagogischen Professionalisierungsforschung als auch der Qualitätsforschung aufgegriffen.

TEIL II: EMPIRISCHE UNTERSUCHUNG

5 Methodische Umsetzung

In diesem Kapitel wird die methodische Umsetzung zur Beantwortung der oben beschriebenen Forschungsfragen behandelt. Sowohl das übergeordnete Forschungsprojekt „Effekte einer aktiven Integration von Mehrsprachigkeit in Kindertageseinrichtungen (IMKi)" und die Anlage der Intervention als auch die Untersuchungskonzeption der vorliegenden Evaluationsstudie werden erläutert.

5.1 Projektbeschreibung der IMKi-Studie

Diese Untersuchung ist in die Studie „Effekte einer aktiven Integration von Mehrsprachigkeit in Kindertageseinrichtungen (IMKi)" eingebunden (erste Förderphase: 01.10.2014 bis 30.09.2017). Dabei handelt es sich um ein durch das Bundesministerium für Bildung und Forschung (BMBF) gefördertes interdisziplinäres Verbundprojekt. Beteiligt sind die Katholische Universität Eichstätt-Ingolstadt (Pädagogik mit dem Schwerpunkt frühe Kindheit) und die Pädagogische Hochschule Heidelberg (Entwicklungspsychologie Schwerpunkt Sprachentwicklung). Das Projekt gehört dem nationalen BMBF-Forschungsschwerpunkt „sprachliche Bildung und Mehrsprachigkeit" an, der wiederum Teil des BMBF-Rahmenprogramms zur Förderung der empirischen Bildungsforschung ist.

Ziel der übergeordneten IMKi-Studie ist es, Bedingungen für eine gelingende (mehr-)sprachige Bildung, Erziehung und Entwicklung von (migrationsbedingt) mehrsprachig aufwachsenden Kindern im Kindergartenalter (3 bis 6 Jahre) zu erfassen. Methodisch wird dies durch eine pädagogische Interventionsstudie verwirklicht, die zu drei Erhebungswellen (W1/W2/W3) auf der Ebene der Familie, der Kinder und der Einrichtung evaluiert wird. Bei der Intervention handelt es ich um eine auf zwei Kita-Jahre (September 2015 bis September 2017) ausgelegte kompetenzorientierte Weiterbildung. Bei der hier vorliegenden Untersuchung werden die sprachpädagogischen Bedingungen und Veränderungen des professionellen Handelns auf Einrichtungsebene quer- und längsschnittlich analysiert. Auf Teilstudien der Kind- und Elternebene wird deshalb nicht weiter eingegangen (siehe IMKi-Methodenbericht Frank, Jahreiß, Ertanir, Kratzmann & Sachse, 2016 für weitere Informationen).

5.1.1 Stichprobenrealisierung der IMKi-Studie

An der IMKi-Studie nehmen mehr als 50 Kindergartengruppen (3 bis 6 Jahre) aus 19 Kindertageseinrichtungen in deutschen Großstädten in den Bundesländern Bayern (*n*=7) und Baden-Württemberg (*n*=12) teil. Im Fokus der bewusst ausgewählten Stichprobe (siehe Rost, 2013, S. 109) stehen Regel-Kindertageseinrichtungen (in städtischer oder kirchlicher Trägerschaft) in großstädtisch geprägten Regionen mit einem prozentualen Anteil von mindestens 50% an Kindern mit Migrationshintergrund (Frank et al., 2016). Die Anzahl der mehrsprachigen Kindergartenkinder wahr sowohl für Träger als auch Einrichtungsleitungen nicht dokumentiert. Aus erhebungsökonomischen Gründen wurden die Kindertageseinrichtungen im Einzugsgebiet der beiden Studienstandorte Eichstätt/Ingolstadt und Heidelberg und deren unmittelbarem Umfeld rekrutiert. Als Voraussetzung für die Teilnahme sind folgende Bedingungen vorgegeben:

–   Mindestens zwei Kindergartengruppen in einer Einrichtung (umfasst die Altersstufe ab 3 Jahren bis zum Schuleintritt)
–   Mindestens ein Anteil von 50% Kindergartenkinder mit Migrationshintergrund
–   Keine Teilnahme an pädagogischen Interventionsprogrammen im Bildungsbereich Sprache und Mehrsprachigkeit in den letzten drei Jahren
–   Bereitschaft der Einrichtung und dem gesamten pädagogischen Personal, sich zwei Jahre lang durch eine Referentin bzw. einen Referenten begleiten zu lassen und die Datenerhebung in der Einrichtung zu ermöglichen

Zur Rekrutierung der Einrichtungen wurde schriftlich und telefonisch mit allen Trägern in den entsprechenden Städten und Bezirken Kontakt aufgenommen. Die interessierten Trägervertreter/innen wurden gebeten, geeignete Kindertageseinrichtungen zu benennen. Diese wurden dann wiederum schriftlich und telefonisch kontaktiert und über das Projekt sowie Art und Umfang der Mitwirkung informiert und um ihre Teilnahme gebeten.

Insgesamt konnten so zunächst 20 Kitas rekrutiert werden. Eine Einrichtung zog das Einverständnis zur Teilnahme am Forschungsprojekt kurz vor Beginn der Intervention zurück. Eine weitere Einrichtung beendete nach einem Leitungswechsel ihre Teilnahme am Projekt. Die letzte Datenerhebung im Frühjahr 2017 konnte in dieser jedoch durchgeführt werden. Von den somit 19 Einrichtungen sind zehn in öffentlicher Trägerschaft (öffentlicher Träger) und neun in konfessioneller Trägerschaft (6 katholische Träger; 3 evangelische Träger). Über die Gesamtlaufzeit des Projektes waren mehr als 300 mehrsprachig aufwachsende Kindergartenkinder (3 bis 6 Jahre) und deren Eltern beteiligt. Gleichzeitig nahmen während der Projektlaufzeit mehr als 130 pädagogische Fachkräfte teil. Alle Einrichtungen und das pädagogische Personal taten dies freiwillig und erhielten keine monetäre Aufwandsentschädigung. Die IMKi-Stichprobe der teilnehmenden Familien und Kinder wird in dieser vorliegenden Arbeit nicht behandelt und deshalb nicht weiter thematisiert (siehe hierzu Frank et al., 2016).

5.1.2 Verortung der vorliegenden Studie in der IMKi-Studie

Die vorliegende Studie wurde im Rahmen der BMBF-finanzierten und an der Katholischen Universität Eichstätt-Ingolstadt und der Pädagogischen Hochschule Heidelberg durchgeführten interdisziplinären IMKi-Studie erstellt. Sämtliche in dieser Arbeit berücksichtigten Daten wurden im Rahmen der IMKi-Projektlaufzeit vom 01.10.2014 bis 30.09.2017 erhoben und analysiert. Die IMKi-Studie sieht die Erhebung und Auswertung von Daten auf Familien-, Kind- und Einrichtungsebene vor. In dieser vorliegenden Arbeit werden Daten auf Einrichtungsebene herangezogen und analysiert. Hier werden die sprachpädagogischen Bedingungen der Raumgestaltung und Materialauswahl anhand eines Ratingverfahrens erfasst. Die biographischen Merkmale werden durch eine schriftliche Befragung erhoben. Das pädagogische Handeln des pädagogischen Personals wird mit Hilfe von standardisierten Beobachtungsverfahren eingeschätzt. Die Evaluation des Praxistransfers der kompetenzorientierten Weiterbildung ist Gegenstand der Untersuchung. Forschungsmethodisch ist die vorliegende Studie somit in der pädagogischen Evaluationsforschung verortet.

5.2 Anlage der Intervention

Die wissenschaftliche Bearbeitung der Forschungsfragen wird in einem Treatment-Vergleichsgruppen-Design mit zwei Interventionsgruppen (im Folgenden IG1 & IG2 abgekürzt) realisiert (Abbildung 6). Die erste Interventionsgruppe (IG1; auch Treatmentgruppe genannt) erhält von externen, unabhängigen Referentinnen und Referenten eine Weiterbildung zum Umgang mit Sprachenvielfalt und Mehrsprachigkeit (siehe Kapitel 5.2.1). Die Referentinnen und Referenten der vergleichenden zweiten Interventionsgruppe (IG2; auch Vergleichsgruppe genannt) arbeiten im gleichen Umfang mit dem aus der Qualitäts- und Organisationsentwicklung bekannten *Plan-Do-Check-Act-Zyklus* (Deming, 1986) (siehe Kapitel 5.2.5). Durch eine Intervention sowohl in der Treatment- als auch in der Vergleichsgruppe ist sichergestellt, dass beide Untersuchungsgruppen im vergleichbaren Umfang Aufmerksamkeit während der Studienteilnahme erhalten und Veränderungen im Parallelgruppenvergleich nicht auf ein entsprechendes Ungleichgewicht zurückzuführen sind (dieses Phänomen wird unter dem Begriff „Hawthorne-Effekt" diskutiert, siehe hierzu Döring & Bortz, 2016, S. 101). Die Weiterbildungsmaßnahme ist auf zwei Kita-Jahre (2015/16 und 2016/17) hin ausgerichtet. Der Umfang der Inhouse-Weiterbildungstage ist in beiden Gruppen identisch. Im ersten Kita-Jahr 2015/16 werden in den teilnehmenden Einrichtungen vier Inhouse-Weiterbildungen und vier weitere prozessbegleitende Termine umgesetzt. Im zweiten Kita-Jahr 2016/17 werden noch einmal zwei Inhouse-Weiterbildungen und zwei weitere prozessbegleitende Termine durchgeführt (Abbildung 6).

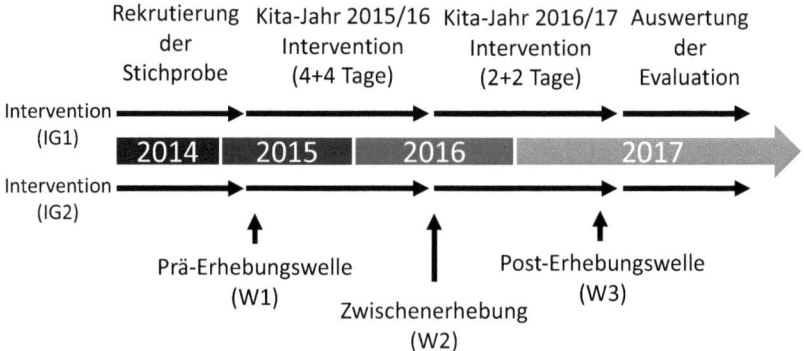

Abbildung 6:   Überblick der Interventionsstudie

Die Wirksamkeit der pädagogischen Intervention(en) auf der Einrichtungsebene wird in drei Erhebungswellen (im Folgenden abgekürzt mit W1/W2/W3) in den beiden Interventionsgruppen kontrolliert. Der Professionalisierungsprozess des pädagogischen Personals wird somit unmittelbar vor Durchführung der Interventionsmaßnahmen (W1), nach einem knappen Jahr (W2) und gegen Ende der Interventionsmaßnahmen (W3) evaluiert (siehe Kapitel 5.3.5). Der Implementierungsprozess der Intervention(en) wird zusätzlich nach jeder Weiterbildungsmaßnahme mit standardisierten Weiterbildungs- und Prozessbegleitungsprotokollen von den Referentinnen und Referenten dokumentiert. Des Weiteren werden die Referentinnen und Referenten mehrmals in einer Online-Umfrage („LimeSurvey" – Online-Umfrage-Applikation) zum Inhalt und Verlauf der Weiterbildung befragt.

Durch eine systematische und transparente Evaluation der Weiterbildung sollen substantielle Erkenntnisse zur Umsetzbarkeit und Wirksamkeit aktueller Empfehlungen für eine professionelle sprachliche Bildung unter den Bedingungen von Mehrsprachigkeit und Sprachenvielfalt gewonnen werden. Durch die Realisierung von zwei verschiedenen Interventionsinhalten ist ein Vergleich der beiden Weiterbildungsmaßnahmen möglich. Die Beschreibung der Interventionsmaßnahmen in beiden Gruppen (IG1 & IG2) ist Inhalt der folgenden Kapitel.

5.2.1 Beschreibung der Intervention in der Treatmentgruppe

Die Intervention in der Treatmentgruppe (kurz „IG1") beinhaltet eine zweijährige, kompetenzorientierte Weiterbildung des pädagogischen Personals. Der Untertitel der eigens für die Studie zusammengestellten Weiterbildung „Mehrsprachigkeit in Kitas (MiKi)" lautet „Mehrsprachigkeit als Ressource für Kindertageseinrichtungen – ein Qualifizierungsprogramm für pädagogische Fachkräfte" und bezieht sich auf die Ausrichtung und Zielgruppe der Weiterbildung. Die Konzeption besteht aus derzeit gängigen Praxisempfehlungen („best practice") zum Umgang mit Sprachenvielfalt und Mehrsprachigkeit (z.B. Best et al., 2016; Buschmann, 2016; Griebel et al., 2013; Reich, 2008b; Schlösser, 2012; Jampert et al., 2009a). Eine Neuentwicklung war notwendig, da das Thema häufig nicht als zentraler Bestandteil in Weiterbildungskonzepten berücksichtigt wird (siehe Kapitel 3.2.6).

Erste konkrete Anforderungen für eine kompetenzorientierte Weiterbildung lassen sich in dem von der Weiterbildungsinitiative (WiFF) entwickelten Anforderungsprofil „Sprachliche Bildung unter Bedingungen von Mehrsprachigkeit gestalten" finden (WiFF-Wegweiser: „Inklusion – Kulturelle Heterogenität in Kindertageseinrichtungen"; DJI, 2013, S. 142f.)[53]. Aufbauend auf dem allgemeinen frühpädagogischen Kompetenzmodell (Fröhlich-Gildhoff et al., 2011; 2014) werden Kompetenzen auf der Seite der Dispositionen und der Performanz aufgelistet. Die darin erarbeiteten inhaltlichen Anforderungen an eine kompetenzorientierte Weiterbildung werden berücksichtigt.

---

53 Inzwischen wurde unter dem Titel „Inklusive Sprachliche Bildung" (DJI, 2016) ein neuer WiFF-Wegweiser Weiterbildung, in dem der Umgang mit mehrsprachigen Kindern vertiefend behandelt wird, veröffentlicht. Zu Studienbeginn stand diese Publikation noch nicht zur Verfügung.

5.2.2 Ziele und Inhalte der Intervention

Inhaltlich lassen sich in dem beschriebenen bereichsspezifischen Kompetenz-profil für eine „Sprachliche Bildung unter Bedingungen von Mehrsprachigkeit" (DJI, 2013, S. 142f.) vier zentrale Handlungsfelder identifizieren:
– Wissen über mehrsprachige Sprachentwicklung
– Kompetenzen in der Kooperation mit den Eltern
– Kompetenzen für eine sensible Interaktion mit ein- und mehrsprachigen Kindern
– Kompetenzen für eine alltagsintegrierte Unterstützung von Sprache(n)

Ziele und Inhalte der MiKi-Weiterbildung sind in diesen vier zentralen Weiterbildungsbereichen modularisiert:

1. Sprachliche Entwicklung von mehrsprachigen Kindern verstehen

Ziele: Die Fachkräfte setzen sich mit der Sprachenvielfalt in der Gruppe auseinander und diskutieren die Anwendung des Gelernten auf die Arbeit in der Kindertageseinrichtung. Sie erkennen die Sprachenvielfalt in der Einrichtung und erwerben die Fähigkeit, sich diese Vielfalt bewusst zu machen und eignen sich die dazu erforderlichen theoretischen Kenntnisse des mehrsprachigen Aufwachsens an. Ziel ist ein respektvoller Umgang mit Herkunftssprachen und Kulturen der Kinder und ihrer Familien.

Inhalt
– Selbstreflexiver Umgang mit migrationsbedingter Mehrsprachigkeit bei Kindern und deren Eltern
– Einstellung und Haltung gegenüber Kindern mit Migrationshintergrund reflektieren
– Fundierte Auseinandersetzung mit Theorie und Fachwissen zum mehrsprachigen Aufwachsen von Kindern
– Sprachstörungen von normalen Entwicklungsverläufen unterscheiden
– Beobachtung und Dokumentation des Sprachgebrauchs und Sprachstands bei mehrsprachigen Kindern

2. Kooperation mit Eltern von mehrsprachigen Kindern

Ziele: Die Fachkräfte setzen sich mit Fragestellungen und Methoden der Kooperation mit Eltern mit Migrationshintergrund auseinander. In der Einheit wird die Grundlage für die Kooperation und Kommunikation mit mehrsprachigen Eltern geschaffen, um einen gemeinsamen interkulturellen sozialen

Raum der Begegnung, Mitbestimmung und Beteiligung für alle mehrsprachigen Familien und pädagogischen Fachkräfte zu ermöglichen. Ziel ist die kontinuierliche und intensive Zusammenarbeit mit Eltern von mehrsprachigen Kindern. Die Eltern und Geschwister der mehrsprachigen Kinder sollen als Experten ihrer Herkunftssprache und -kultur angesprochen und aktiv in die pädagogische Arbeit einbezogen werden.

Inhalt
– Wertschätzende Wahrnehmung unterschiedlicher Herkunftssprachen und -kulturen
– Einstellung und Haltung gegenüber Herkunftssprachen und -kulturen reflektieren
– Fundierte Auseinandersetzung mit Theorie und Fachwissen zum Migrationsgeschehen in Deutschland
– Entwicklung neuer Perspektiven für die Zusammenarbeit trotz möglicher Verständnisschwierigkeiten in der Kommunikation
– Einbindung der Eltern bei der Gestaltung mehrsprachiger Aktivitäten (z. B. Geschichten erzählen oder vorlesen)

3. Sprachsensiblen Umgang mit mehrsprachigen Kindern gestalten

Ziele: Die Fachkräfte beschäftigen sich in dieser Fortbildungseinheit mit der eigenen sprachsensiblen Interaktion mit mehrsprachigen Kindern. Insbesondere bei möglichen Sprachbarrieren kommt einer verbalen und nonverbalen Interaktion eine große Bedeutung zu. Sie erkennen ihre eigene Vorbildfunktion, reflektieren ihren verbalen wie nonverbalen Ausdruck, eignen sich theoretische Kenntnisse zur Interaktionsgestaltung an und versuchen den dabei gewonnenen Einsichten in der Praxis gerecht zu werden. Ziel ist eine sprachförderliche Interaktion und Beziehungsgestaltung mit Kindern mit Migrationshintergrund.

Inhalt
– Fundierte Auseinandersetzung mit Theorie und Fachwissen zur Qualität pädagogischer Interaktionen
– Eigene sprachliche Interaktionen vor dem Hintergrund der Theorie bewerten können
– Förderliches und nicht-förderliches Sprachhandeln im Kita-Alltag identifizieren
– Erarbeitung von vielfältigen Methoden und Techniken für die Stimulierung der Sprachentwicklung bei mehrsprachigen Kindern
– Sprachliche Peer Interaktionen in Erst- und Zweitsprache unterstützen

4. Unterstützung der kindlichen Mehrsprachigkeit im Kita-Alltag

Ziele: Die Fachkräfte setzen sich mit der Planung, Durchführung und Auswertung von mehrsprachigen Angeboten im Kita-Alltag auseinander. Sie lernen Aktivitäten und Bildungsangebote an der individuellen Sprachentwicklung des Kindes auszurichten. Insbesondere geht es darum, wie die Sprachenvielfalt der Kinder im Alltagsgeschehen berücksichtigt und sichtbar werden kann. Hierzu lernen die Fachkräfte verschiedensprachige Lieder, Reime und Rituale kennen. Außerdem werden Möglichkeiten aufgezeigt, zwei- und mehrsprachige Bücher und Hörspiele sowie Geschichten aus anderen Kulturen einzubeziehen. Ziel ist es, die individuelle kindliche Mehrsprachigkeit durch Aktivitäten und Bildungsangebote im Kita-Alltag zu unterstützen.

Inhalt
– Auseinandersetzung mit der Gestaltung einer mehrsprachigen, sprachanregenden Umwelt im Kita-Alltag
– Kennenlernen von mehrsprachigen Medien und Materialien
– Sprachbeobachtungen als Grundlage für die Planung von Aktivitäten und Bildungsangeboten
– Mehrsprachige Angebote vor dem Hintergrund des theoretischen Wissens planen, durchführen und bewerten können
– Die Wirkung von sprachpädagogischen Maßnahmen reflektieren können

Anhand dieser Ziel- und Inhaltsbeschreibung wurde für jedes Modul eine Qualifikationskonzeption für die Weiterbildungsreferentinnen und -referenten zusammengestellt. Angelehnt an einen im Rahmen der Weiterbildungsinitiative (WiFF) entwickelten Ablaufplan (Ueffing, 2013, S. 189f.) zur Strukturierung von kompetenzorientierten Weiterbildungen wurden für jedes Modul und dessen zu erwerbende Kompetenzen folgende didaktische Aspekte ausgearbeitet: Methoden, die Sozialform, didaktische Anregungen, benötigte Materialien und der zeitliche Rahmen (Tabelle 3).

Tabelle 3:   Ablaufplan der kompetenzorientierten Weiterbildung in Anlehnung an Ueffing, 2013

Zu erwerbende Kompetenz	Ablauf – Methode – Sozialform	Didaktische Kommentare	Material / Medien	Zeit (in Minuten)

Dabei werden die Ziele und Inhalte multimedial durch verschiedene kompetenzorientierte Methoden verfolgt (siehe Kapitel 3.2.5). Neben klassischen Methoden der Weiterbildung (z. B. Diskussion, Wissenspool, Input durch Referent/in) kommen verschiedene Formen der Reflexion von Theorie und eigener Praxis zum Einsatz (z. B. kollegiale Beratung, Hospitation, Partnerinterview, Fallarbeit, Praxisaufgaben). Für die prozessbegleitenden Termine gibt es kein vorgegebenes Konzept. Im Rahmen der Prozessbegleitung können je nach Bedarf vertiefende Weiterbildungen mit dem gesamten Team oder aber auch als individuelle Begleitung des pädagogischen Personals in den Gruppen durchgeführt werden. Die Entscheidung über einen entsprechenden Bedarf wurde in Abstimmung mit dem Team von den Weiterbildungsreferentinnen und -referenten getroffen.

5.2.3 Ablauf und Durchführung der Intervention

Im Juli und August 2015 wurden zunächst bundesweit qualifizierte Weiterbildungsreferentinnen und -referenten rekrutiert. Das Anforderungsprofil umfasste einen pädagogischen Hochschulabschluss, gute Kenntnisse und Erfahrungen in der Erwachsenenbildung und im Bereich sprachlicher Bildung und/ oder Mehrsprachigkeit in der FBBE. Für die Begleitung der 19 Kitas wurden 7 Referentinnen und Referenten für das Kita-Jahr 2015/16 und 2016/17 als freie Mitarbeiter/-innen angestellt[54]. Eine Referentin bzw. ein Referent betreut im Durchschnitt 2 bis 3 Einrichtungen (Min: 1; Max: 6). Zum Zeitpunkt der ersten Referentenbefragung war der oder die jüngste Referent/in 32 Jahre alt und der oder die älteste 53 Jahre alt. Im Mittel gaben die Referentinnen/Referenten an, seit elf Jahren Weiterbildungen durchzuführen. Die Anzahl der gehaltenen Weiterbildungsstunden pro Jahr reichen nach eigenen Schätzungen von 27 bis zu 900 Stunden. Im Themengebiet „Sprachliche Bildung/ Mehrsprachigkeit" sind die befragten freien Mitarbeiter/-innen im Mittel seit 5 Jahren aktiv und haben in diesem Bereich im Laufe des letzten Jahres durchschnittlich rund 53 Stunden Weiterbildungen erteilt (Tabelle 4).

---

54 In fünf Einrichtungen (2 x IG1 und 3 x IG2) kam es nach einem Kita-Jahr zu einem Wechsel der Referentin/des Referenten.

Tabelle 4:   Merkmale der Referentinnen und Referenten

	N	M (SD)	Min	Max
Weiterbildungstätigkeit in Jahren	7	11.14 (10.96)	1	32
Weiterbildungstätigkeit in Stunden	7	295.29 (355.76)	27	900
Weiterbildungstätigkeit zum Thema sprachliche Bildung und/oder Mehrsprachigkeit in Jahren	7	5.14 (6.99)	1	20
Weiterbildungstätigkeit zum Thema sprachliche Bildung und/oder Mehrsprachigkeit in Stunden	7	53.29 (61.49)	6	180

Datenbasis: Referentenbefragung 2016; *Anmerkung*: Referentinnen/Referenten der IG1 wurden im Frühjahr 2016 und Referentinnen/Referenten der IG2 im Sommer 2016 befragt.

Im September 2015 wurden die Referentinnen und Referenten durch ein Tagesseminar in das Weiterbildungsmanual eingeführt. Zusätzlich hatten die Referentinnen und Referenten Zugang zu einer E-Learning-Plattform (ILIAS) mit sämtlicher erarbeiteter Literatur und Übungsaufgaben. Im Anschluss begann die Arbeit mit den Kitas.

Für die erste Phase der Intervention im Kita-Jahr 2015/16 waren pro Kita acht Besuche im Umfang von durchschnittlich fünf Stunden vorgesehen. In vier Terminen wurden mit dem gesamten Team einer Einrichtung die beschriebenen Module durchgeführt. Eine individuelle Vertiefung der Inhalte der Weiterbildung erfolgte an vier prozessbegleitenden Terminen. Das Modul zur *Kooperation mit Eltern von mehrsprachigen Kindern* beinhaltet zusätzlich einen Eltern-Workshop, welcher in Kooperation mit einer Referentin vom *Zentrum für Entwicklung und Lernen* (ZEL) in Heidelberg in den Einrichtungen realisiert wurde. Der Elternworkshop „Mehrsprachigkeit als Chance" (Buschmann, 2016) setzt sich aus einer halbstündigen Vorbesprechung mit dem Kita-Team, einem eineinhalbstündigen Workshop mit den Eltern und einer halbstündigen Nachbesprechung mit dem Team zusammen. Inhaltlich geht es in diesem interaktiven Workshop darum, die Sorgen der Eltern zur sprachlichen Entwicklung ihrer Kinder aufzugreifen und falsche Vorstellungen auszuräumen. Außerdem werden konkrete Anregungen für das pädagogische Personal und die Eltern zum Umgang mit Mehrsprachigkeit im Kita-Alltag und in der Familie gegeben.

An die erste Interventionsphase schloss sich im zweiten Kita-Jahr 2016/17 eine vom Stundenumfang weniger intensive Weiterbildung an. Bis September 2017 wurden noch einmal 2 Inhouse-Weiterbildungstage und zwei weitere prozessbegleitende Termine im gleichen zeitlichen Umfang umgesetzt. Inhaltlich kamen im zweiten Kita-Jahr 2016/17 keine neuen Themen hinzu. Die

Weiterentwicklung und Reflexion der umgesetzten Veränderungen standen im Fokus. Zur Unterstützung des Umsetzungsprozesses erhielten die Referentinnen und Referenten weitere Praxismethoden, insbesondere zur Zusammenarbeit mit Eltern und zur Identifikation gelungener (Peer-)Interaktionen im Kita-Alltag. Zudem wurde die Nachhaltigkeit der Interventionsmaßnahme durch eine schriftliche Verankerung in der Einrichtungskonzeption gesichert. Damit wird pro Einrichtung ein Weiterbildungsumfang von 60 Stunden innerhalb von zwei Jahren erreicht.

Zum Start der dritten und letzten Erhebungswelle (Beobachtung & Fachkraftbefragung) hatten die Referentinnen der ersten Interventionsgruppe jedoch nur durchschnittlich 38 Weiterbildungsstunden mit einer Varianz von 29 bis 45 Stunden durchgeführt. Nicht berücksichtigt ist hier der zusätzlich vom *ZEL – Zentrum für Entwicklung und Lernen* zusammen mit den pädagogischen Fachkräften vor Ort durchgeführte Elternworkshop zur Förderung der Mehrsprachigkeit (Buschmann, 2016). In der zweiten Interventionsgruppe hatten die Referentinnen und Referenten zur dritten Erhebungswelle durchschnittlich 39 Weiterbildungsstunden realisiert, wobei die Anzahl zwischen 31 und 44 Stunden variiert.

5.2.4 Einschätzungen zu den Projektinhalten und dem Projektverlauf in der Treatmentgruppe

Sowohl die Referentinnen (in dieser Gruppe gibt es keinen männlichen Referenten) als auch die teilnehmenden pädagogischen Fachkräfte wurden während der Projektdurchführung mehrmals um eine Einschätzung der Projektinhalte der Weiterbildungsmaßnahme gebeten. Die hierfür herangezogenen Fragestellungen wurden in Anlehnung an Schreiber (2014)[55] entwickelt. Die Befragungen dienen zur Überprüfung der Durchführbarkeit unter alltagspraktischen Bedingungen und zum rechtzeitigen Erkennen von Fehlentwicklungen, um so die Weiterbildungsinhalte gegebenenfalls an die vorliegenden Rahmenbedingungen anzupassen (Mittag & Bieg, 2010). Von den Referentinnen der Treatmentgruppe liegen Einschätzungen zu vier Zeitpunkten hinsichtlich des Inhalts und des Verlaufes der Weiterbildung vor. Das pädagogische Personal wurde in der Zwischenerhebung (W2) und gegen Ende des Projektes (W3) hierzu befragt.

---

55 Die Fragebögen sind online verfügbar unter http://www.weiterbildungsinitiative.de/publikationen/details/data/weiterbildung-zur-fachkraft-fuer-fruehpaedagogik-u3/ (Abruf vom 6.9.2017).

Gesamtbewertung der Weiterbildung durch die Referentinnen

Die Referentinnen wurden erstmals im Februar und März 2016 um eine Einschätzung der Inhalte und der Durchführbarkeit des ersten Moduls „Sprachliche Entwicklung von mehrsprachigen Kindern verstehen" gebeten. Alle vier Referentinnen gaben an, dass sie die Konzeptvorgaben zu diesem Modul gut realisieren konnten. Es konnte im weiteren Verlauf zwischen den Antwortmöglichkeiten „trifft voll zu", „trifft überwiegend zu", „trifft teilweise zu", „trifft nicht zu" und „kann ich nicht beurteilen" gewählt werden. Drei von vier Referentinnen stimmten vollkommen zu, dass die Inhalte des Moduls gut zueinander passen würden und eine stimmte dem überwiegend zu. Den Umfang der vorgesehenen Inhalte in diesem Modul empfanden alle vier Referentinnen als überwiegend angemessen. Die Vorgaben für Übungen und Rollenspiele beurteilten zwei Referentinnen als voll und zwei als überwiegend zur Vertiefung der vorgegebenen Inhalte geeignet. Die Passung dieser Übungen und Rollenspiele bewerteten zwei Referentinnen als voll und zwei als überwiegend den Bedürfnissen der teilnehmenden Fachkräfte entsprechend. Eine Referentin stimmte voll zu und drei Referentinnen stimmten überwiegend zu, dass sie die Inhalte wie im Modul vorgegeben vollständig vermitteln konnte(n). Alle Referentinnen waren mit dem Verlauf der Weiterbildung in diesem ersten Modul zufrieden. Die Frage lautete „Sind Sie mit dem Verlauf des Moduls zufrieden?". Es bestand die Möglichkeit mit „Ja" oder „Nein → Wenn nein: Was hätte anders sein müssen?" zu antworten.

Die zweite Online-Befragung wurde im April und Mai 2016 durchgeführt. Alle vier Referentinnen gaben an, dass sie die Inhalte des zweiten Moduls „Kooperation mit Eltern von mehrsprachigen Kindern" gut realisieren konnten. Alle stimmten überwiegend zu, dass die Inhalte des Moduls gut zueinander passen würden. Den Umfang der vorgesehenen Inhalte in diesem Modul bewertete(n) drei Referentinnen als überwiegend und eine Referentin als teilweise angemessen. Die Vorgaben in diesem Modul für Übungen und Rollenspiele sahen alle als überwiegend zur Vertiefung der vorgegebenen Inhalte geeignet an. Diese Übungen und Rollenspiele bewerteten zwei Referentinnen als überwiegend und zwei als teilweise zu den Bedürfnissen der teilnehmenden Fachkräfte passend. Drei Referentinnen stimmten überwiegend zu und eine Referentin stimmte teilweise zu, dass sie die Inhalte wie im Modul vorgegeben vollständig vermitteln konnte(n). Alle waren mit dem Verlauf der Weiterbildung in diesem zweiten Modul zufrieden.

Die dritte Online-Befragung wurde von Oktober 2016 bis März 2017 durchgeführt. Die Konzeptvorgaben zum dritten Modul „Sprachsensiblen Umgang mit mehrsprachigen Kindern gestalten" konnten zum Befragungszeitraum drei von vier Referentinnen nicht wie geplant realisieren. Insbesondere

die Sensibilisierung für Fachkraft-Kind-Interaktionen anhand von Videobeispielen wurde nicht umgesetzt. Die hierfür nötige technische Ausstattung war
für zwei Referentinnen bzw. Einrichtungsleitungen nicht zu organisieren. Alle
vier Referentinnen stimmten überwiegend zu, dass die Inhalte des Moduls gut
zueinander passen würden. Den Umfang der vorgesehenen Inhalte in diesem
Modul wurde von einer Person voll und ganz, von zwei Personen als teilweise
und von einer Person als nicht zutreffend bewertet. Die vorgeschlagenen Rollenspiele und Übungen wurden von zwei als voll und ganz und von zwei als
überwiegend zu den Inhalten des Moduls passend beurteilt. Die vorgeschlagenen Rollenspiele und Übungen waren nach Angabe einer Referentin voll und
ganz, für zwei Referentinnen überwiegend und für eine Referentin teilweise den Bedürfnissen der Weiterbildungsgruppe angemessen. Drei Referentinnen gaben trotz der oben genannten Umsetzungsproblematik an, dass sie die
Inhalte überwiegend wie geplant vermitteln konnten, für eine Referentin war
dies nicht möglich. Alle vier waren mit dem Verlauf der Weiterbildung in diesem dritten Modul zufrieden.

Die vierte und letzte Befragung der Referentinnen wurde von Februar bis
Mai 2017 durchgeführt. Sie wurden gebeten, den Inhalt des vierten Moduls
„Unterstützung der kindlichen Mehrsprachigkeit im Kita-Alltag" zu bewerten.
Alle Referentinnen gaben an, dass sie die Inhalte des vierten Moduls gut realisieren konnten. Eine Referentin stimmte voll und drei stimmten überwiegend
zu, dass die Inhalte des Moduls gut zueinander passen würden. Den Umfang
der vorgesehenen Inhalte beurteilen drei Referentinnen als überwiegend und
eine Referentin als teilweise angemessen. Die Übungen und Rollenspiele sahen zwei Referentinnen als voll und zwei Referentinnen als überwiegend zur
Vertiefung der vorgegebenen Inhalte geeignet an. Die Auswahl dieser Übungen und Rollenspiele empfand(en) eine Referentin als voll, zwei Referentinnen
als überwiegend und eine Referentin als teilweise zu den Bedürfnissen der teilnehmenden Fachkräfte passend. Eine Referentin stimmte voll und drei Referentinnen stimmten überwiegend zu, dass sie die Inhalte wie im vierten Modul
vorgegeben vollständig vermitteln konnte(n). Alle vier waren mit dem Verlauf
der Weiterbildung in diesem vierten Modul zufrieden.

Gesamtbewertung der Weiterbildung durch die Teilnehmenden

In der zweiten Fachkraftbefragung (W2) im Frühjahr 2016 wurde das pädagogische Personal ebenfalls zu den Inhalten und dem Verlauf der Weiterbildung schriftlich befragt. Die Grundgesamtheit der ersten Interventionsgruppe
beläuft sich auf 81 im Gruppendienst tätigen pädagogischen Mitarbeiterinnen
und Mitarbeitern. Hinzuzurechnen sind noch zwei Antworten von Leitungs-
kräften, welche vom Gruppendienst komplett freigestellt sind. Von der Grundgesamtheit der 83 Personen liegen 77 abgegebene Fragebögen vor (Rücklaufquote: 92.8%). Zunächst wurden die Leitungen und Fachkräfte der ersten
Interventionsgruppe um eine subjektiv wahrgenommene Bewertung des bisherigen Projektverlaufes gebeten. Die befragten pädagogischen Fachkräfte sahen
den bisherigen Verlauf der Weiterbildung im Frühjahr 2016 als überwiegend
positiv. Die Fachkräfte konnten Schulnoten von „sehr gut" bis „ungenügend"
vergeben. Die Mehrheit beurteilte den bisherigen Verlauf mit der Schulnote „gut" (*n*=41; 55.4%) oder „sehr gut" (*n*=14; 18.9%). Als „befriedigend" bewerteten 16 teilnehmende Fachkräfte (21.6%) den Projektverlauf. Als negativ
(„ausreichend"; *n*=2; 2.7% und „mangelhaft", *n*=1; 1.4%) wird die MiKi-Weiterbildung in der Zwischenerhebung nur in Einzelfällen wahrgenommen. Niemand erachtete den Verlauf als „ungenügend".

Des Weiteren wurden die Fachkräfte gebeten, die Methodik und Didaktik
der Weiterbildungseinheiten zu bewerten (Tabelle 5).

Die Frage lautet: „Wie beurteilen Sie die bisherige Weiterbildung im Detail?". Die Fachkräfte konnten die Aussagen zur Methodik und Didaktik mit
„trifft voll zu" bis „trifft nicht zu" bzw. „kann ich nicht beurteilen" bewerten. Mit den (1) Vermittlungsmethoden (*n*=41; 56.2%) und den (2) praktischen Beispielen (*n*=44; 60.3%) der Weiterbildung sind die Mehrheit der teilnehmenden Fachkräfte voll zufrieden. Auch hinsichtlich der Möglichkeit zur
(3) Verknüpfung zwischen den Inhalten und der beruflichen Praxis und der
Gelegenheit eigene (4) Fallbeispiele einzubringen wurde zum großen Teil voll
(zu 3 *n*=36, 49.3%; zu 4 *n*=31, 42.5%) oder überwiegend (zu 3 *n*=17, 23.3%;
zu 4 *n*=23, 31.5%) zugestimmt. Ein Viertel der Befragten wünschte sich hier
jedoch mehr Praxisbezug und das Aufgreifen von Beispielen aus der eigenen
Praxis. Die (5) Kurzvorträge der Referentinnen wurden größtenteils als hilfreich (*n*=29; 39.7%) bzw. als überwiegend förderlich (*n*=25; 34.2%) bewertet. Ein Großteil gab an, dass die vermittelten Inhalte voll (*n*=24; 33.3%) oder
überwiegend (*n*=26; 36.1%) bei der Bewältigung der (6) Herausforderungen
im Arbeitsalltag hilfreich seien. Auch bei den letztgenannten Aussagen konnten ein Viertel der Befragten dem nur teilweise zustimmen oder in Einzelfällen
nicht zustimmen. Das Einüben von neuen Methoden (7) war den Teilnehmenden zu diesem Zeitpunkt überwiegend noch nicht möglich. Zu berücksichti-

Tabelle 5:   Einschätzungen der Methodik und Didaktik in der Treatmentgruppe (W2)

	n	trifft voll zu	trifft überwiegend zu	trifft teilweise zu	trifft nicht zu	kann ich nicht beurteilen
		Anzahl (Gültige %)	*Anzahl (Gültige %)*	*Anzahl (Gültige %)*	*Anzahl (Gültige %)*	*Anzahl (Gültige %)*
1 Vermittlung	73	41 (56.2%)	23 (31.5%)	6 (8.2%)	0 (0.0%)	3 (4.1%)
2 Beispiele	73	44 (60.3%)	17 (23.3%)	9 (12.3%)	0 (0.0%)	3 (4.1%)
3 Praxis	73	36 (49.3%)	17 (23.3%)	15 (20.5%)	2 (2.7%)	3 (4.1%)
4 Fallbeispiele	73	31 (42.5%)	23 (31.5%)	13 (17.8%)	2 (2.7%)	4 (5.5%)
5 Kurzvorträge	73	29 (39.7%)	25 (34.2%)	15 (20.5%)	2 (2.7%)	2 (2.7%)
6 Herausforderung	72	24 (33.3%)	26 (36.1%)	16 (22.2%)	2 (2.8%)	4 (5.6%)
7 Methoden	72	10 (13.9%)	22 (30.6%)	23 (31.9%)	10 (13.9%)	7 (9.7%)
8 Rollenspiele	69	12 (17.4%)	15 (21.7%)	22 (31.9%)	9 (13.0%)	11 (15.9%)
9 Austausch	73	30 (41.1%)	19 (26.0%)	13 (17.8%)	7 (9.6%)	4 (5.5%)

Datenbasis: Fachkräftebefragung W2; *Anmerkung*: Die Tabelle zeigt die Anzahl und Prozentangaben der gültigen vorliegenden Antworten (*n*=69–73) der Treatmentgruppe (missing: 4–8).

Legende:
1. Die Vermittlungsmethoden waren gut auf die Inhalte abgestimmt.
2. Die Inhalte wurden mit praktischen Beispielen verdeutlicht.
3. Es wurde eine gute Verknüpfung zwischen den Inhalten und meiner beruflichen Praxis hergestellt.
4. Ich konnte Fallbeispiele aus der eigenen Praxis einbringen.
5. Durch die Kurzvorträge habe ich neue hilfreiche Informationen bekommen.
6. Die Inhalte haben gut zu den Herausforderungen in meinem Arbeitsalltag gepasst.
7. Ich hatte ausreichend Gelegenheit, neue Methoden einzuüben.
8. Die Rollenspiele und Trainingseinheiten waren hilfreich, um die vorgeschlagenen Methoden auszuprobieren und einzuüben.
9. Ich hatte ausreichend Zeit, mich mit anderen über die Inhalte auszutauschen.

gen ist, dass manche Referentinnen zunächst die Inhouse-Weiterbildung mit dem Gesamtteam durchführten und die prozessbegleitenden Termine zur Einübung der vermittelten Methoden und Inhalte erst in die zweite Hälfte des Kita-Jahres 2015/16 legten. Des Weiteren ging es im ersten Modul vorrangig um die Vermittlung der Wissensaspekte zur sprachlichen Entwicklung von zwei- und mehrsprachigen Kindern. Das Einüben neuer Methoden stand nicht im Vordergrund. Dies trifft auch auf die Bewertung von (8) Rollenspielen zu. Ein Großteil der Befragten hatte zu diesem Zeitpunkt noch keine Möglichkeit Rollenspiele auszuprobieren. Die Fachkräfte hatten nach eigener Einschätzung ausreichend Zeit für den gemeinsamen (9) Austausch. Nur einzelne Teilnehmende (*n*=7; 9.6%) empfanden dies nicht so.

In der dritten und letzten Fachkraftbefragung (W3) im Frühjahr 2017 wurde das pädagogische Personal erneut zu den Inhalten und dem Verlauf der Weiterbildung schriftlich befragt. Die Grundgesamtheit beläuft sich auf 76 Mitarbeiterinnen und Mitarbeiter. Hiervon beteiligten sich 65 Personen an der Befragung (Rücklaufquote: 85.5%). Auch hier wurden die Leitungen und Fachkräfte der ersten Interventionsgruppe um eine individuelle Bewertung des Projektverlaufes gebeten. Sie beurteilten den bisherigen Verlauf der Weiterbildung positiver als noch vor einem Jahr. Die Schulnote „sehr gut" ($n=20$; 36.4%) wurde prozentual doppelt so häufig vergeben wie im Vergleich zur letzten Befragung. Mehr als ein Drittel sahen den Verlauf als „gut" ($n=21$; 38.2%) an. Als „befriedigend" bewerteten elf befragte Fachkräfte (20.0%) den Projektverlauf. Eine negative Beurteilung der MiKi-Weiterbildung erfolgte nur in Einzelfällen („ausreichend", $n=2$, 3.6% und „mangelhaft", $n=1$, 1.8%). Die Schulnote „ungenügend" wurde nicht vergeben.

Auch in dieser Befragung wurden die Leitungen und Fachkräfte gebeten, die Methodik und Didaktik der Weiterbildungseinheiten im Detail zu beurteilen (Tabelle 6).

Tabelle 6:   Einschätzungen der Methodik und Didaktik in der Treatmentgruppe (W3)

	n	trifft voll zu	trifft überwiegend zu	trifft teilweise zu	trifft nicht zu	kann ich nicht beurteilen
		Anzahl (Gültige %)	Anzahl (Gültige %)	Anzahl (Gültige %)	Anzahl (Gültige %)	Anzahl (Gültige %)
1 Vermittlung	61	41 (67.2%)	15 (24.6%)	5 (8.2%)	0 (0.0%)	0 (0.0%)
2 Beispiele	61	39 (63.9%)	12 (19.7%)	8 (13.1%)	2 (3.3%)	0 (0.0%)
3 Praxis	61	38 (62.3%)	12 (19.7%)	8 (13.1%)	3 (4.9%)	0 (0.0%)
4 Fallbeispiele	61	42 (68.9%)	13 (21.3%)	5 (8.2%)	1 (1.6%)	0 (0.0%)
5 Kurzvorträge	58	24 (41.4%)	17 (29.3%)	15 (25.9%)	2 (3.4%)	0 (0.0%)
6 Herausforderung	61	37 (60.7%)	13 (21.3%)	8 (13.1%)	3 (4.9%)	0 (0.0%)
7 Methoden	61	19 (31.1%)	25 (41.0%)	11 (18.0%)	5 (8.2%)	1 (1.6%)
8 Rollenspiele	61	24 (39.3%)	20 (32.8%)	10 (16.4%)	5 (8.2%)	2 (3.3%)
9 Austausch	61	27 (44.3%)	16 (26.2%)	15 (24.6%)	2 (3.3%)	1 (1.6%)

Datenbasis: Fachkräftebefragung W3; *Anmerkung*: Die Tabelle zeigt die Anzahl und Prozentangaben der gültigen vorliegenden Antworten (n=58–61) der Treatmentgruppe (missing: 4–7). Legende siehe Tabelle 5

Das pädagogische Personal konnte die neun Aussagen zur Weiterbildung in fünf Abstufungen von „trifft voll zu" bis „trifft nicht zu" bzw. „kann ich nicht beurteilen" bewerten. Mit den (1) Vermittlungsmethoden waren zwei Drittel der Teilnehmenden voll zufrieden (n=41; 67.2%). Im Vergleich zu der Befragung vor einem Jahr kann die Zufriedenheit hier gesteigert werden. Nach Einschätzung der Befragten wurden die Inhalte der Weiterbildung mit (2) praktischen Beispielen verdeutlicht („trifft voll zu", n=39; 63.9%; „trifft überwiegend zu", n=12, 19.7%). Für rund ein Viertel traf dies „teilweise" (n=8; 13.1%) bis „nicht zu" (n=2; 3.3%). Die Teilnehmenden bewerteten diese Aussage ähnlich wie bereits vor einem Jahr. Hinsichtlich der (3) Verknüpfungen zwischen den Inhalten und der beruflichen Praxis zeigte sich eine vergleichbare Aufteilung wie bei dem Item zuvor („trifft voll zu", n=38, 62.3%; „trifft nicht zu", n=3; 4.9%). Die Zufriedenheit nahm hier deutlich zu. Die Teilnehmenden konnten mehrheitlich eigene (4) Fallbeispiele einbringen. 68.9% stimmten hier voll und ganz (n=42) oder überwiegend zu (n=13; 21.3%). Einzelne Teilnehmerinnen und Teilnehmer wünschten sich mehr Praxisbezug und das Aufgreifen von Beispielen aus der eigenen Praxis. Auch in diesem Fall gelang es, deutlich häufiger als noch vor einem Jahr mit konkreten Fallbeispielen aus der eigenen Praxis zu arbeiten. Die (5) Kurzvorträge der Referentinnen wurden sehr unterschiedlich bewertet. Der größte Anteil sah diese als hilfreich (n=24; 41.4%) bzw. als überwiegend förderlich (n=17; 29.3%) an. Für 15 Teilnehmende (25.9%) traf dies nur teilweise und für 2 (3.4%) gar nicht zu. Im Vergleich zur Befragung vor einem Jahr wurde dieser Aspekt schlechter beurteilt. Die Inhalte waren für den Großteil der Befragten sehr (n=37; 60.7%) oder überwiegend (n=13; 21.3%) bei der Bewältigung der (6) Herausforderungen im Arbeitsalltag hilfreich. Einzelne Teilnehmerinnen und Teilnehmer stimmten dem nur teilweise (n=8; 13.1%) oder gar nicht zu (n=3; 4.9%). Deutlich mehr bewerteten diesen Sachverhalt in der Befragung von 2017 positiver. Das Einüben von (7) neuen Methoden beurteilte das pädagogische Personal sehr unterschiedlich. Hier fanden sich von „trifft voll zu" bis „trifft nicht zu" bzw. „kann ich nicht beurteilen" alle Antwortmöglichkeiten. Dennoch betrachteten die Teilnehmenden die Gelegenheit neue Methoden einzuüben deutlich positiver als noch vor einem Jahr. Die Befragten bewerteten die (8) Rollenspiele und Trainingseinheiten mit allen fünf Abstufungen von „trifft voll zu" (n=24; 39.3%) bis „trifft nicht zu" (n=5; 8.2%) bzw. „kann ich nicht beurteilen" (n=2; 3.3%). Auch hier konnte die Zufriedenheit verglichen mit den Rückmeldungen von vor einem Jahr merklich gesteigert werden. Ein Großteil der teilnehmenden Fachkräfte hatte nach eigener Einschätzung ausreichend Zeit für den gemeinsamen (9) Austausch („trifft voll zu", n=27, 44.3%; „trifft überwiegend zu", n=16; 26.2%). Einige wünschten sich hier jedoch mehr Zeit („trifft teilweise zu", $n=15$, 24.6%; „trifft nicht zu", $n=2$, 3.3%). Verglichen mit den Rückmeldungen vor einem Jahr konnte man sich hier nur geringfügig verbessern.

5.2.5 Beschreibung der Intervention in der Vergleichsgruppe

Die Referentinnen und Referenten in der Vergleichsgruppe (IG2) arbeiteten im gleichen zeitlichen Umfang nach einem Qualitäts- und Organisationsentwicklungszyklus (Deming, 1986). Der *Plan-Do-Check-Act-Zyklus* sieht zunächst eine Ist-Stand-Analyse im Bildungsbereich „Sprachliche Bildung und Mehrsprachigkeit" vor. Hierbei wird die individuelle Situation der Einrichtung gemeinsam mit der Weiterbildungskraft in den Blick genommen, Ziele und Maßnahmen für die zwei Kita-Jahre werden formuliert (PLAN). Daran anknüpfend moderiert die Weiterbildungskraft mit dem Team die Umsetzung der Maßnahmen (DO). Die verantwortlichen Personen werden hierzu benannt. Die Referentinnen und Referenten begleiten die Leitung der Kita und das pädagogische Personal in den Gruppen bei der Umsetzung und prüft und bewertet die Umsetzungsergebnisse (CHECK). Zum Abschluss findet eine Reflexion des vergangenen Prozesses und ein Ausblick auf die zukünftige Arbeit statt (ACT). Was hat funktioniert? Was kann verbessert werden? Auch die Referentinnen und Referenten der Vergleichsgruppe erstellten zu jedem Termin ein Weiterbildungsprotokoll und wurden in regelmäßigen Abständen zum Verlauf der Weiterbildung in den einzelnen Einrichtungen befragt.

Im ersten Kita-Jahr 2015/16 erarbeiteten die Referentinnen und Referenten in der Vergleichsgruppe folgende Inhalte: In zwei Einrichtungen wurde die Teamentwicklung fokussiert und die Kommunikationskultur innerhalb der Einrichtung bearbeitet. In vier Einrichtungen wurde sich mit der Erziehungspartnerschaft im Rahmen der Weiterbildung befasst. In einer Einrichtung wurde das Raumkonzept überarbeitet und die Beobachtung und Dokumentation von Bildungsprozessen thematisiert. In zwei weiteren Einrichtungen wurden schwerpunktmäßig die Herkunftssprachen der vorhandenen Kinder erfasst und Situationen von Ausgrenzung und Diskriminierung reflektiert. Die Befragung wurde im Juli und August 2016 durchgeführt.

Im zweiten Kita-Jahr 2016/17 erarbeiteten die Referentinnen und Referenten nach eigenen Angaben folgende Inhalte mit dem pädagogischen Personal: In drei Einrichtungen wurde die Bildungs- und Erziehungspartnerschaft mit den Eltern aufgegriffen bzw. weiter bearbeitet. In einer Einrichtung wurden die Haltungen des pädagogischen Personals gegenüber den Erziehungsberechtigten fokussiert. In zwei Einrichtungen wurde die Beobachtung und Dokumentation nach dem infans-Konzept (Andres & Laewen, 2011) erarbeitet. In einer

Einrichtung wurde die Sprachentwicklung und Entwicklung von Literacy der Kinder aufgegriffen und die Bildungs- und Erziehungspartnerschaft mit den Eltern intensiviert. In zwei Einrichtungen kamen seit der letzten Befragung keine neuen Inhalte hinzu. Die Befragung wurde von Februar bis April 2017 durchgeführt.

5.2.6 Einschätzungen zu den Projektinhalten und Projektverlauf in der Vergleichsgruppe

Auch das pädagogische Personal der Vergleichsgruppe (kurz „IG2") wurde im Rahmen der Zwischenerhebung (W2) und gegen Ende der Weiterbildung (W3) zu den Projektinhalten und Projektverlauf befragt. Die Grundgesamtheit beläuft sich hier auf 60 im Gruppendienst tätige pädagogische Mitarbeiterinnen und Mitarbeiter. Hinzuzurechnen ist eine Antwort einer komplett vom Gruppendienst freigestellten Leitungskraft. Von der Grundgesamtheit der 61 Personen liegen 54 Antworten vor (Rücklaufquote: 88.5%). Zunächst wurde das pädagogische Personal um die subjektiv wahrgenommene Bewertung des bisherigen Verlaufes des Projektes gebeten .Der größte Teil der Befragten bewertete diesen im Frühjahr 2016 als „befriedigend" (n=17; 37.0%). Die zweit häufigste Nennung entfiel auf die Schulnote „gut" (n=15; 32.6%). In Einzelfällen wurde der Verlauf in der Vergleichsgruppe als „mangelhaft" (n=1; 2.2%) oder „ungenügend" (n=2; 4.3%) bewertet. Zu berücksichtigen ist, dass für eine Einrichtung erst im Oktober 2015 eine Weiterbildungskraft gefunden werden konnte. Zum Zeitpunkt der Fachkräftebefragung (W2) war in dieser Einrichtung außer Vorbesprechungen und Hospitationen noch keine Inhouse-Weiterbildung mit dem Gesamtteam durchgeführt worden. Die „ungenügenden" Stimmen entfielen auf diese Einrichtung.

Des Weiteren wurden die Fachkräfte gebeten, die Methodik und Didaktik der Weiterbildungen zu bewerten. Hierzu wurden dem pädagogischen Personal die Aussagen wie bereits im Kapitel 5.2.4 dargestellt zur Abstimmung vorgelegt. Die folgende Tabelle zeigt die Ergebnisse der pädagogischen Fachkräfte der Vergleichsgruppe (Tabelle 7).

Tabelle 7:   Einschätzungen der Methodik und Didaktik in der Vergleichsgruppe (W2)

	n	trifft voll zu	trifft über- wiegend zu	trifft teil- weise zu	trifft nicht zu	kann ich nicht beur- teilen
		Anzahl (Gültige %)	*Anzahl (Gültige %)*	*Anzahl (Gültige %)*	*Anzahl (Gültige %)*	*Anzahl (Gültige %)*
1 Vermittlung	50	14 (28.0%)	27 (54.0%)	7 (14.0%)	1 (2.0%)	1 (2.0%)
2 Beispiele	50	20 (40.0%)	17 (34.0%)	9 (18.0%)	3 (6.0%)	1 (2.0%)
3 Praxis	50	18 (36.0%)	21 (42.0%)	9 (18.0%)	1 (2.0%)	1 (2.0%)
4 Fallbeispiele	50	22 (44.0%)	20 (40.0%)	6 (12.0%)	1 (2.0%)	1 (2.0%)
5 Kurzvorträge	50	15 (30.0%)	16 (32.0%)	14 (28.0%)	3 (6.0%)	2 (4.0%)
6 Herausforderung	50	12 (24.0%)	16 (32.0%)	19 (38.0%)	1 (2.0%)	2 (4.0%)
7 Methoden	49	6 (12.2%)	14 (28.6%)	15 (30.6%)	9 (18.4%)	5 (10.2%)
8 Rollenspiele	47	4 (8.5%)	8 (17.0%)	17 (36.2%)	5 (10.6%)	13 (27.7%)
9 Austausch	49	20 (40.8%)	10 (20.4%)	17 (34.7%)	1 (2.0%)	1 (2.0%)

Datenbasis: Fachkräftebefragung W2; *Anmerkung*: Die Tabelle zeigt die Anzahl und Prozentanga-ben der 47–50 gültigen vorliegenden Antworten der Vergleichsgruppe (missing: 4–7); Legende sie-he Tabelle 5

Im direkten Vergleich mit den Weiterbildungen in der Treatmentgruppe fallen zusammenfassend ein weniger methodisch abwechselndes Vorgehen und eine größere Distanz der Inhalte zu den alltagspraktischen Bedingungen der Fach-kräfte auf.

Auch die Leitungen und Fachkräfte der Vergleichsgruppe wurden im Früh-jahr 2017 erneut zu den Inhalten und den Verlauf der Weiterbildung schrift-lich befragt. Die Grundgesamtheit beläuft sich hier auf 53 pädagogische Mit-arbeiterinnen und Mitarbeiter. Hiervon beteiligten sich 46 an der Befragung (Rücklaufquote: 86.8%). Zunächst wurde das pädagogische Personal um eine Bewertung des bisherigen Verlaufes des Projektes gebeten. Der größte Teil beurteilte den Verlauf der Weiterbildung im Frühjahr 2017 als „gut" (*n*=15; 35.7%). Die nächstgrößere Gruppe vergab die Schulnote „befriedigend" (*n*=11; 26.2%). In Einzelfällen wurde der Verlauf als „ausreichend" (*n*=5; 11.9%) oder „mangelhaft" (*n*=5; 11.9%) beurteilt. Niemand bewertete mit „ungenügend". Verglichen mit der Befragung vor einem Jahr beurteilten die Teilnehmenden den Verlauf der Weiterbildung in der Vergleichsgruppe deutlich positiver, je-doch nicht so positiv wie in der Treatmentgruppe.

Auch in der dritten Fachkraftbefragung wurden die Leitungen und Fach-kräfte um ihre detaillierte Einschätzung zur Methodik und Didaktik der Wei-terbildungseinheiten gebeten (Tabelle 8).

Tabelle 8:   Einschätzungen der Methodik und Didaktik in der Vergleichsgruppe (W3)

	n	trifft voll zu	trifft über-wiegend zu	trifft teil-weise zu	trifft nicht zu	kann ich nicht beur-teilen
		Anzahl (Gültige %)	Anzahl (Gültige %)	Anzahl (Gültige %)	Anzahl (Gültige %)	Anzahl (Gültige %)
1 Vermittlung	43	16 (37.2%)	20 (46.5%)	4 (9.3%)	2 (4.7%)	1 (2.3%)
2 Beispiele	43	19 (44.2%)	16 (37.2%)	4 (9.3%)	3 (7.0%)	1 (2.3%)
3 Praxis	43	17 (39.5%)	17 (39.5%)	7 (16.3%)	1 (2.3%)	1 (2.3%)
4 Fallbeispiele	43	20 (46.5%)	16 (37.2%)	6 (14.0%)	0 (0.0%)	1 (2.3%)
5 Kurzvorträge	42	14 (33.3%)	17 (40.5%)	8 (19.0%)	2 (4.8%)	1 (2.4%)
6 Herausforderung	42	11 (26.2%)	19 (45.2%)	8 (19.0%)	3 (7.1%)	1 (2.4%)
7 Methoden	42	8 (19.0%)	18 (42.9%)	8 (19.0%)	6 (14.3%)	2 (4.8%)
8 Rollenspiele	40	9 (22.5%)	13 (32.5%)	9 (22.5%)	5 (12.5%)	4 (10.0%)
9 Austausch	42	15 (35.7%)	17 (40.5%)	6 (14.3%)	3 (7.1%)	1 (2.4%)

Datenbasis: Fachkräftebefragung W3; Anmerkung: Die Tabelle zeigt die Anzahl und Prozentanga-ben der 40–43 gültigen vorliegenden Antworten der Vergleichsgruppe (missing: 3–6); Legende sie-he Tabelle 5

Insgesamt betrachtet bewerteten die Teilnehmerinnen und Teilnehmer der Vergleichsgruppe die didaktisch-methodische Umsetzung der Weiterbildung in der zweiten Befragung in fast allen Aspekten positiver als noch vor einem Jahr. Im direkten Vergleich zur Treatmentgruppe gelang es den Referentinnen und Referenten jedoch weniger, die Bedürfnisse und Erwartungen der Teil-nehmerinnen und Teilnehmer an die didaktisch-methodische Umsetzung der Weiterbildung zu erfüllen.

5.3   Untersuchungskonzeption der Evaluation

Immer neue Anforderungen und veränderte Gegebenheiten in der institu-tionellen frühkindlichen Bildung, Betreuung und Erziehung stellen für das pädagogische Personal eine große Herausforderung dar. „Kontinuierliche Wei-terbildung soll die Kompetenzen der Professionellen auf aktuellem Stand hal-ten, damit sich deren Handeln an den Anforderungen des jeweiligen Berufs, der modernen Wissensgesellschaft sowie des ethischen Selbstverständnisses messen lassen kann" (Kauffeld, Paulsen & Ulbricht, 2016, S. 464). Jedoch ist in der aktuellen Diskussion um die besten Wege zur weiteren Professionali-sierung des pädagogischen Handelns ein erhebliches Wissensdefizit darüber wahrzunehmen, was tatsächlich mit Weiterbildungsmaßnahmen erreicht werden kann (siehe Kapitel 3.2.6). Dies gilt vor allem im Hinblick auf beobachtbare Effekte von Weiterbildungsmaßnahmen auf das pädagogische Handeln.

Gemäß des weitverbreiteten *Vier-Ebenen-Modells* von Kirkpatrick (1976; Kirkpatrick & Kirkpatrick, 2006) können Weiterbildungsmaßnahmen auf vier Ebenen evaluiert werden: (1) „Reaction", (2) „Learning", (3) „Behavior", (4) „Results" (Kirkpatrick, 1976, S. 2). Die ersten beiden Ebenen beziehen sich auf die direkte Durchführung der Maßnahme. Bei der erstgenannten geht es vor allem um die Reaktion der Teilnehmenden auf die Weiterbildung (z. B. Wie zufrieden waren die Teilnehmenden?). Die zweite Ebene beschäftigt sich mit dem Wissenstand der Teilnehmenden zum Ende der Maßnahme (z. B. Konnten die Teilnehmenden ihr Wissen verbessern?). Die letzten beiden Ebenen beziehen sich auf die Transferwirkungen der Maßnahme auf die Arbeit. In der dritten Ebene wird evaluiert, welche Verhaltensänderungen sich im Arbeitsalltag zeigen (z. B. Wird das erworbene Wissen in der Praxis umgesetzt?). Auf der letzten Ebene wird untersucht, welche Veränderungen die Maßnahme für die Einrichtung gebracht haben (z. B. Welchen monetären oder nicht monetären Nutzen hat die Weiterbildungsmaßnahme für die Einrichtung?). Viele Evaluationsmaßnahmen von Weiterbildungen beschränken sich auf die Erhebung der Zufriedenheit und des Wissenszuwachses der Teilnehmenden (siehe Kapitel 3.2.6). In der vorliegenden Evaluation der beiden Interventionen werden im Besonderen die tatsächlich im Kita-Alltag gezeigten Verhaltensänderungen in den Blick genommen. Die vergleichend angelegte empirische Prozess- und Wirkungsevaluation zu drei Erhebungszeitpunkten kann fundierte Erkenntnisse zur Umsetzbarkeit und Wirksamkeit einer mehrsprachigen Bildung unter den bestehenden Rahmenbedingungen von Kindertageseinrichtungen liefern. Das Evaluationsdesign der pädagogischen Intervention, die realisierte Stichprobe und ihre Entwicklung, die Datenerhebung und die Datenanalyse sind Gegenstand der folgenden Kapitel.

5.3.1 Evaluationsdesign

Die Beantwortung der Forschungsfragen erfolgt auf Grundlage einer insgesamt dreijährigen interventionsbegleitenden Evaluationsstudie in Kindertageseinrichtungen. Das Forschungsvorhaben steht in der wissenschaftstheoretischen Tradition des quantitativen Paradigmas und des kritischen Rationalismus (zum wissenschaftstheoretischen Verständnis, siehe Popper, 1962; Döring & Bortz, 2016). Dies setzt ein strukturiertes und standardisiertes wissenschaftliches Vorgehen voraus (z. B. Döring & Bortz, 2016). In Hinblick auf die Kon-zeptualisierung des Evaluationsdesigns wurden vorab folgende Entscheidun-gen getroffen:

(1) Die Kompetenzorientierung in der Weiterbildung stellt die Weiterentwick-lung der Handlungskompetenz des pädagogischen Personals in den Mittel-punkt der Professionalisierungsbemühungen (z. b. Bodenburg, 2014; König & Friederich, 2015). Der Erfolg einer Weiterbildungsmaßnahme muss sich in diesem Professionalisierungsverständnis am „Outcome" der Teilnehmerinnen und Teilnehmer messen lassen (Stockmann & Meyer, 2010). Auf dem tatsäch-lich im Kita-Alltag gezeigten Handeln des pädagogischen Personals liegt somit ein besonderer Schwerpunkt der Evaluation. In den Blick genommen werden die prozessualen Bedingungen und Veränderungen in der Kita: „Sprachliche Interaktionen des pädagogischen Personals", „Sprachenvielfalt in der Raumge-staltung" und „Zwei- und mehrsprachige Materialauswahl". Es wird hier die Auffassung vertreten, dass die „... Gestaltung der Räume und das vorliegen-de mehrsprachige Informationsmaterial [...] Ergebnisse von Tätigkeiten der Fachkräfte und insofern als ein Handlungsvollzug (Performanz) aufzufassen" sind (Kratzmann, Jahreiß, Frank, Ertanir & Sachse, 2017, S. 254). Es wird des-halb angenommen, dass sich ein professionelles Handeln im Bildungsbereich Sprache und Mehrsprachigkeit auch darin zeigt, welche Materialien das pä-dagogische Personal zur Verfügung stellt und wie der Raum für die Sprachbil-dung genutzt wird.

(2) Diese Outcome-Orientierung der Evaluation macht den Einsatz eines Be-obachtungsverfahrens erforderlich. Es kommt die in mehreren großen Studi-en eingesetzte *Dortmunder Ratingskala* (DO-RESI; Fried & Briedigkeit, 2008) zum Einsatz (siehe Kapitel 3.2.4). DO-RESI ist ein wissenschaftlich fundier-tes Instrument zur Einschätzung sprachförderrelevanter Interaktionen des pä-dagogischen Personals und wurde nicht ausschließlich für die Erfassung der Sprachförderkompetenz im Umgang mit mehrsprachigen Kindern entwickelt. Es wird jedoch davon ausgegangen, dass sowohl Kinder mit deutscher Her-kunftssprache als auch Kinder mit nichtdeutscher Herkunftssprache von ei-ner professionellen Sprachförderkompetenz profitieren. Für die Erfassung der räumlichen und materiellen Bedingungen wurde ein eigens für die Studie ent-wickeltes *Ratingverfahren zur Erfassung der Sprachenvielfalt in Kindertagesein-richtungen* (REVK) eingesetzt (siehe Kapitel 5.3.5 Erhebungsverfahren und -durchführung).

(3) Die Evaluation erfolgt auf Basis eines experimentellen Treatment-Vergleichsgruppen-Designs (siehe vertiefend hierzu z. B. Atteslander, 2010; Döring & Bortz, 2016; Perels & Otto, 2010; Rost, 2013). „Dazu werden […] die Ergebnisse eines Posttests mit denen eines Prätests verglichen. Bei dieser Art der Wirksamkeitsforschung sollen mindestens zwei Interventionsformen (z. B. Experimental- und Kontrollgruppe) miteinander verglichen werden, um auftretende Veränderungen, die nicht auf die Intervention zurückzuführen sind, zu kontrollieren" (Perels & Otto, 2010, S. 253). Die prozessualen Aspekte der sprachliche Bildung unter besonderer Berücksichtigung von Mehrsprachigkeit werden in beiden Interventionsgruppen sowohl vor dem Beginn der Intervention (W1), nach einem Jahr (W2) und gegen Ende der Interventionsmaßnahme (W3) eingeschätzt und dann miteinander verglichen. Die erste Erhebung wurde im Sommer 2015 vor dem Beginn der Intervention, die letzte im Frühjahr 2017 gegen Ende der Interventionsmaßnahmen durchgeführt (siehe Kapitel 5.2).

Im Rahmen der drei Erhebungswellen wurden auch alle teilnehmenden Einrichtungsleitungen und pädagogischen Fachkräfte schriftlich befragt. Ergänzend erfolgte eine schriftliche Befragung der Weiterbildungsreferentinnen und -referenten zu mehreren Zeitpunkten der Intervention. Die erste Befragung vor dem Start der Intervention gibt Aufschluss über die generelle sprachliche Bildung unter Bedingungen von Mehrsprachigkeit in den Kitas. Die zweite Erhebungswelle dient in erster Linie der formativen Evaluation der Interventionsmaßnahme und die dritte Erhebungswelle der Erfassung von Veränderungen und Entwicklungen während der zwei Kita-Jahre. An dieser Stelle soll ausdrücklich darauf hingewiesen werden, dass die Gesamtwirkung einer pädagogischen Intervention immer auch von nicht gänzlich kontrollierbaren Faktoren, wie beispielsweise persönlichen Veränderungen und psychischen Befindlichkeiten beeinflusst wird (Stockmann & Meyer, 2010). Die Herausforderung besteht darin herauszufinden, welche Endergebnisse tatsächlich auf die bewusste Intervention zurückzuführen sind.

5.3.2 Stichprobenbeschreibung der Einrichtungen und Gegenüberstellung der Interventionsgruppen

Die Stichprobengröße der vorliegenden Studie ist durch die am IMKi-Projekt teilnehmenden Kindertageseinrichtungen (*N*=19) vorgegeben (Kapitel 5.1.1; siehe auch Frank et al., 2016 für weitere Informationen). Diese Kitas wurden per Zufallsverfahren in eine, erste primär interessierende Interventionsgruppe (IG1=10 Kitas) und eine vergleichende Interventionsgruppe (IG2=9 Kitas)

aufgeteilt (auch Treatment- und Vergleichsgruppe genannt). Die Gruppenzu-
teilung erfolgte unter Kontrolle der Kita-Größe (definiert anhand der Anzahl
der Kindergartengruppen von 3 bis 6 Jahren) und einer gleichmäßigen geo-
graphischen Aufteilung. Die beteiligten Kitas beider Interventionsgruppen
sind hinsichtlich ihrer Größe vergleichbar. In der ersten Interventionsgruppe (n=10) gab es nach Einschätzung der Leitungen im Mittel 3.20 (SD=1.03)
und in der zweiten Interventionsgruppe (n=9) im Mittel 3.00 (SD=1.12) Kindergartengruppen. Die Parallelisierung der beiden Interventionsgruppen bezogen auf das Merkmal Kita-Größe kann somit als gelungen gewertet werden.
Zwar waren die Einrichtungen der ersten Interventionsgruppe hinsichtlich der
Gruppenzahl etwas größer, dieser Unterschied fällt jedoch im t-Test und im
Mann-Whitney-U-Test statistisch nicht signifikant aus. Auch die Aufteilung
der Interventionsgruppen innerhalb der teilnehmenden Bundesländer war vergleichbar. Von den sieben Kitas in Bayern waren vier in der ersten (IG1) und
drei in der zweiten Gruppe (IG2). Die zwölf Kitas aus Baden-Württemberg
verteilten sich mit jeweils sechs Einrichtungen auf die beiden Interventionsgruppen (IG1 & IG2).

Zur Kontrolle der Randomisierung der beiden Interventionsgruppen wurden im Frühjahr 2015 in einer Vorabbefragung die Gruppenleitungen der teilnehmenden Einrichtungen nach der Anzahl des Personals in der Gruppe und
der Anzahl der Kinder befragt (siehe Kapitel 5.3.5 Erhebungsverfahren und
-durchführung). Außerdem wurde die Zahl der Eltern bzw. der Elternteile mit
nichtdeutschsprachiger Herkunft[56] und die nichtdeutschen Sprachen erfragt.
Auch hier lag eine vergleichbare Ausgangsituation in beiden Interventionsgruppen vor. Tabelle 9 zeigt die Mittelwerte, Standardabweichungen und Signi-
fikanzüberprüfung der beiden Interventionsgruppen.

---

56 Der Terminus „Eltern beide nichtdeutschsprachiger Herkunft" wird in der Verord-
nung zur Ausführung des Bayerischen Kinderbildungs- und -betreuungsgesetzes
(§ 5 Abs. 2 AVBayKiBiG) für Eltern mit Migrationshintergrund verwendet vgl. http://
www.stmas.bayern.de/imperia/md/content/stmas/stmas_internet/kinderbetreuung/
stmas-baykitag-43.pdf (Abruf vom 6.9.2017).

Tabelle 9: Deskriptive Stichprobeninformation der Kindergartengruppen und Gegenüberstellung
der Interventionsgruppen

	Interventions-gruppe 1 (n=28; Gruppen)	Interventions-gruppe 2 (n=26; Gruppen)	Signifikanz im Mann-Whitney-U-Test
	M (SD)	M (SD)	p
Vollzeitäquivalentes Personal	2.18 (0.56)	1.89 (0.49)	.55	*n.s.*
Kinder in der Gruppe	23.54 (4.07)	20.77 (5.48)	.06	*n.s.*
Kinder beide Eltern ndH	17.32 (5.09)	16.46 (4.95)	.70	*n.s.*
Kinder ein Elternteil ndH	1.89 (1.69)	1.27 (1.04)	.23	*n.s.*
nichtdeutsche Herkunfts-sprachen	8.32 (2.37)	7.58 (1.86)	.23	*n.s.*
Kinder mit türkischer Herkunftssprache	5.43 (2.41)	4.96 (2.86)	.46	*n.s.*
Kinder mit russischer Herkunftssprache	3.61 (2.41)	3.19 (4.55)	.05	*n.s.*

Datenbasis: Vorabbefragung 2015; *Anmerkungen*: ndH = nichtdeutschsprachiger Herkunft; p > =.05
n.s. = nicht signifikant

Zur Gegenüberstellung des pädagogischen Personals in beiden Interventionsgruppen wurde das *Vollzeitäquivalent* der Fachkräfte in einer Kita-Gruppe berechnet (Rechnerische Anzahl an Vollzeitstellen[57]; siehe Asef, Wanger & Zapf, 2011). Vom Gruppendienst freigestellte Leitungen, zusätzliche Sprachförderkräfte und Ergänzungskräfte ohne feste Gruppenzuordnung wurden nicht berücksichtigt. Aus diesem Grund lassen sich die Angaben nicht mit der gesamtdeutschen Situation vergleichen (siehe hierzu Autorengruppe Bildungsberichterstattung, 2016, S. 64). Entsprechend dem Beschäftigungsumfang eines/ einer Vollzeit-Mitarbeiters/Mitarbeiterin (38.5 Wochenstunden) waren im Mittel pro Kita-Gruppe in der ersten Interventionsgruppe 2.18 Fachkräfte und in der zweiten Interventionsgruppe 1.89 Fachkräfte tätig. Im Durchschnitt wurden somit zu Beginn des Projektes rund 22 Kinder (IG1=23.54; IG2=20.77) von zwei pädagogischen Fachkräften betreut.

Die Verteilung der Kinder mit Eltern bzw. Elternteilen nichtdeutschsprachiger Herkunft war in beiden Interventionsgruppen vergleichbar (IG1=17.32/1.89; IG2=16.46/1.27). Nach Angaben des pädagogischen Personals waren in jeder Kita-Gruppe rund acht verschiedene nichtdeutsche Herkunftssprachen vertreten. Die größten Sprachgruppen waren Türkisch und

---

57 Vollzeitäquivalent wird folgendermaßen berechnet: (Anzahl d. Mitarbeiter x Beschäftigungsausmaß / Std.)/ Std. pro Woche.

Russisch. Sie kamen in beiden Interventionsgruppen ähnlich häufig vor. Nach Angaben des pädagogischen Personals gab es in jeder Gruppe mindestens ein Kind und maximal 13 Kinder mit einer türkischen Herkunftssprache. Die russische Sprache war nicht in jeder Gruppe vertreten, in manchen Gruppen fanden sich bis zu 16 Kinder mit der russischen Herkunftssprache (ausführlicher beschrieben bei Jahreiß, Ertanir, Frank, Sachse & Kratzmann, 2017). Bei keinem der sieben untersuchten Merkmale liegt ein statistisch signifikanter Unterschied der zentralen Tendenz zwischen den Interventionsgruppen vor.

Neben der sprachlichen Zusammensetzung in den Kita-Gruppen wurde auch die Teilnahme an programmbezogenen Maßnahmen zur Verbesserung der Sprachförderung in jüngster Zeit abgefragt. Nach Angabe der Leitungen waren drei Einrichtungen an dem Bundesprogramm „Offensive Frühe Chancen" und sechs Kitas an der Studie „SPATS – Sprachförderung: Auswirkungen eines Trainings" beteiligt. Diese Einrichtungen wurden nicht per se von der IMKi-Studie ausgeschlossen, sondern es wurde die Art der Umsetzung erfragt.

5.3.3 Stichprobenbeschreibung des Personals und Gegenüberstellung der Interventionsgruppen

Für eine differenzierte Charakterisierung des pädagogischen Personals kann auf die Daten der ersten Fachkraftbefragung (W1) zurückgegriffen werden (siehe Kapitel 5.3.5). Es wurde das komplette im Gruppendienst tätige pädagogische Personal (hierzu zählen pädagogische Fachkräfte/Ergänzungskräfte und ErzieherInnen im Anerkennungsjahr) der teilnehmenden Kitas schriftlich befragt. Nicht berücksichtigt wurden Praktikantinnen oder Praktikanten, Sprachförderkräfte und Ergänzungskräfte ohne Gruppenzuordnung. Die Grundgesamtheit zur ersten Erhebungswelle vor Beginn der Intervention (auch „Baseline-Erhebung" genannt) belief sich auf 19 Kita-Leitungen und 131 pädagogische Fachkräfte. In der Stichprobe befanden sich keine männlichen Fachkräfte. Drei Leitungen waren vom Gruppendienst freigestellt. Von 128 im Gruppendienst tätigen pädagogischen Fachkräften lagen Antworten zur ersten schriftlichen Befragung im Sommer 2015 vor. Davon entfielen 76 Antworten auf die erste und 52 auf die zweite Interventionsgruppe. Tabelle 10 zeigt die Häufigkeitsverteilung von relevanten strukturellen und biographischen Merkmalen in den beiden Interventionsgruppen.

Tabelle 10:   Charakteristika des pädagogischen Personals und Gegenüberstellung der Interventionsgruppen

		IG 1 (n=76)	IG 2 (n=52)
	n	Anzahl (Gültige %)	Anzahl (Gültige %)
Altersgruppen (Sept. 2015) [n]	122		
bis 24 Jahre		5 (6.9%)	9 (18.0%)
25 bis 39 Jahre		24 (33.3%)	21 (42.0%)
40 bis 54 Jahre		31 (43.1%)	13 (26.0%)
55 Jahre und älter		12 (16.7%)	7 (14.0%)
Beschäftigungsumfang [n]	125		
< 21 Wochenstunden		9 (12.0%)	5 (10.0%)
21 bis < 32 Wochenstunden		19 (25.3%)	3 (6.0%)
32 bis < 38,5 Wochenstunden		6 (8.0%)	0 (0.0%)
38,5 und mehr Wochenstunden		41 (54.7%)	42 (84.0%)
Geburtsland [n]	128		
Deutschland		54 (71.1%)	44 (84.6%)
Anderes Geburtsland		22 (28.9%)	8 (15.4%)
Muttersprache [n]	128		
Deutsch		69 (90.8%)	44 (84.6%)
Andere Muttersprache(n)		15 (19.7%)	11 (21.2%)
Höchster Berufsabschluss [n]	126		
Kinderpfleger/-in		23 (30.7%)	13 (25.5%)
Erzieher/-in		47 (62.7%)	38 (74.5%)
Akademischer Abschluss (Dipl., B.A., M.A. an FH/Uni)		5 (6.7%)	0 (0.0%)
Höchster Schulabschluss [n]	127		
Hauptschulabschluss (9 Jahre)		14 (18.4%)	9 (17.6%)
Realschulabschluss (10 Jahre)		45 (59.2%)	25 (49.0%)
Abitur/Fachabitur (12/13 Jahre)		16 (21.1%)	17 (33.3%)
Sonstige Schulabschlüsse		1 (1.3%)	0 (0.0%)

Datenbasis: Fachkräftebefragung W1 (N=131); *Anmerkung*: Die Tabelle zeigt die Anzahl und Prozentangaben der jeweils gültigen vorliegenden Antworten. Bei der Frage nach der Muttersprache waren mehrere Antworten zugelassen, deshalb ergibt die Summe der Prozentangaben nicht 100%.

Die größte Altersgruppe bildeten zum September 2015 in der ersten Interventionsgruppe die Beschäftigten im Alter zwischen 40 und 54 Jahren (43.1%) und in der zweiten Interventionsgruppe die Beschäftigten im Alter zwischen 25 und 39 Jahren (42.0%). Jünger als 24 Jahre waren in IG1 fünf (6.9%) und in IG2 neun (18.0%) der befragten Fachkräfte. Über 55 Jahre waren in der ersten

Gruppe (IG1) 16.7% und in der zweiten Gruppe (IG2) 14.0% des Personals. Das Personal der ersten Interventionsgruppe war also tendenziell etwas älter. Ein statistisch signifikanter Unterschied zwischen der ersten Interventionsgruppe (M=41.18, SD=11.92) und der zweiten Interventionsgruppe (M=36.82, SD=13.70) lässt sich im t-Test jedoch nicht feststellen (t(120)=1.87, p=.06). Verglichen mit dem bundesdeutschen Durchschnitt von 40.86 Jahren lag die erste Gruppe etwas darüber und die zweite Gruppe etwas darunter (Statistisches Bundesamt, 2016c, S. 37f.).

Die Angaben des pädagogischen Personals zu ihrem Beschäftigungsumfang zeigen, dass in der zweiten Interventionsgruppe deutlich mehr Fachkräfte in Vollzeitbeschäftigung (38.5 und mehr Wochenstunden) angestellt waren. Teilzeitstellen mit einer Wochenarbeitszeit unter 21 Stunden kamen in beiden Interventionsgruppen ähnlich selten vor (IG1=12%; IG2=10%). Die statistische Überprüfung der vorhandenen rechnerischen Vollzeitstellen (Vollzeitäquivalent) ergab keinen signifikanten Unterschied der zentralen Tendenz (Tabelle 9). In Gesamtdeutschland liegt die Zahl des vollzeitbeschäftigten pädagogischen Personals bei 40% (Autorengruppe Fachkräftebarometer, 2017, S. 38–41). Im Verglichen dazu waren in der vorliegenden Studie deutlich mehr Fachkräfte mit 38.5 und mehr Wochenarbeitsstunden anzutreffen.

Die Mehrheit des Personals gab an, in Deutschland geboren zu sein, nämlich in der ersten Interventionsgruppe 71.1% und in der zweiten Interventionsgruppe 84.6%. In der ersten Interventionsgruppe (IG1=28.9%) waren demnach merklich mehr pädagogische Fachkräfte in einem anderen Land geboren als in der zweiten Interventionsgruppe (IG2=15.4%). Valide Vergleichsdaten zu diesem Sachverhalt liegen nicht vor. Legt man jedoch die Berechnungen der Autorengruppe Fachkräftebarometer (2017, S. 171) zugrunde, hatten im Jahr 2014 deutschlandweit 11.9% der in der frühkindlichen Bildung, Betreuung und Erziehung Tätigen Migrationshintergrund und 3.9% keine deutsche Staatsangehörigkeit. So ist anzunehmen, dass die Stichprobe der vorliegenden Studie überdurchschnittlich viele zugewanderte Fachkräfte beinhaltet.

Die deutsche Sprache wurde mehrheitlich als Muttersprache bezeichnet. 90.8% in der ersten Interventionsgruppe und 84.6% in der zweiten Interventionsgruppe nannten die deutsche Sprache ihre Muttersprache. In beiden Gruppen gaben annähernd gleich viele pädagogische Fachkräfte an, eine andere Muttersprache bzw. neben dem Deutschen noch eine weitere Muttersprache zu besitzen (IG1=19.7%; IG2=21.2%).

Der höchste berufliche Abschluss war in beiden Interventionsgruppen mehrheitlich die Erzieher/innenausbildung (oder vergleichbare Abschlüsse; hierzu zählen die Heilpädagoginnen und Heilpädagogen) (IG1=62.7%;

IG2=74.5%), gefolgt von der Kinderpfleger/innenausbildung (oder vergleichbare Abschlüsse; hierzu zählen Familienpfleger/in und Assistent/in im Sozialwesen) (IG1=30.7%; IG2=25.5%). Die „Dominanz" (König, 2016) des Erzieherberufs deckt sich mit den Zahlen für Westdeutschland (66.5% Erzieherinnen/Erzieher) (Autorengruppe Bildungsberichterstattung, 2016, S. 64f.). Akademisch ausgebildete Fachkräfte waren nur in der ersten Interventionsgruppe (IG1=6.7%) anzutreffen. Im Einzelnen fielen darunter eine Dipl.-Sozialpädagogin, eine Dipl.-Pädagogin, zwei Dipl.-Heilpädagoginnen und eine Kindheitspädagogin (Universität/Pädagogische Hochschule).

Der größte Teil der befragten Fachkräfte hatte einen Realschulabschluss/ Mittlere Reife erworben (IG1=59.2%; IG2=49.0%). Der Hauptschulabschluss/ Qualifizierende Hauptschulabschluss war in beiden Gruppen annähernd gleich verteilt (IG1=18.4%; IG2=17.6%). Über ein Abitur/Fachabitur verfügen häufiger Fachkräfte der zweiten Interventionsgruppe (IG1=21.1%; IG2=33.3%). Nur ein ausländischer Schulabschluss in der ersten Interventionsgruppe ließ sich keinem der angegebenen deutschen Abschlüsse zuordnen. Insgesamt betrachtet decken sich die Angaben zum höchsten schulischen Abschluss weitgehend mit repräsentativen bundesdeutschen Vergleichswerten (z. B. Schreyer et al., 2014). Nur der Anteil der Fachkräfte mit Abitur/Fachabitur war in der Stichprobe etwas weniger häufig, zugunsten von einem höheren Anteil an Hauptschulabschlüssen.

Aufgrund der begrenzten Projektressourcen war es nur möglich, die sprachförderrelevanten Interaktionen von zwei pädagogischen Fachkräften in zwei Kindergartengruppen pro Kindertageseinrichtung zu erfassen. In Einrichtungen mit mehr als zwei Kindergartengruppen wurden anhand einer Zufallsauswahl zwei Gruppen[58] pro Einrichtung gezogen. Insgesamt nahmen 19 Kitas und 54 Gruppen (von 3 bis 6 Jahre) an der Studie teil. Die Beobachtungsdaten betreffen somit 38 pädagogische Fachkräfte, dies entspricht einem Anteil von 65.5% aller am Projekt teilnehmenden pädagogischen Gruppenleitungen der Ausgangsstichprobe. Die Auswahl der Gruppenleitungen erfolgte nicht bezogen auf bestimmte Voraussetzungen, sondern auf Basis der rechnerischen Zufallsauswahl der Kindergartengruppen. Einziges Kriterium für die Stichprobenziehung war, dass sich in der ausgewählten Gruppe mindestens ein

---

58 Zum Begriff Gruppe: „Der Begriff der Gruppe bezeichnet einen Zusammenschluss von Kindern, der sowohl spontan als auch vorgegeben und geplant sein kann. In der traditionellen Organisationsform in Kindertageseinrichtungen ist eine bestimmte Anzahl von Kindern einer oder mehreren pädagogischen Fachkräften zugeordnet. Bei anderen Organisationsformen wie gruppenoffener Arbeit entstehen Gruppen z. B. situationsbezogen und wechseln im Tagesgeschehen entsprechend den Interessen von Kindern und der pädagogischen Angebote [...]. Unabhängig von der Organisationsform des pädagogischen Angebotes hat jedes Kind seine Bezugserzieherin" (Tietze & Viernickel, 2016, S. 266).

am IMKi-Projekt teilnehmendes Kindergartenkind befand. Die folgende Tabelle 11 zeigt ausgewählte biographische Merkmale der Gesamtstichprobe der Gruppenleitungen (N=58) und die Gegenüberstellung der zufällig ausgewählten beobachteten Teilstichprobe (N=38).

Tabelle 11: Biographische Merkmale der Gruppenleitungen und Gegenüberstellung der beobachteten Teilstichprobe

	n	Gruppenleitungen Gesamtstichprobe (GS) ($n=58$) M (SD)	Gruppenleitungen Teilstichprobe (TS) ($n=38$) M (SD)	Signifikanz im U-Test p
Alter (im Sept. 2015)	55	42.67 (11.81)	43.33 (11.71)	.48 *n.s.*
Beschäftigungsumfang	57	36.05 (7.07)	36.35 (6.64)	.84 *n.s.*
Geboren in Deutschland (0=nein;1=ja)	57	0.79 (0.41)	0.78 (0.42)	1.00 *n.s.*
Deutsche Muttersprache (0=nein;1=ja)	57	0.86 (0.35)	0.89 (0.32)	.43 *n.s.*
Höchster Berufsabschluss (Kinderpfleger/-in=1, Erzieher/-in=2, Akademischer Abschluss=3)	57	2.02 (0.23)	2.03 (0.29)	.84 *n.s.*
Höchster Schulabschluss (Hauptschule=1, Realschule=2, Abitur=3)	56	2.29 (0.49)	2.22 (0.49)	.30 *n.s.*

Datenbasis: Fachkräftebefragung W1; *Anmerkung*: Vereinzelt teilten sich zwei Fachkräfte eine Gruppenleitung (Jobsharing), deshalb liegen mehr Antworten als am Projekt teilnehmende Kita-Gruppen vor. *Exakte Signifikanz (2-seitig): p > = .05, n. s. = nicht signifikant*

Zum September 2015 waren die an der Studie teilnehmenden Gruppenleitungen im Mittel rund 43 Jahre alt, wobei das Alter von 23 bis 60 Jahren variierte. Die befragten Fachkräfte in Gruppenverantwortung arbeiteten mehrheitlich in Vollzeit oder in einer vollzeitnahen Stelle (32 bis 38.5 Stunden). Ein Großteil der Fachkräfte gab an, in Deutschland geboren zu sein (GS $n=45$; TS $n=29$). Die deutsche Sprache wurde überwiegend als die Muttersprache bezeichnet (GS $n=49$; TS $n=33$). Es gab einzelne Fachkräfte, die in Deutschland geboren sind, aber eine nichtdeutsche Herkunftssprache als ihre Muttersprache angaben. Das war vor allem bei Fachkräften mit türkischem Migrationshintergrund der Fall. Der berufliche Abschluss war fast ausnahmslos eine Erzieher/innenausbildung (oder vergleichbare Abschlüsse; hierzu zählen die Heilpädagoginnen und Heilpädagogen) an einer Fachschule oder Fachakademie (GS $n=54$; TS $n=34$). Lediglich drei Ausnahmefälle fanden sich in der Teilstichprobe: eine

Kinderpflegerin[59] und zwei Fachkräfte mit akademischen Abschlüssen (Dipl.-Sozialpädagogin und Dipl.-Pädagogin). Die schulische Laufbahn wurde bis auf wenige Ausnahmen mit dem Realschulabschluss oder der Mittleren Reife (10 Jahre Schulbesuch) abgeschlossen (GS $n=38$; TS $n=26$). Ein Abitur oder Fachabitur (12/13 Jahre Schulbesuch) war der zweithäufigste Abschluss (GS $n=17$; TS $n=9$). Die Gegenüberstellung der Gesamtstichprobe aller Gruppenleitungen mit der gezogenen Teilstichprobe lässt keine systematischen Verzerrungen erkennen.

5.3.4 Stichprobenbeschreibung der strukturellen und organisatorischen Rahmenbedingungen der Sprachförderung und Sprachbildung

Für die Evaluation der Professionalisierungsbemühungen ist es nicht unerheblich zu erfassen, unter welchen strukturellen und organisatorischen Bedingungen sprachliche Bildung und Förderung im Kontext von Mehrsprachigkeit zu Beginn der Qualifizierungsmaßnahme in den beiden Interventionsgruppen realisiert wurde. In der ersten Erhebungswelle (W1) wurden die Leitungskräfte und das pädagogische Personal zu den Rahmenbedingungen der Bildung und Förderung von Sprache(n) in ihrer Einrichtung befragt. Ziel war es Aufschluss darüber zu erhalten, welche Ressourcen im Bildungsbereich sprachliche Bildung und Mehrsprachigkeit vor Beginn der Intervention bereits innerhalb der Kindertageseinrichtungen vorhanden waren.

Die Angaben des pädagogischen Personals wurden nicht zur Bildung der Interventionsgruppen oder zur Überprüfung der Parallelisierung herangezogen und sind deshalb im Folgenden auch nicht gegenübergestellt.

Das pädagogische Personal wurde gebeten, ausgewählte Rahmenbedingungen in der Kita anhand einer vierstufigen Skala zu bewerten („zufrieden", „eher zufrieden", „eher unzufrieden", „unzufrieden"). Es standen neun vorgegebene Aspekte der pädagogischen Arbeit zur Einschätzung. Abbildung 7 zeigt die Angaben es pädagogischen Personals.

---

59 In der betreffenden Einrichtung wird nach einem offenen Konzept gearbeitet. Hier sind 10 bis 15 Kindern für die Dauer eines Kita-Jahres einer pädagogischen Mitarbeiterin (Fachkraft oder Ergänzungskraft) zugeordnet.

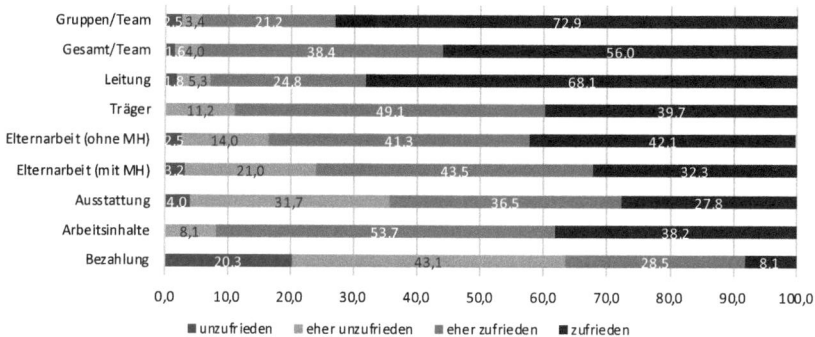

Datenbasis: Fachkräftebefragung W1; *Anmerkung*: Die Abbildung zeigt die Prozentangaben der gültigen Antworten. Variierende Fallzahlen: Gruppen/Team (*n*=118, missing: 10), Gesamt/Team (*n*=125, missing: 3), Leitung (*n*=113, missing: 15), Träger (*n*=116, missing: 12), Elternarbeit (ohne MH) (*n*=121, missing: 7), Elternarbeit (mit MH) (*n*=124, missing: 4), Ausstattung (*n*=126, missing: 2), Arbeitsinhalte (*n*=123, missing: 5), Bezahlung (*n*=123, missing: 5)

Abbildung 7: Zufriedenheit mit strukturellen Rahmenbedingungen

Mit den direkten Teammitgliedern der eigenen Kita-Gruppe waren 86 (72.9%) der pädagogischen Fachkräfte „zufrieden". „Unzufrieden" (*n*=3; 2.5%) oder „eher unzufrieden" (*n*=4; 3.4%) war nur ein kleiner Teil. Mit dem gesamten Team in der Einrichtung waren 70 (56.0%) „zufrieden". Auch hier gab es nur wenige Fachkräfte, die „unzufrieden" (*n*=2; 1.6%) und „eher unzufrieden" (*n*=5; 4.0%) waren. Mit der Leitungskraft waren mehr als zwei Drittel (*n*=77; 68.1%) des Personals „zufrieden" (missing: 15). Leitungen, welche auch im Gruppendienst tätig sind, hatten diese Frage in der Regel nicht beantwortet. Zusammengenommen überstieg der Anteil der „unzufriedenen" (*n*=2; 1.8%) und „eher unzufriedenen" (*n*=6; 5.3%) Antworten nicht einen einstelligen Prozentwert. Mit dem Träger der Einrichtung war niemand der befragten pädagogischen Fachkräfte „unzufrieden". Die Hälfte (*n*=57; 49.1%) der Mitarbeiterinnen waren diesbezüglich „eher zufrieden" und 46 (39.7%) „zufrieden". Die Bewertung der Zusammenarbeit mit Eltern wurde bei Eltern bzw. bei Familien mit und ohne Migrationshintergrund erfragt. Mehrheitlich wurde angegeben, dass man mit der Zusammenarbeit der Eltern bzw. der Elternteile „zufrieden" (ohne MH *n*=51; 42.1%; mit MH *n*=40; 32.3%) oder „eher zufrieden" (ohne MH *n*=50; 41.3%; mit MH *n*=54; 43.5%) war. Allerdings zeigen die Angaben Unterschiede in Abhängigkeit von einem Migrationshintergrund. In der Ausprägung „zufrieden" unterscheiden sich die Angaben um rund 10 Prozentpunkte, in der Ausprägung „eher unzufrieden" sind es 7 Prozentpunkte. Mit der materiellen Ausstattung der Kita waren nur 35 (27.8%) voll „zufrieden". Dementsprechend viele gaben an, „unzufrieden" (*n*=5; 4.0%) oder „eher unzufrieden" (n=40; 31.7%) zu sein. Mit den generellen Arbeitsinhalten war keine der befragten Fachkräfte „unzufrieden". Mehrheitlich wurde hier „eher zufrieden" (n=47; 53.7%) oder „zufrieden" (n=66; 38.2%) angegeben. Die Angaben zu dem Aspekt Bezahlung fallen zusammengenommen „(eher) unzufrieden" (unzufrieden: n=25; 20.3% und eher unzufrieden: n=53; 43.1%) aus. Die Zusammenarbeit mit Eltern ohne Migrationshintergrund wird besser bewertet als mit Eltern mit Migrationshintergrund. Vor dem Hintergrund der Bedeutung einer gelungenen Zusammenarbeit mit diesen Eltern/Familien lässt dieses Ergebnis auf einen erhöhten Weiterbildungsbedarf schließen.

Die pädagogischen Fachkräfte wurden außerdem gebeten, Angaben zu ausgewählten Fort- und Weiterbildungsaktivitäten in den letzten 24 Monaten zu machen. Abbildung 8 zeigt die absolute Häufigkeit der Fort- und Weiterbildungen der befragten pädagogischen Fachkräfte zu bestimmten Themen[60].

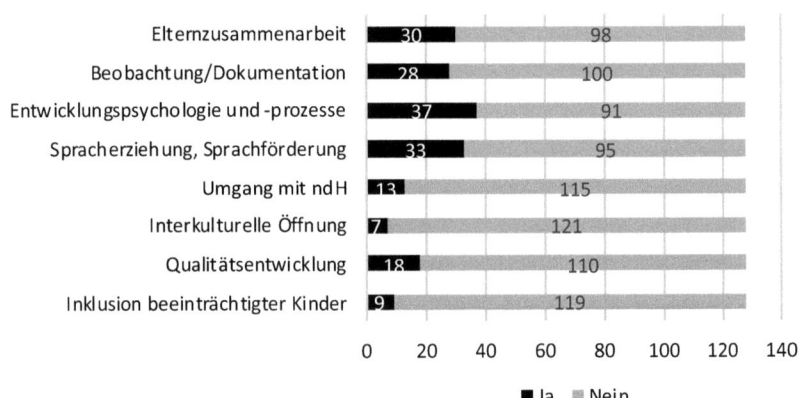

Datenbasis: Fachkräftebefragung W1; *Anmerkung*: Die Abbildung zeigt die Anzahl der „Ja" und „Nein" stimmen (n=128, missing: 0). *Abkürzung*: ndH = nichtdeutschen Herkunftssprachen

Abbildung 8: Fort- und Weiterbildungen in den letzten 24 Monaten

Die drei häufigsten Nennungen entfielen auf die Themen „Entwicklungspsychologie" (n=37), „Spracherziehung, Sprachförderung" (n=33) und „Elternzusammenarbeit" (n=30). Fort- und Weiterbildungen zum „Umgang mit nichtdeutschen Herkunftssprachen" (n=13), zur „Inklusion beeinträchtigter Kinder" (n=9) oder zur „Interkulturellen Öffnung" (n=7) der Einrichtung wurden in den letzten 24 Monaten deutlich seltener wahrgenommen. Zudem wurde eine

---

60 Leider konnten die Angaben zu dem genauen zeitlichen Umfang der Fort- und Weiterbildungen nicht ausgewertet werden, da sich die Angaben als mehrheitlich nicht zuverlässig oder nicht plausibel erwiesen.

Vielzahl an weiteren, den vorgegebenen Themen nicht zuordenbaren Fort- und Weiterbildungen genannt (z. B. Erste Hilfe Kurse, frühe mathematische Bildung, musische Früherziehung, Eingewöhnung u. a. m.). Die Themengebiete „Entwicklungspsychologie", „Spracherziehung" und „Elternzusammenarbeit" zählen zu den am häufigsten besuchten Weiterbildungsmaßnahmen. Die projektbezogenen Themen der MiKi-Weiterbildung („Unterstützung und Förderung von Kindern mit nichtdeutscher Herkunftssprache"; „Inklusion beeinträchtigter Kinder"; „Interkulturelle Öffnung") sind selten Gegenstand von Fort- und Weiterbildungen des pädagogischen Personals.

In der schriftlichen Fachkräftebefragung wurde das pädagogische Personal zu den organisatorischen Rahmenbedingungen der Bildung und Förderung von Sprache(n) befragt. Sie wurden diesbezüglich um Angaben gebeten, ob die Aktivitäten in der Gruppe auf einem bestimmten Programm (oder Konzept) beruhen. Insgesamt bejahten 73 (60.8%) von 120 gültigen Antworten dies (missing: 8). 47 (39.2%) der pädagogischen Fachkräfte verfolgen kein bestimmtes Programm (oder Konzept). Das Würzburger Trainingsprogramm zur Vorbereitung auf den Erwerb der Schriftsprache: „Hören, lauschen, lernen" (Küspert & Schneider, 2008) fand am häufigsten Anwendung. Keines der anderen genannten Programme (oder Konzepte) war bei den befragten pädagogischen Fachkräften vergleichbar populär[61].

Zudem wurde der Einsatz von Methoden der Beobachtung und Dokumentation der sprachlichen Entwicklung erfragt. Von den 123 (missing: 5) pädagogischen Fachkräften gaben 96 (78.0%) an, nach einem bestimmten Beobachtungsverfahren vorzugehen[62]. Alle, die den Sprachstand der Kinder systematisch beobachteten, wurden gebeten hinsichtlich eines Verfahrens für „alle Kinder", für „mindestens einige wenige Kinder" oder für „Kinder mit Migrationshintergrund" zu differenzieren. Die Mehrheit der pädagogischen Fachkräfte ($n=76$; 62.8%) wand die Methoden der Beobachtung und Dokumentation des Sprachstandes für alle Kinder an (missing: 7). Am häufigsten wurde hier das Beobachtungsverfahren nach „infans" (Andres & Laewen, 2011) genannt. Von den 56 schriftlichen Antworten der offenen Fragestellung nannten 28 Fachkräfte diese Beobachtungsmethode[63]. In dem nicht-normierten Beobachtungsverfahren werden die Bildungsprozesse und sozialen Beziehungen der Kinder in einem Portfolio festgehalten. Am zweit- und dritthäufigsten wurden die am *Staatsinstitut für Frühpädagogik in München* entwickelten, teilwei-

---

61 Da nicht alle der Befragten von der an dieser Stelle vorgesehenen offenen Antwortmöglichkeit Gebrauch machten, wurde auf die Angabe der Anzahl der Nennungen verzichtet.

62 Die folgenden Ergebnisse beziehen sich ausschließlich auf diejenigen Antworten, die angaben spezielle Programme/Konzepte der Bildung und Förderung von Sprache zu verwenden.

63 Es waren Mehrfachantworten möglich.

se normierten Beobachtungsverfahren „KOMPIK – Kompetenzen und Interessen von Kindern" (n=22) und „PERIK – Positive Entwicklung und Resilienz im Kindergartenalltag" (Mayr & Ulich, 2006) (n=16) angegeben.

Des Weiteren wurde gefragt, ob es Beobachtungsverfahren gibt, die nur für einige wenige Kinder angewendet werden (Gültige N=120, missing: 8). Dies verneinten 70 (58.3%) der pädagogischen Fachkräfte. In der offenen Antwortmöglichkeit wurde in diesem Bereich mehrheitlich der Bogen „SELDAK – Sprachentwicklung und Literacy bei deutschsprachig aufwachsenden Kindern" (Ulich & Mayr, 2006) genannt (n=32). Insgesamt gaben 50 (41.7%) der pädagogischen Fachkräfte an, dass sie spezielle Sprachstandsbeobachtungen für Kinder mit Migrationshintergrund einsetzen (Gültige N=120, missing: 8). Am häufigsten fand hier der Bogen „SISMIK – Sprachverhalten und Interesse an Sprache bei Migrantenkindern in Kindertageseinrichtungen" (Ulich & Mayr, 2003) Anwendung (n=33). Darüber hinaus erfolgte eine Vielzahl an weiteren Einzelnennungen (z. B. „LiSe-DaZ", „SETK 3–5" u. a. m.).

Zusammenfassend ist festzuhalten, dass mehrheitlich strukturierte Programme (z. B. „Hören, lauschen, lernen", Küspert & Schneider, 2008) und (Sprachstands-)Beobachtungsverfahren (z. B. „infans", Andres & Laewen, 2011; SELDAK, Ulich & Mayr, 2006) in der sprachpädagogischen Arbeit zum Einsatz kamen. Programme und Beobachtungsverfahren, in denen die sprachlichen Kompetenzen in der Herkunftssprache systematisch erfasst werden und dann gezielt in die Bildung und Förderung einbezogen werden, fanden sich in den untersuchten Einrichtungen nicht.

5.3.5 Erhebungsverfahren und -durchführung

Die in der vorliegenden Studie verwendeten Daten wurden durch standardisierte Beobachtungen und standardisierte schriftliche Befragungen der teilnehmenden pädagogischen Fachkräfte erhoben. Ausgehend von der theoriegeleiteten Fragestellung der vorliegenden Studie (Kapitel 4) wurden in dieser Studie Querschnitt- und Längsschnittanalysen kombiniert. In der ersten Erhebungswelle (W1) wurde zunächst inhaltlich das sprachpädagogische Handeln des pädagogischen Personals im Querschnitt ermittelt. In zwei weiteren Erhebungswellen (W2 & W3) wurden im Längsschnitt Veränderungen des professionellen Handelns im Kita-Alltag evaluiert (Abbildung 9).

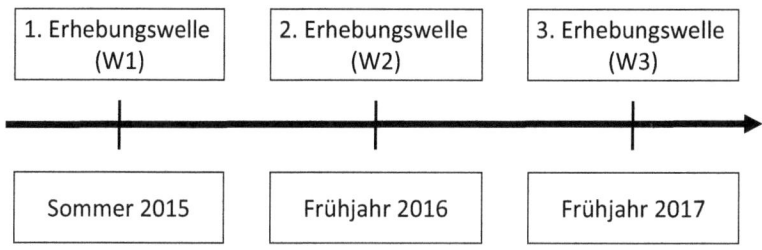

Abbildung 9: Überblick der Erhebungszeitpunkte

Die theoretische Grundlage für die Erfassung des professionellen Handelns bildet das im Kapitel 3.1.1 vorgestellte strukturell-prozessuale Qualitätsmodell und das im Kapitel 3.2.2 beschriebene frühpädagogische Kompetenzmodell. Ziel der vorliegenden Studie ist es, das sichtbare professionelle Handeln im Bildungsbereich sprachliche Bildung und Mehrsprachigkeit und deren Veränderungen im Laufe der Intervention zu erfassen. Sichtbar wird die Professionalität des pädagogischen Personals in der pädagogischen Qualität und im pädagogischen Handeln. Die hierfür verwendeten Erhebungsverfahren, die entsprechend dem erläuterten Evaluationsdesign eingesetzt wurden, sind im Folgenden im Detail dargestellt (Tabelle 12).

Tabelle 12: Eingesetzte Erhebungsverfahren auf Einrichtungsebene (W1/W2/W3)

Erhebungs-welle	Datenerhebung	Instrument	Variablen	Stichprobe (Rücklauf)
Vorab-befragung	Standardisierte Befragung	Einrichtungs-fragebogen	Strukturelle und personale Merkmale	19 (19)
W1 W2 W3	Standardisierte Befragung	Leitungsfrage-bogen	Strukturelle und personale Merkmale	19 (19) 19 (19) 19 (19)
		Fachkraftfrage-bogen	Strukturelle und personale Merkmale Einschätzung der Weiter-bildung	131 (128) 144 (131) 129 (111)
	Standardisierte Beobachtung	Ausgewählte Items der DO-RESI (Fried & Brie-digkeit, 2008)	Beziehung (4 Items); adaptive Unterstützung (4 Items); Sprachlich-kognitive Herausforderung (3 Items)	38 (38) 38 (38) 38 (38)
		REVK (Jahreiß et al., 2017)	Sprachenvielfalt in den Räumen der Kita (5 Items);	19 (19) 19 (19) 19 (19)
			Sprachenvielfalt in den Materialien der Gruppen (4 Items)	54 (54) 54 (54) 53 (53)

(1) In einer *Vorabbefragung* wurden im Frühjahr 2015 die strukturellen, organisatorischen und konzeptionellen Rahmenbedingungen aller Einrichtungsleitungen (N=19) abgefragt. In dem standardisierten Einrichtungsfragebogen wurden die generelle, personelle und strukturelle Situation der Kindertageseinrichtung und die Zusammensetzung der Gruppen ermittelt.

(2) Der *Leiterfragebogen* wurde zu allen drei Erhebungswellen eingesetzt und an alle am Projekt teilnehmenden Leitungskräfte (N=19) ausgegeben. Der Leitungsfragebogen setzt sich aus Fragen zu strukturellen Aspekten in der Kita, den Umständen der Sprachbildung und Sprachförderung bei mehrsprachig aufwachsenden Kindern und den Aufgaben der Leitungskraft zusammen. Zu allen drei Befragungszeitpunkten liegen Antworten von allen Leitungen vor.

(3) Der *Fachkraftfragebogen* wurde an alle am Projekt teilnehmende pädagogische Fachkräfte und Ergänzungskräfte zu allen drei Erhebungswellen ausgegeben. Inhaltlich wurden neben biographischen Angaben, Rahmenbedingungen, Sprachförderaktivitäten, das Interesse und der Verlauf der Weiterbildung abgefragt. Die Fragen zum Verlauf der Weiterbildung wurden in Anlehnung an Schreiber (2014) entwickelt. Aufgrund stetiger personeller Veränderungen im Laufe der Längsschnittuntersuchung war die Stichprobengröße Schwankungen unterworfen (siehe Kapitel 5.3.6). Die Grundgesamtheit der ersten Welle belief sich auf 131 im Gruppendienst tätige pädagogische Fachkräfte. Nicht mit eingerechnet waren drei Leitungen, die komplett vom Gruppendienst freigestellt sind. Diese erhielten nur den Leitungsfragebogen. Es liegen Antworten von 128 im Gruppendienst tätigen pädagogischen Fachkräften vor. In der zweiten Erhebungswelle belief sich die Grundgesamtheit auf 141 Fachkräfte. Zusätzlich füllten die drei vom Gruppendienst freigestellten Leitungen einen Teil des Fachkraftfragebogens aus. Somit ergab sich eine Grundgesamtheit von 144 Fragebögen und insgesamt 131 vorliegenden Antworten. In der dritten Welle ergab sich eine Grundgesamtheit von 129 Fachkräften (inkl. drei vom Gruppendienst freigestellte Leitungskräfte), von welchen 111 Fragebögen zurückgegeben wurden.

(4) Die sprachförderrelevanten personenbezogenen Kompetenzen wurden mit der *Dortmunder Ratingskala zur Erfassung sprachförderrelevanter Interaktionen* erfasst (DO-RESI; Fried & Briedigkeit, 2008). Für die Evaluationsstudie wurden nur solche Items ausgewählt, welche sich auf die direkte Interaktion zwischen pädagogischer Fachkraft und Kind und sprachrelevanten Aspekten beziehen. Aus der Dimension „Organisation" wurden deshalb keine Items verwendet. Bei der Dimension „Beziehung" wurden alle vier Items herangezogen

(Kontrolle, Kongruenz, empathisches Zuhören und Nähe). Aus der Dimension „adaptive Unterstützung" wurden Sensitivität, Engagement, Handlungen verbalisieren, Verständnissicherung und bei der Dimension „sprachlich-kognitive Herausforderung" wurden Vielfalt des Wortschatzes, grammatikalisch komplexer Input sowie offene Fragetechniken ausgewählt. Die Beobachtungen fanden in einem definierten Zeitraum von drei Stunden jeweils an einem Vormittag ohne außergewöhnliche Angebote (z. B. Ausflüge, Feiern, Tag der offenen Tür) statt. Zu allen drei Erhebungszeitpunkten wurde in zwei Gruppen jeder teilnehmenden Einrichtung jeweils eine Gruppenleitung beobachtet (N=38/38/38). Alle Beobachterinnen und Beobachter wurden in einer Präsenzschulung und in begleitenden Online-Seminaren auf die nicht-teilnehmende Beobachtung in der Einrichtung vorbereitet. Die DO-RESI Präsenzschulung übernahm Prof. Dr. Patrick Isele (Katholische Hochschule Nordrhein-Westfalen). Dabei wurden die theoretischen und inhaltlichen Grundlagen zur Handhabung von DO-RESI vermittelt und anhand von Videobeispielen erprobt und die Interraterreliabilität getestet. Die Übereinstimmung der Beobachtungsergebnisse wurde mit einem Master-Rater-Ergebnis verglichen. Wie in der einschlägigen Forschungsliteratur beschrieben wurde eine Abweichung von maximal einem Punkt toleriert (Fried et al., 2012, S. 149f.). Wie in der Literatur vorgeschlagen wird bei einer tolerierten Beobachterübereinstimmung (Abweichung von maximal 1 Punkt) mit dem Master-Rater von mindestens 80% eine Teilnahme an der Schulung als erfolgreich gewertet (eine Methodenkritik erfolgt in Kapitel 7.2).

(5) Durch geschulte Beobachterinnen und Beobachter wurden zu allen drei Erhebungszeitpunkten die räumlichen und materiellen Bedingungen mit dem *Ratingverfahren zur Erfassung der Sprachenvielfalt in Kindertageseinrichtungen* eingeschätzt (REVK). Alle Beobachterinnen und Beobachter (Studierende der Kindheitspädagogik/Sonderpädagogik an der KU Eichstätt-Ingolstadt/PH Heidelberg) wurden von Mai bis Juni 2015 in einem wöchentlich stattfindenden Online-Seminar darauf vorbereitet. Neue Beobachterinnen und Beobachter in der zweiten und dritten Erhebungswelle wurden jeweils von Januar bis Februar 2016 und 2017 in der Handhabung des Instrumentes geschult.

Die fachliche Grundlage für das REVK-Ratingverfahren bildet der *Nationale Kriterienkatalog* und hier insbesondere der Qualitätsbereich „Kulturelle Vielfalt" (Tietze & Viernickel, 2007, S. 193–206)[64]. Im Qualitätsbereich „Kul-

---

64 Inzwischen liegt der Nationale Kriterienkatalog in einer vollständig überarbeiteten und aktualisierten Fassung vor (Tietze & Viernickel, 2016). Im Qualitätsbereich „Sprache, Mehrsprachigkeit und Bilinguale Erziehung" wird nun das Thema Mehrsprachigkeit explizit behandelt (siehe Kapitel 3.1.3). Zu Studienbeginn stand die neue Auflage noch nicht zur Verfügung.

turelle Vielfalt" (ebd., S. 194–203) werden Merkmale für beste pädagogische Fachpraxis in sprachlich und kulturell vielfältigen Situationen beschrieben. Zu den räumlichen Bedingungen heißt es einleitend: „Kulturelle Vielfalt zeigt sich in allen Bereichen der Einrichtung, beispielsweise indem alle vertretenden Familienkulturen durch Fotos sowie Gegenstände aus den verschiedenen Familien oder mehrsprachige Informationstafeln sichtbar und erlebbar gemacht werden" (ebd., S. 194). Unter dem Leitgesichtspunkt „Räumliche Bedingungen" werden hierzu acht Merkmale beschrieben. Zur Gestaltung des Eingangs der Kita heißt es beispielsweise: „Bereits im Eingangsbereich wird die soziale Vielfalt der Einrichtung deutlich, z. B. durch eine Tafel, auf der unterschiedliche Familien von Kindern in der Einrichtung abgebildet werden oder durch Begrüßungsworte in allen vertretenen Sprachen" (Tietze & Viernickel, 2007, S. 195). Darauf aufbauend entwickelten Tietze und sein Team (2013) für jeden Qualitätsbereich „Checklisten zur Selbstevaluation". Zu den räumlichen Bedingungen im Qualitätsbereich „Kulturelle Vielfalt" werden bei Tietze et al. (2013) drei Merkmale genannt:

1. Es gibt im Eingangsbereich der Einrichtung eine Tafel mit Informationen über die vertretenen Kulturen sowie deren Feste und Feiertage.
2. Es gibt einen Speiseplan, der in allen vertretenen Sprachen über Bestandteile der Speisen informiert.
3. Es gibt im Gruppenraum eine Fotowand zu allen Kindern und ihren Familien mit Informationen über ihren Herkunftsort. (S. 208)

Aus den im *Nationalen Kriterienkatalog* beschriebenen acht Merkmalen wurden drei beobachtbare Indikatoren operationalisiert. Skaliert sind diese drei Items in sechs Abstufungen („überhaupt nicht/nie", „weniger/selten", „teilsteils", „zu einem guten Teil/häufiger", „überwiegend/fast immer", „voll & ganz/immer"). Allerdings werden die Ausprägungen an keiner Stelle definiert. Deshalb ist die Skalierung für eine intersubjektiv überprüfbare Vorgehensweise nicht geeignet. In Anlehnung an den *Nationalen Kriterienkatalog* (Tietze & Viernickel, 2007, S. 195) und an die *Checkliste zur Selbstevaluation* (Tietze, 2013, S. 208) wurden fünf Items operationalisiert und in der Praxis erprobt, welche im REVK-Rating in der Dimension „Sprachenvielfalt in den Räumen der Kindertageseinrichtung" zusammengefasst sind (Tabelle 13).

Tabelle 13: Sprachenvielfalt in den Räumen der Kindertageseinrichtung

1. Im Eingangsbereich der Einrichtung wird die Sprachenvielfalt der Kinder und ihrer Familienmitgliedern deutlich (z. B. durch Begrüßungsworte in den vertretenen Sprachen).

2. Die verschiedenen Sprachen der Kinder und ihrer Familienmitgliedern sind in der gesamten Einrichtung optisch präsent (z. B. durch Beschriftungen oder Hinweisschilder in den vertretenen Sprachen)

3. Bei schriftlichen Mitteilungen an Wänden/Pinnwänden/Flächen werden in der gesamten Einrichtung die vertretenen Sprachen berücksichtigt (z. B. durch Schriftstücke mit mehrsprachigen Ankündigungen und Aushänge).

4. In der Einrichtung gibt es für alle gut erkennbar Informationen zu den Migrationsgeschichten (auch Binnenmigration), Herkunftsländern, Nationalitäten, Sprachen und Dialekten, die in den Familien der Kinder vertreten sind (z. B. Poster/Tafel mit Informationen über die vertretenen Sprachen und Kulturen)

5. In der Einrichtung liegen Zeitschriften und Informationsmaterialien für Eltern in den vertretenen Sprachen aus (z. B. Elterninformationen zur Mehrsprachigkeit)

Das Rating sieht eine vierstufige Skalierung vor: (1) „wird gar nicht berücksichtigt", (2) „wird kaum berücksichtigt", (3) „wird überwiegend berücksichtigt", (4) „wird überall berücksichtigt". Es wurde bewusst eine gerade Anzahl an Ausprägungen gewählt, um eine klare Einschätzung herbeizuführen (Aeppli, Gasser, Gutzwiller & Tettenborn, 2014, S. 171). Für jede der 4 Abstufungen wurden die Ausprägungsmerkmale definiert (Tabelle 14) und in der Praxis erprobt. Eine Überprüfung der Interrater-Reliabilität ergab eine prozentuale Übereinstimmung von 80%. Der zufallsbereinigte Cohens-Kappa-Koeffizienten beträgt für alle Items $\kappa = .64$. Werte zwischen .60 und .75 gelten laut Döring und Bortz (2016) als eine gute Konkordanz (eine Methodenkritik erfolgt in Kapitel 7.2).

Zudem wird in dem Ratinginstrument die Sprachenvielfalt in den Materialien der einzelnen Gruppen anhand von vier Items erfasst. Es wird durch die Beobachterinnen und Beobachter die vorhandene Anzahl an Materialien (z. B. mehrsprachige Bücher, mehrsprachige auditive Medien) festgehalten, wie viele davon frei zugänglich sind und in welcher Sprache die Materialien verfügbar sind. Es werden hier sogenannte „didaktisierte Materialien" erfasst (u. a. Kinderbücher und Hörbücher). Diese unterscheiden sich im Gegensatz zu „authentischen Materialien" (z. B. Spielsachen, Handpuppen, Verkleidungsutensilien) dadurch, dass sie „… nach einer lehrwerkangemessenen sprachlichen oder inhaltlichen Progression gestaltet sind" (Rüschoff & Wolff, 1999, S. 61). Authentische Materialien verfolgen kein genuines didaktisches Ziel, können aber ebenso wie didaktisierte Materialien eingesetzt werden. Sie werden nicht in dem REVK-Ratingverfahren erfasst.

Tabelle 14: Beschreibung der REVK-Skalenstufen

- Die *Skalenstufe 1* wird immer dann ausgewählt, wenn die beschriebenen räumlichen Be- dingungen die Sprachenvielfalt und Mehrsprachigkeit der Kinder und ihrer Familien *gar nicht berücksichtigen*. Durch die räumlichen Bedingungen in der Einrichtung wird die gegebene Sprachenvielfalt der Kinder und ihrer Familienangehörigen *nicht* sichtbar, d. h. in Abbildungen und Schriftstücken werden die nichtdeutschen Sprachen und Kulturen nicht sichtbar, obwohl viele Kinder mit Migrationshintergrund in der Kindertagesein- richtung betreut werden.

- Die *Skalenstufe 2* wird immer dann ausgewählt, wenn die beschriebenen räumlichen Bedingungen die Sprachenvielfalt und Mehrsprachigkeit der Kinder und ihrer Familien *kaum berücksichtigen*. Durch die räumlichen Bedingungen in der Einrichtung wird eine gewisse Sprachenvielfalt sichtbar und erlebbar, d. h. es sind in der Einrichtung *einzelne* Elemente von Sprachenvielfalt und Mehrsprachigkeit sichtbar, jedoch bezogen auf die Zusammensetzung der Kinder in der Einrichtung deutlich unterrepräsentiert.

- Die *Skalenstufe 3* wird immer dann ausgewählt, wenn die beschriebenen räumlichen Bedingungen die Sprachenvielfalt und Mehrsprachigkeit der Kinder und ihrer Familien *überwiegend berücksichtigen*. Durch die räumlichen Bedingungen in der Einrichtung werden die verschiedenen Herkunftssprachen der Kinder sichtbar und erlebbar, d. h. die räumlichen Bedingungen sind so angepasst, dass die Sprachenvielfalt der *Mehrzahl* der Kinder und ihrer Familienangehörigen in der Kindertageseinrichtung berücksichtigt wird.

- Die *Skalenstufe 4* wird immer dann ausgewählt, wenn die beschriebenen räumlichen Bedingungen die Sprachenvielfalt und Mehrsprachigkeit der Kinder und ihrer Familien *überall berücksichtigen*. Die Sprachenvielfalt wird durchgängig in allen Bereichen der Kindertageseinrichtung sichtbar und erlebbar. Die räumlichen Bedingungen in der Ein- richtung sind so angepasst, dass möglichst *alle* Kinder von den Sprachen der anderen Kinder profitieren können.

Die Items für die REVK-Dimension „Sprachenvielfalt in den Materialien der Gruppe" sind ebenfalls an den *Nationalen Kriterienkatalog* (Tietze & Vierni- ckel, 2007, S. 195) und an die *Checkliste zur Selbstevaluation* (Tietze, 2013, S. 208) angelehnt (Tabelle 15).

Tabelle 15: Sprachenvielfalt in den Materialien der Gruppe

1. Es gibt deutschsprachige Kinder- und Märchenbücher aus den jeweiligen Kultur- und Sprachkreisen der Kinder.

2. Es gibt Bücher in anderen Sprachen als Deutsch.

3. Es gibt mehrsprachige Bücher (deutsch und andere Sprache bzw. Sprachen).

4. Es gibt einen Bereich für die Nutzung von auditiven Medien (CDs, Hörspiele, Musik, Tonbandkassetten, sonstige Tonquellen) in den nichtdeutschen Herkunftssprachen der Kinder.

Das erste Item bezieht sich auf das Vorhandensein von deutschsprachigen Kinder- und Märchenbüchern aus den jeweiligen Kultur- und Sprachkreisen der Kinder. Hierunter fallen Bücher, in welchen die sprachliche und/oder kulturelle Verschiedenartigkeit sichtbar wird. Im zweiten Item werden nichtdeutschsprachige Bücher, im dritten Item zwei- und mehrsprachige Bücher und im vierten Item auditive nichtdeutschsprachige Medien (z. B. CDs, Hörspiele, Musik u. a. m.) erfasst. Die räumlichen Bedingungen wurden in allen Kitas zu allen drei Erhebungszeitpunkten (N=19) eingeschätzt. Die Materialien in den einzelnen Gruppen wurden ebenfalls zu allen drei Zeitpunkten (N=54/54/53) erfasst.

5.3.6 Beschreibung der Stichprobenentwicklung

Zu einem Ausfall von ganzen Einrichtungen oder Kindergartengruppen kam es in der ersten Förderphase des Projektes von Oktober 2014 bis September 2017 nicht. Allerdings beteiligte sich eine Einrichtung der ersten Interventionsgruppe nach einem Wechsel der Leitung im April 2016 nicht weiter an der Weiterbildung. Die letzte Erhebungswelle im Frühjahr 2017 konnte jedoch noch durchgeführt werden. Außerdem waren nicht alle pädagogischen Fachkräfte von Beginn der Studie im Jahr 2015 bis zur letzten Datenerhebung im Jahr 2017 für die Befragung bzw. Beobachtung verfügbar. Gründe hierfür sind längere Krankheiten, Mutterschutz, Elternzeit oder Wechsel der Arbeitsstelle. Hohe Ausfälle im Laufe der Studie kann die Aussagekraft der quantitativen Datenanalyse erheblich einschränken (Rost, 2013, S. 200). Im Nachfolgenden wird deshalb die Stichprobenentwicklung der beobachteten pädagogischen Fachkräfte in der Grundgesamtheit und in der Teilstichprobe zu den drei Erhebungszeitpunkten analysiert.

Die Grundgesamtheit zur ersten Erhebungswelle im Sommer 2015 belief sich auf 131 Fachkräfte. Von diesen lagen 128 Antworten zu den biographischen Merkmalen vor. Nicht mit eingerechnet sind drei Leitungen, welche komplett vom Gruppendienst freigestellt sind. Von den 128 Antworten entfielen 76 auf die erste Interventionsgruppe und 52 auf die zweite Interventionsgruppe (Tabelle 16).

Zur zweiten Erhebungswelle im Frühjahr 2016 erhöhte sich die Grundgesamtheit auf 144 Mitarbeiterinnen und Mitarbeiter. Berücksichtigt wurden hier ebenfalls ausschließlich die Angaben der 141 im Gruppendienst tätigen Fachkräfte. Von diesen lagen 133 Antworten vor, dabei gehörten 76 der ersten und 57 der zweiten Interventionsgruppe an (Tabelle 16). In der zweiten Erhebungswelle kam es auf Seiten des pädagogischen Personals zu vereinzelten

Ausfällen. Die Hauptursachen waren Stellenwechsel und Beschäftigungsverbote aufgrund von Schwangerschaft. Stattdessen wurden insgesamt 32 neue pädagogische Fachkräfte in das Sampling aufgenommen (Tabelle 16).

Zur dritten Erhebungswelle im Frühjahr 2017 gehörten 126 pädagogische Fachkräfte (ohne drei vom Gruppendienst freigestellte Leitungskräfte) der Grundgesamtheit an. Von den 122 vorliegenden Antworten zu den biographischen Merkmalen entfielen 72 auf die erste und 50 auf die zweite Interventionsgruppe. Auch in hier war ein Stichprobenausfall zu verzeichnen. Es wurden hierfür 16 neue pädagogische Fachkräfte aufgenommen. Um potenzielle Stichprobenverzerrungen im Verlauf der Studie auszuschließen, werden im Folgenden die Veränderungen des pädagogischen Personals hinsichtlich biographischer Merkmale deskriptiv dargestellt (Tabelle 16).

Tabelle 16: Stichprobenentwicklung des pädagogischen Personals im Gruppendienst (W1/W2/W3)

	W1 (n=128)		W2 (n=133)		W3 (n=122)	
	IG1 (n=76)	IG2 (n=52)	IG1 (n=76)	IG2 (n=57)	IG1 (n=72)	IG2 (n=50)
	M (SD)		M (SD)		M (SD)	
Alter (Sept. 2015)	41.18 (11.92)	36.82 (13.70)	40.93 (11.80)	35.18 (13.95)	40.77 (11.43)	36.21 (13.51)
Geboren in Deutschland (0 = nein, 1 = ja)	0.71 (0.46)	0.85 (0.36)	0.72 (0.45)	0.82 (0.38)	0.72 (0.45)	0.82 (0.39)
Deutsche Muttersprache (0 = nein, 1 = ja)	0.91 (0.29)	0.85 (0.36)	0.88 (0.33)	0.81 (0.40)	0.89 (0.32)	0.80 (0.40)
Höchster Berufsabschluss (Kinderpfleger/-in = 1, Erzieher/-in = 2, Akademischer Abschluss = 3)	1.76 (0.57)	1.75 (0.44)	1.77 (0.59)	1.75 (0.48)	1.70 (0.55)	1.82 (0.49)
Höchster Schulabschluss (Hauptschule = 1, Realschule = 2, Abitur = 3)	2.03 (0.64)	2.16 (0.70)	2.04 (0.65)	2.21 (0.71)	2.12 (0.63)	2.23 (0.69)

Datenbasis: Fachkräftebefragung W1/W2/W3; *Anmerkung*: Die Tabelle zeigt Mittelwert und Standardabweichung der jeweils gültigen vorliegenden Antworten zu den drei Erhebungszeitpunkten.

Die Tabelle 16 zeigt die Stichprobenentwicklung hinsichtlich der biographischen Merkmale in den beiden Interventionsgruppen. Bezogen auf Alter, Herkunft, Sprache, beruflicher und schulischer Qualifikation des pädagogischen Personals lässt sich keine Stichprobenverzerrung erkennen. Die Stichprobe zur zweiten und dritten Erhebungswelle unterscheidet sich nicht wesentlich von der Ausgangsstichprobe.

Auch bei der standardisierten Beobachtung mit DO-RESI kam es zu vereinzelten Ausfällen des pädagogischen Personals. Aus forschungsökonomischen Gründen wurden in jeder teilnehmenden Einrichtung unabhängig von der Anzahl der Kindergartengruppen zwei Gruppenleitungen zu allen drei Erhebungswellen beobachtet. Wenn eine der zufällig ausgewählten Gruppenleitungen nicht mehr in der Einrichtung arbeitete, wurde die neue Leitung derselben Gruppe einbezogen. Somit wurden zu jedem Erhebungszeitpunkt 38 pädagogische Fachkräfte mit DO-RESI beobachtet. In der zweiten Erhebungswelle kam es zu fünf Ausfällen. Vier sind damit begründet, dass die jeweilige pädagogische Fachkraft nicht mehr für die entsprechende Kita arbeitete und ein weiterer durch einen Wechsel innerhalb der Einrichtung. Anstelle dieser Personen wurde jeweils die Nachfolgerin in der Gruppenleitung beobachtet. In der dritten Erhebungswelle kam es zu drei Ausfällen. Gründe hierfür waren: ein schwangerschaftsbedingtes Beschäftigungsverbot, ein Wechsel innerhalb der Einrichtung und ein Stellenwechsel. Der Ausfall im Studienverlauf erfolgte in beiden Interventionsgruppen in gleichem Umfang und stellte sich wie folgt dar (Tabelle 17).

Tabelle 17: Stichprobenentwicklung bei der Beobachtung mit DO-RESI

		W1 (*N*=38)	W2 (*N*=38)	W3 (*N*=38)
Interventionsgruppen		*Häufigkeit*	*Häufigkeit*	*Häufigkeit*
IG1	Sample	20	20	20
	Verlust	-	2	2
IG2	Sample	18	18	18
	Verlust	-	3	1

Datenbasis: DO-RESI-Beobachtung (W1/W2/W3)

In einer Gruppe wechselte zu allen drei Erhebungszeitpunkten die pädagogische Fachkraft. Von 31 pädagogischen Fachkräften existieren somit vollständige Beobachtungsdatensätze, d. h. ein DO-RESI-Rating zu allen drei Erhebungszeitpunkten.

5.3.7 Datenanalyseverfahren

Die Forschungsfragen dieser Studie gliedern sich in einen querschnittlichen und einen längsschnittlichen Fragenkomplex (Kapitel 4). Je nach Art der Fragestellung werden unterschiedliche statistische Verfahren verwendet. Die Auswertung der querschnittlich angelegten Fragestellungen erfolgt überwiegend auf Basis deskriptiver univariater Analysemethoden, insbesondere mit Hilfe von Häufigkeitsauszählungen, der Berechnung von Kennwerten und deren Verteilung. Univariate Analyseverfahren werden beispielsweise bei Kuckartz, Rädiker, Ebert und Schehl (2013) und Tachtsoglou und König (2017) ausführlich beschrieben.

Im längsschnittlichen Teil der Studie werden Veränderungen im Verlauf der Intervention analysiert und der Vergleichsgruppe gegenübergestellt. Je nach Stichprobengröße, Messniveau (Nominal-, Ordinal-, Intervall- und Ratioskalen) und mathematisch-statistischen Voraussetzungen werden verschiedene bivariate und multivariate Analyseverfahren angewendet. Mittelwertvergleiche der beiden Interventionsgruppen werden bei Erfüllung der mathematisch-statistischen Voraussetzungen mit dem t-Test durchgeführt (siehe Kuckartz et al., 2013). Die Verwendung des t-Tests für unabhängige und abhängige Stichproben gilt – bei entsprechender Stichprobengröße ($N \geq 30$) – auch bei einer nicht vorliegenden Normalverteilung als unproblematisch (Bortz & Schuster, 2010; Döring & Bortz, 2016). Als nichtparametrisches Äquivalent zum t-Test kommt der Mann-Whitney-U-Test für unabhängige Stichproben zum Einsatz (siehe Bortz, Lienert & Boehnke, 2008). Zum Vergleich von mehr als zwei Mittelwerten werden einfaktorielle und mehrfaktorielle Varianzanalysen mit oder ohne Messwiederholung angewendet (siehe Kuckartz et al., 2013). Als Pendant zur Varianzanalyse mit Messwiederholung findet der Friedman-Test für verbundene Daten mit mehr als zwei Messwiederholungen Verwendung (siehe Bortz et al., 2008). Für das in dieser Studie gewählte DO-RESI-Ratingverfahren wird angenommen, dass die Skalen über ein metrisches Messniveau verfügen (zur Diskussion der Vor- und Nachteile siehe z. B. Baur & Fromm, 2008, S. 279–289). Dies entspricht dem üblichen Vorgehen einer pragmatisch ausgerichteten empirischen Sozial- und Bildungsforschung (z. B. Döring & Bortz, 2016, S. 244–256).

Diese ausgewählten statistischen Testverfahren dienen dazu, Unterschiede zwischen zwei Stichproben (Interventionsgruppe 1 & 2), Veränderungen im Projektverlauf (Erhebungszeitpunkt W1/W2/W3) und Zusammenhänge zwischen zwei oder mehreren Merkmalen auf ihre Bedeutsamkeit hin zu überprüfen. Für die Beurteilung des Signifikanzniveaus gelten in der Studie folgende Bezeichnungen: Das Signifikanzniveau wird mit 5% (.05) festgelegt. Das heißt, alle p-Werte über dem 5%-Niveau werden als nicht signifikant (n. s.) und alle unterhalb dieser Schwelle als signifikant bezeichnet (*). p-Werte unterhalb von 1% (.01) werden als sehr signifikant (**), p-Werte unterhalb 0.1% (.001) werden als höchst signifikant (***) ausgegeben. Die Darstellung der statistisch signifikanten Effektgröße (Effektstärke) orientiert sich an der Einteilung von Cohen (1988). Eine Korrelation von r größer .10 wird als schwach, ab .30 als mittel und ab .50 als starker Effekt bezeichnet (siehe hierzu auch Döring

& Bortz, 2016, S. 669). Das Effektstärkemaß partielle Eta^2 (η_p^2), welches bei einer varianzanalytischen Untersuchung berechnet wird, gilt in Anlehnung an Cohen (1988) bei .01 als kleiner Effekt, Werte zwischen .06 und .14 stehen für einen mittleren Effekt und größere Werte bezeichnen einen starken Effekt (Ellis, 2010). Alle Berechnungen wurden mit Hilfe des Analyseprogrammes *IBM SPSS Statistics Version 24* durchgeführt. Wenn nicht anders angegeben, wurden fehlende Werte fallweise aus den Berechnungen ausgeschlossen.

6 Ergebnisse

Im folgenden Kapitel wird über die querschnittlichen (Kapitel 6.1) und längsschnittlichen (Kapitel 6.2) Ergebnisse der Studie berichtet. Ziel ist es, das beobachtbare sprachpädagogische Handeln des Personals in den teilnehmenden Kitas mit hohem Anteil an mehrsprachig aufwachsenden Kindern auf der Ebene der Interaktionen, der Raumgestaltung und der Materialauswahl zunächst vor Interventionsbeginn darzustellen und daran anschließend im Prä-Post-Vergleich Veränderungen des sprachpädagogischen Handelns herauszuarbeiten.

6.1 Ergebnisse der Querschnittsanalyse

In den wenigen publizierten Studien zur sprachlichen Bildung unter Bedingungen von Mehrsprachigkeit wird ein erhöhter Professionalisierungsbedarf des pädagogischen Personals ausgemacht (Kapitel 3.2.4). Entsprechend der aufgestellten Forschungsfragen und theoretischen Vorüberlegungen (Kapitel 4) ist die Darstellung der Befunde in die Untersuchungsbereiche „Sprachliche Interaktionen des pädagogischen Personals" (Kapitel 6.1.1), „Sprachenvielfalt in der Raumgestaltung" (Kapitel 6.1.2) und „Zwei- und mehrsprachige Materialien" (Kapitel 6.1.3) gegliedert.

6.1.1 Sprachliche Interaktionen des pädagogischen Personals

Wie interagiert das pädagogische Personal mit ein- und mehrsprachig aufwachsenden Kindern in Kindertageseinrichtungen? Zur Beantwortung dieser Forschungsfrage wurde die *Dortmunder Ratingskala zur Erfassung sprachförderrelevanter Interaktionen* (DO-RESI, Fried & Briedigkeit, 2008) eingesetzt. Alle DO-RESI-Beobachtungen fanden vor Beginn der Weiterbildung statt. Die sprachförderrelevanten Interaktionen des pädagogischen Personals wurden drei Stunden lang an einem Vormittag durch geschulte Beobachterinnen und Beobachter eingeschätzt (Kapitel 5.3.5). Begonnen wurde in dem Zeitraum von 8:00 Uhr bis 9:15 Uhr. Das Ende der Beobachtungen lag zwischen 11:00 Uhr und 12:15 Uhr. Insgesamt waren in dem Beobachtungszeitraum im Mittel 21.39 (SD=7.80) Kinder und 2.79 (SD=1.58) pädagogische Mitarbeiterinnen und Mitarbeiter anwesend. In der folgenden Tabelle ist die deskriptive Statistik und die Skalenanalyse der Prä-Erhebung mit DO-RESI im Einzelnen dargestellt (Tabelle 18).

Tabelle 18: Deskriptive Statistik und Skalenanalyse DO-RESI

	N	M (SD)	Min	Max	Item-Skala Korrelation C.A.
Beziehung	**38**	**5.58 (0.96)**	**3.25**	**7.00**	**.73**
Kontrolle	38	5.92 (1.12)	3	7	.67
Kongruenz	38	4.76 (1.13)	3	7	.60
Empathisches Zuhören	38	5.79 (1.74)	2	7	.43
Nähe	38	5.84 (1.03)	4	7	.50
Adaptive Unterstützung	**38**	**4.94 (1.02)**	**2.50**	**7.00**	**.71**
Sensitivität	38	5.34 (1.55)	2	7	.51
Engagement	38	4.92 (1.36)	2	7	.71
Handlungen verbalisieren	38	4.76 (1.36)	2	7	.36
Verständnissicherung	38	4.74 (1.29)	1	7	.43
Sprachlich-kognitive Herausforderung	**38**	**4.18 (1.36)**	**1.33**	**6.67**	**.73**
Vielfalt des Wortschatzes	38	3.24 (1.58)	1	7	.57
Grammatikalisch komplexer Input	38	4.58 (1.94)	1	7	.70
Offene Fragen	38	4.74 (1.48)	1	7	.45
Gesamtskala	**38**	**4.97 (0.98)**	**2.64**	**6.73**	**.88**

Datenbasis: DO-RESI Beobachtung W1; *Abkürzung*: C.A. = Cronbach's alpha

Gemäß der DO-RESI-Autorinnen sind die sieben Abstufungen folgendermaßen zu interpretieren:

> „Die Qualitätsstufen 1 und 2 bezeichnen ein Verhalten, das der Korrektur bedarf; die Qualitätsstufe 3 kennzeichnet die minimalen Bedingungen für gelungene Interaktionen. Auf den Qualitätsstufen 4 bis 6 wird ein Verhalten beschrieben, das darüber hinausgeht, aber noch mehr oder weniger ausbaufähig ist. Schließlich werden auf der Qualitätsstufe 7 Kennzeichen für ein exzellentes Verhalten genannt." (Fried & Briedigkeit, 2008, S. 18f.)

Demnach zeigt das beobachtete pädagogische Personal mit einem durchschnittlichen Mittelwert von 4.97 (*SD*=0.98) in den eingesetzten Items eine gute, aber ausbaufähige Sprachförderkompetenz. Werden die zu drei Dimensionen zusammengefassten Items miteinander verglichen, werden deutliche Unterschiede im sprachförderrelevanten Handeln sichtbar. Während das pädagogische Personal in den Beziehungsaspekten (BEZ=5.58) eine gute Handlungskompetenz aufweist, stellen sich die adaptive Unterstützung (UST=4.94) und die sprachlich-kognitive Herausforderung (HRF=4.18) als ausbaufähig dar. Die Überprüfung der internen Konsistenz der Gesamtskala und der Qualitätsdimensionen (BEZ, UST, HRF) mit Cronbach's alpha (Cronbach, 1951) kann als akzeptabel bis gut angesehen werden. Als Schwellenwert für die interne Konsistenz einer Skala wird gewöhnlich ein Alpha-Wert von über .70 angenommen (z. B. Schmitt, 1996; Kuckartz et al., 2013). Für die 11 ausgewählten Items wird ein Alpha-Gesamtwert von .88 erreicht. Auch bei den Teilskalen liegt kein Wert unterhalb von .70 (BEZ=.73; UST=.71; HRF=.73) (zur Überprüfung der Hauptgütekriterien des gesamten Skala „Sprachförderkompetenz" siehe auch Fried & Briedigkeit, 2008, S. 29f.).

Zur Identifikation von ausbaufähigen Sprachförderkompetenzen werden im Folgenden die 11 eingeschätzten Items und deren 7-stufigen Item-Ausprägungen (Qualitätsstufen von 1 = unzureichend bis 7 = exzellent) der drei Qualitätsdimensionen (BEZ; UST; HRF) genauer betrachtet.

Dimension Beziehung (BEZ): Das Item „Kontrolle" ist insgesamt betrachtet das am besten bewertete Merkmal der gesamten Sprachförderkompetenz-Skala (M=5.92, SD=1.12). „Dieses Item richtet den Blick auf den Grad der Kontrolle über die Kinder..." (Fried & Briedigkeit, 2008, S. 20). Die beobachteten pädagogischen Fachkräfte zeigen hier mehrheitlich eine gute Qualität. Eine exzellente Bewertung scheitert mehrheitlich jedoch an den beiden Indikatoren: „Die Erzieherin schafft Situationen, die selbstständiges Handeln der Kinder besonders fördern bzw. provozieren." und „Die Erzieherin verdeutlicht Kindern, welche verschiedenen Optionen sie haben und hilft ihnen dabei, die für sie richtige Wahl zu treffen..." (Fried & Briedigkeit, 2008, S. 37). Das Item „Kongruenz", also die Übereinstimmung von verbaler und nonverbaler Kommunikation[65], hat in der Beziehungsdimension den geringsten Durchschnittswert (M=4.76, SD=1.13). Die Werte liegen mehrheitlich zwischen minimaler und guter Qualität. Die am häufigsten nicht beobachteten Indikatoren sind: „Die Erzieherin spricht mit den Kindern darüber, wie unterschiedliche Gefühle sprachlich und mit Gestik, Mimik ausgedrückt werden" und „Die Erzieherin macht Angebote, in denen die Kinder provoziert werden, mimische, gestische Mittel einzusetzen bzw. einzuüben..." (Fried & Briedigkeit, 2008, S. 38). Das Item „Empathisches Zuhören" wird mehrheitlich als gut eingeschätzt (M=5.79, SD=1.74). „Die Indikatoren dieses Items ermitteln, ob die Erzieherin den Kindern, mit denen sie gerade spricht, jeweils deutlich vermittelt, dass sie aufmerksam und mitfühlend zuhört" (Fried & Briedigkeit, 2008, S. 20f.). Die Varianz in diesem Item reicht von korrekturbedürftigem bis hin zu exzellentem Verhalten. Für eine sehr gute Bewertung müssen folgende beide Indikatoren in der Praxis deutlich sichtbar werden: „Die Erzieherin spiegelt

---

65 „Zu nonverbalen Kommunikationsmöglichkeiten zählen z. B. Mimik, Gestik, Haltung, Blickkontakt, Distanz, Berührung" (Fried & Briedigkeit, 2008, S. 38).

wider, was ihr ein Kind berichtet, z. B. zeigt sie Freude und Stolz, wenn ihm etwas gelungen ist…" und „Die Erzieherin bringt sprachlich zum Ausdruck, dass sie Freude bzw. Interesse an dem hat, was ein Kind ihr erzählt" (Fried & Briedigkeit, 2008, S. 39). Das Item „Nähe" wird ebenfalls mehrheitlich als gut eingeschätzt (M=5.84, SD=1.03). „Hier geht es darum, ob bzw. wieweit die Erzieherin es in der Interaktion mit Kindern schafft, situations- und kindgerecht Nähe und/oder Distanz zu gewährleisten…" (Fried & Briedigkeit, 2008, S. 21). Keine der beobachteten pädagogischen Fachkräfte lässt hier eine unzureichende oder minimale Qualität erkennen. Für eine exzellente Bewertung in diesem Bereich bedarf es einer Verbesserung in folgenden beiden Indikatoren: „Die Erzieherin nutzt je nach Kind und Situation unterschiedliche Möglichkeiten, geistige Nähe hervorzuheben …" und „Die Erzieherin verbalisiert Bedürfnisse oder Emotionen der Kinder und versichert sich anschließend, ob ihre Annahme stimmt…" (Fried & Briedigkeit, 2008, S. 40).

Adaptive Unterstützung (UST): Dies umfasst genau auf das Kind abgestimmte Unterstützungstechniken. Der Gesamtwert für die UST-Dimension fällt mit 4.94 (SD=1.02) deutlich geringer aus als die zuvor beschriebene BEZ-Dimension. Bei dem Item „Sensitivität" wird erhoben, „… wie sensitiv die Erzieherin auf die bewusst oder unbewusst ausgesendeten Signale der Kinder reagiert, mit denen sie ihre Befindlichkeiten ausdrücken" (Fried & Briedigkeit, 2008, S. 21). Die Beobachteten zeigen hier mehrheitlich eine gute Qualität (M=5.34, SD=1.55). Der Indikator, der am häufigsten als nicht zutreffend bewertet wird, ist folgender: „Die Erzieherin hilft Kindern, die Signale von Erwachsenen und Kindern zu erfassen und zu deuten, z. B. führt Gespräche über Möglichkeiten, einen Wunsch zu signalisieren" (Innerhalb der Item-Ausprägung „Exzellent") (Fried & Briedigkeit, 2008, S. 41). Beim Item „Engagement", „… stellt sich die Frage, wie interessiert und engagiert sich die Erzieherin auf die Kinder einlässt" (Fried & Briedigkeit, 2008, S. 21). Das beobachtete Verhalten ist hier als gut, aber ausbaufähig zu bezeichnen (M=4.92, SD=1.36). Im exzellenten Bereich sind die zwei am häufigsten nicht umgesetzten Items verortet: „Die Erzieherin sagt, was ihr bei einer gemeinsamen Aktivität besonders gefällt oder was sie daran fasziniert" und „Die Erzieherin sagt einem Kind, dass sie interessiert, was es tut oder sagt" (Fried & Briedigkeit, 2008, S. 42). Das Item „Handlungen verbalisieren" ist ebenfalls als gut, mit Potenzial zur Verbesserung, zu bezeichnen (M=4.76, SD=1.36). „Aus dieser Perspektive wird beobachtet, inwiefern die Erzieherin ihre eigenen Handlungen oder die der Kinder auch sprachlich ausdrückt …" (Fried & Briedigkeit, 2008, S. 21). Folgender Indikator für ein exzellentes Verhalten wird hier mehrheitlich nicht erfüllt: „Es kommt vor, dass die Erzieherin ein Kind fragt, ob und wieweit es ihrer Deutung einer Handlung zustimmt" (Fried & Briedigkeit, 2008, S. 44). Das Item „Verständnissicherung" erreicht den geringsten Wert innerhalb der UST-

Dimension (M=4.74, SD=1.29). „Bei diesem Item steht sowohl im Vordergrund, inwieweit die Erzieherin bemüht ist, die Kinder zu verstehen als auch, ob sie selbst darauf achtet, dass sie gut zu verstehen ist" (Fried & Briedigkeit, 2008, S. 21). Folgender Indikator für ein exzellentes Handeln wird am häufigsten nicht umgesetzt: „Die Erzieherin lässt ein Kind mit eigenen Worten sagen, was sie ihm zu vermitteln versucht hat. Gegebenenfalls gibt sie weitere Erläuterungen" (Fried & Briedigkeit, 2008, S. 45).

Sprachlich-kognitive Herausforderung (HRF): Die beobachteten sprachlich-kognitiven Herausforderungstechniken weisen im Mittel minimale Bedingungen für eine gelungene Interaktion auf. Hier manifestiert sich ein deutlicher Verbesserungsbedarf (M=4.18, SD=1.36). Allerdings ist in dieser Dimension auch die größte Varianz von unzureichender bis exzellenter Sprachförderkompetenz zu beobachten. Das Item „Vielfalt des Wortschatzes" erreicht in der Gesamtskala den geringsten Einzelwert (M=3.24, SD=1.58). Es werden mehrheitlich nur minimale Bedingungen einer gelungenen sprachlichen Interaktion gezeigt. „Dieses Item schärft den Blick für das Sprachmodell, das die Erzieherin den Kindern in Bezug auf den Wortschatz bietet" (Fried & Briedigkeit, 2008, S. 22). Am häufigsten wird folgender Indikator für exzellentes Verhalten nicht erfüllt: „Die sprachliche Gestaltung einer Situation ist phantasievoll und abwechslungsreich …" (Fried & Briedigkeit, 2008, S. 49). Jedoch werden bereits bei den unter gut beschriebenen Indikatoren überwiegend folgende Verhaltensweisen nicht gezeigt: „Die Erzieherin nutzt verschiedene Möglichkeiten, deren Bedeutungszusammenhang eines Wortes zu verdeutlichen, z. B. Erfahrungen, Erklärungen, Geschichten." oder „Die Erzieherin ermöglicht oder unterstützt spontane Wortspiele der Kinder …" (ebd.). Das Item „Grammatikalisch komplexer Input (keine Fragmentsätze)" deutet ebenfalls auf einen Verbesserungsbedarf hin (M=4.58, SD=1.94). „Hier wird das Sprachmodell der Erzieherin im Hinblick auf die grammatische Komplexität eingeschätzt" (Fried & Briedigkeit, 2008, S. 22). Es ist bei diesem Item die größte Streuung der Ergebnisse festzustellen. Besonders selten ist hier folgender Indikator für ein exzellentes Verhalten evident: „Die Erzieherin bildet in einer geeigneten Situation auch anspruchsvollere Satzkonstruktionen, um Sachverhalte besonders treffend zu kennzeichnen…" (Fried & Briedigkeit, 2008, S. 50). Die Herausforderungstechnik „Offene Fragen" ist ebenfalls mehrheitlich als ausbaufähig zu betrachten (M=4.74, SD=1.48). „Fragetechniken stehen im Mittelpunkt dieses Items. Beobachtet wird, welche Antwortmöglichkeiten die Fragen der Erzieherin provozieren und worauf sich die Fragen beziehen" (Fried & Briedigkeit, 2008, S. 22). Dieses letzte Item wurde versehentlich bei einer beobachteten Fachkraft nicht eingeschätzt. Um den betreffenden Fall nicht komplett ausschließen zu müssen, wurde ein in der sozialwissenschaftlichen Statistik gängiges Vorgehen gewählt (siehe z. B. Allison, 2002; Döring & Bortz, 2016, S. 590f.; Kuckartz et al., 2013, S. 254). Der fehlende Itemwert wurde mit dem imputationsbasierten EM-Verfahren (Expectation Maximization) durch einen geschätzten Wert ersetzt (siehe hierzu Allison, 2002, S. 19f.). Die beiden für ein exzellentes Verhalten beschriebenen Indikatoren sind nur selten Teil der pädagogischen Interaktion: „Die Erzieherin regt mit einem Impuls zu Vermutungen, Erklärungen, Bewertungen und zum Weiterdenken an ..." und „Die Erzieherin greift das von einem Kind Gesagte auf und problematisiert es in einer Weise, dass sich daraus eine vertiefte Fortführung des Austauschs ergibt ..." (Fried & Briedigkeit, 2008, S. 51).

6.1.2 Sprachenvielfalt in der Raumgestaltung

In vielen Programmen zum Umgang mit sprachlicher und kultureller Heterogenität wird der Raumgestaltung eine zentrale Rolle im pädagogisch-didaktischen Handeln zugewiesen (siehe Kapitel 2.3). Wie das pädagogische Personal die Sprachenvielfalt der Kinder und ihrer Familien in der Raumgestaltung sichtbar macht, wurde bislang kaum empirisch untersucht. In einigen wenigen Befragungsstudien wird davon berichtet, dass die Sprachen der Kinder selten in der Raumgestaltung Berücksichtigung finden (z. B. Dahlheimer, Faas & Thiersch, 2014; Viernickel et al., 2013; Fried, 2007). Zur Erfassung der diesbezüglichen Bedingungen in den teilnehmenden Kitas wurde für die vorliegende Arbeit das *Ratingverfahren zur Erfassung der Sprachenvielfalt in Kindertageseinrichtungen* (REVK) eingesetzt.

Die Ratings wurden im Sommer 2015 in den teilnehmenden Kitas von geschulten Beobachterinnen und Beobachtern durchgeführt. Die Erhebungstermine wurden von den studentischen Hilfskräften vorab mit den Einrichtungen vereinbart und alle an einem Vormittag durchgeführt. Die Häufigkeitsverteilung dieser ersten Einschätzung ist in Abbildung 10 dargestellt.

Mehrheitlich werden die fünf beschriebenen räumlichen Merkmale in den beobachteten Einrichtungen gar nicht berücksichtigt. Das heißt, die Sprachenvielfalt der Kinder und ihrer Familien wird in den räumlichen Gegebenheiten nicht sichtbar. Die größte Varianz weist das beobachtete Merkmal „Sprachenvielfalt im Eingangsbereich" auf. Auch hier wird mehrheitlich die Sprachenvielfalt der Kinder und ihrer Familien gar nicht einbezogen (*n*=13), allerdings erfüllen fünf Einrichtungen die Merkmalsausprägung mit „wird überall berücksichtigt". Dort wird bereits im Eingangsbereich die Sprachenvielfalt wahrnehmbar und erlebbar (z. B. durch Begrüßungsworte in den vertretenen Sprachen). Die folgenden drei Items („Gesamt Einrichtung", „Schrift-

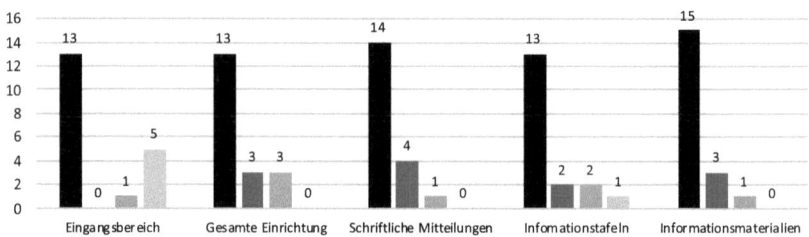

Datenbasis: REVK Beobachtung W1; *Anmerkung*: Die Abbildung zeigt das Ratingergebnis in den 19 Kindertageseinrichtungen; zuerst erschienen in: Jahreiß et al., 2017, S. 448

Abbildung 10: Sprachenvielfalt in den Räumen der Kindertageseinrichtungen

liche Mitteilungen", „Informationstafeln") unterscheiden sich jedoch kaum. Mehrheitlich werden die beschriebenen Merkmale „gar nicht berücksichtigt" (*n*=13/14/13). Nur in wenigen Einrichtungen werden diese Aspekte zumindest überwiegend oder durchgehend bzw. überall umgesetzt. Zeitschriften und „Informationsmaterialien" für Eltern in nichtdeutschen Sprachen liegen in den Kitas mehrheitlich nicht aus (*n*=15).

6.1.3 Zwei- und mehrsprachige Materialien in Kindertageseinrichtungen

In den geschilderten mehrsprachigen Programmen (Kapitel 2.3) zum aktiven Umgang mit sprachlicher und kultureller Heterogenität wird auf ein vielfältiges zwei- und mehrsprachiges Materialangebot gesetzt. „Zwar können Kindergartenkinder die mehrsprachigen Texte in den Büchern in der Regel nicht eigenständig lesen, dennoch können Inhalt und Sprache durch das gemeinsame Betrachten und Vorlesen mit dem pädagogischen Personal oder mehrsprachigen Eltern erschlossen werden" (Jahreiß et al., 2017, S. 441). Die Kinder kommen somit bereits frühzeitig mit anderen Schriftzeichen in Kontakt und werden für das Thema Sprachenvielfalt und Mehrsprachigkeit sensibilisiert. Deshalb wurde mit dem REVK-Ratingverfahren erfasst, ob mehrsprachige Bücher und andere Medien *vorhanden*[66] sind, ob in ihren Inhalten die vielfältigen Herkunftskulturen zum Ausdruck kommen, ob die Materialien für die

---

66 „Vorhanden […] sind […] Materialien dann, wenn sie für die Kinder direkt oder indirekt zugänglich sind […]. Mit dem Vorhandensein von [..] Materialien ist noch keine Aussage darüber getroffen, ob sie → frei zugänglich […] sind…" (Tietze & Viernickel, 2016, S. 267).

Kinder *frei zugänglich*[67] sind und in welcher Sprache (Russisch/Türkisch/Kurdisch/Sonstige) sie vorliegen (Jahreiß et al., 2017). Die Anzahl wurde gleichfalls von geschulten Beobachtungspersonen in allen Kita-Gruppen erfasst. Da viele Einrichtungen auch zusätzlich zum Gruppenraum über einen *Funktionsraum*[68] verfügen, wurden Materialien in diesen Räumen ebenfalls berücksichtigt[69]. Aus diesem Grund gibt es mehr als nur die 54 Gruppenbeobachtungen. Tabelle 19 zeigt die deskriptiven Ergebnisse der erfassten Materialien.

Deutschsprachige Kinder-/Märchenbücher, in welchen die sprachliche und/ oder kulturelle Vielfalt sichtbar wird, finden sich in jeder Gruppe und/oder in jedem Funktionsraum. Rund zwei Drittel dieser Bücher sind im Durchschnitt nicht frei verfügbar. In fünf Einrichtungen war am Tag der Beobachtung in keiner Gruppe und/oder in keinem Funktionsraum ein entsprechendes Buch vorhanden. Ausschließlich nichtdeutschsprachige Bücher gibt es nur vereinzelt. Insgesamt verfügen nur zwei Kitas über 13 dieser Bücher. Sie sind überwiegend frei zugänglich und auf Türkisch/Kurdisch oder Russisch verfasst. Verbreiteter sind zwei- und mehrsprachige Bücher, die neben dem Deutschen noch eine oder mehrere andere Sprachen aufweisen. Im Mittel ist in jeder Gruppe mindestens ein solches Buch aufzufinden. Allerdings ist in sieben Einrichtungen am Tag der Beobachtung kein einziges mehrsprachiges Buch vorhanden. Besonders die sieben bayerischen Einrichtungen verfügen über eine hauptsächlich monolinguale Bücherauswahl.

Von den insgesamt 73 erfassten zwei- und mehrsprachigen Büchern sind nur 17 frei zugänglich. Am häufigsten sind deutsch-türkisch/kurdische Bücher und sonstige Sprachen (v. a. Englisch und Französisch). Das heißt, für die durchschnittlich fünf Kinder mit türkischer/kurdischer Herkunftssprache ist in jeder zweiten Gruppe ein zwei- oder mehrsprachiges Buch in ihrer Herkunftssprache vorhanden. Für die durchschnittlich drei Kinder mit russischer Herkunftssprache sind insgesamt in allen Kitas nur fünf solcher Bücher verfügbar.

Nichtdeutschsprachige auditive Medien finden sich nur in sechs Kindertageseinrichtungen. Frei zugänglich für die Kinder sind die wenigen CDs oder Kassetten in der Regel nicht. Die nachfolgende Abbildung veranschaulicht die erfassten Materialien für die Gesamtstichprobe und ob die Materialien für die Kinder frei zugänglich sind (Abbildung 11).

---

67 Frei zugänglich sind Materialien dann, „… wenn Kinder keine Erlaubnis bei der pädagogischen Fachkraft einholen müssen, um diese nutzen zu können, alles selbstständig erreichen können […], Materialien in Sicht- und Greifhöhe aufbewahrt finden…" (Tietze & Viernickel, 2016, S. 266).

68 Funktionsräume: Sind „…Räume [die, S.J.] von den Kindern selbstständig genutzt werden können…" (Haug-Schnabel & Wehrmann, 2012, S. 14).

69 Jedes der Materialien kann auch mehrfach gezählt werden z. B. ein mehrsprachiges Bilderbuch mit einer Audio-CD kann bei Item 3 und Item 4 angegeben werden.

Tabelle 19: Deskriptive Darstellung der Dimension Sprachenvielfalt in den Materialien der Gruppe

		N	M (SD)	Min	Max	Σ
1	dspr. Kinder-/Märchenbücher	65	1.42 (3.02)	0	14	85
	Davon frei zugänglich	65	0.57 (1.96)	0	13	34
2	nichtdeutschsprachige Bücher	65	0.20 (0.75)	0	4	13
	Davon frei zugänglich	65	0.17 (0.72)	0	4	11
	in Türkisch/Kurdisch	65	0.08 (0.32)	0	2	5
	in Russisch	65	0.08 (0.37)	0	2	5
	in sonstigen Sprachen	65	0.05 (0.21)	0	1	3
3	Zwei- und mehrsprachige Bücher	65	1.12 (2.71)	0	11	73
	Davon frei zugänglich	65	0.27 (1.19)	0	7	17
	in Deutsch-Türkisch/Kurdisch	65	0.44 (1.60)	0	9	26
	in Deutsch-Russisch	65	0.09 (0.34)	0	2	5
	in Deutsch-sonstige Sprache	65	0.28 (1.09)	0	6	16
4	nichtdeutschsprachige auditive Medien	65	0.45 (1.69)	0	10	29
	Davon frei zugänglich	65	0.16 (1.01)	0	8	10
	in Türkisch/Kurdisch	65	0.00 (0.00)	0	0	0
	in Russisch	65	0.00 (0.00)	0	0	0
	in sonstigen Sprachen	65	0.16 (1.04)	0	8	10

Datenbasis: REVK Beobachtung W1, *Anmerkungen*: Die Angaben in der Tabelle beziehen sich auf die Gesamtzahl der erfassten Materialien in den 65 Gruppen (inklusive der Funktionsräume) (*N*=65); zuerst erschienen in: Jahreiß et al., 2017, S. 449

Am verbreitetsten sind deutschsprachige Kinder-/Märchenbücher, in denen die unterschiedlichen Herkunftskulturen in Bildern oder Schrift thematisiert werden. Die zweitgrößte Verbreitung haben zwei- und mehrsprachige Bücher. Allerdings müssen die Kinder hier in der Regel erst das Personal fragen, wenn sie diese Bücher nutzen möchten. Nichtdeutschsprachige Bücher kommen selten vor. CDs, Kassetten oder andere auditive Medien wurden am Tag der Beobachtung ebenfalls nur vereinzelt vorgefunden. Auch diese Medien können die Kinder nicht ohne Einverständnis des pädagogischen Personals verwenden.

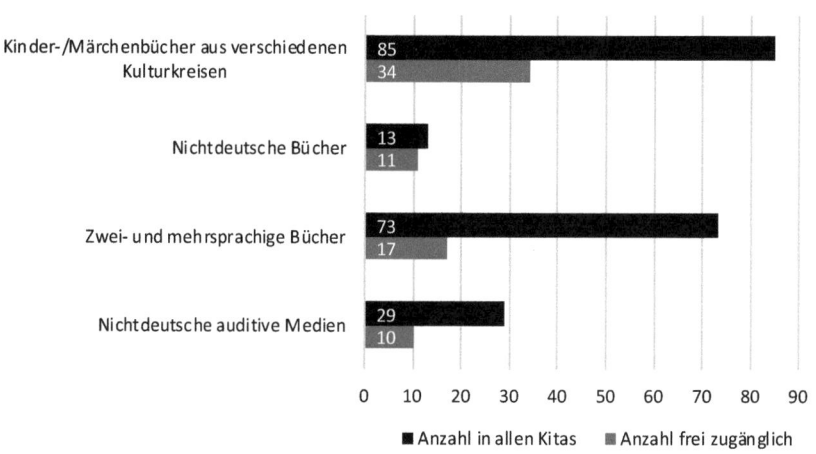

Datenbasis: REVK Beobachtung W1; *Anmerkung*: Die Abbildung zeigt die Gesamtanzahl der erfassten (frei zugänglichen) Materialien in den 19 Kindertageseinrichtungen.

Abbildung 11: Gesamtzahl aller Medien in allen Kindertageseinrichtungen

6.1.4 Zusammenfassung der Querschnittsanalyse

Die sprachlichen Interaktionen wurden mit dem DO-RESI-Ratingverfahren erhoben. Zusammenfassend lässt sich feststellen, dass sich die in dieser Arbeit beobachteten Sprachförderkompetenzen weitestgehend mit vergleichbaren Studien decken. Erfreulicherweise zeigt auch das pädagogische Personal in Einrichtungen mit hohem Anteil an (migrationsbedingt) mehrsprachigen Kindern ein gutes Repertoire an Strategien der Bildung und Förderung von Sprache. In der Qualitätsdimension „Beziehung" weist das pädagogische Personal die besten Werte auf. Mit 5.58 liegt der Durchschnittswert der vorliegenden Studie unweit von den in anderen Studien gemessenen Werten (z. B. Fried, 2008a, BEZ=5.42; Fried, 2011, BEZ=5.00; Fried et al., 2012, BEZ=5.37). In der Qualitätsdimension „Adaptive Unterstützung" fällt der Gesamtwert (UST=4.94) der Beobachtung etwas höher aus als bei anderen vergleichbaren Untersuchungen (z. B. Fried, 2008a, UST=4.58; Fried, 2011, UST=4.30; Fried et al., 2012, UST=4.77). In der Dimension „Sprachlich-kognitive Herausforderung" wird eine hohe Bandbreite des gezeigten Verhaltens von unzureichender bis exzellenter Qualität deutlich (M=4.18, SD=1.36). Bisher veröffentlichte Ergebnisse kommen in diesem Bereich auf Werte von 3.86 (z. B. Fried, 2008a) bis 4.21 (z. B. Fried et al., 2012). Weiterbildungsbedarf lässt sich somit in der Anwendung von gezielten adaptiven Sprachförderstrategien und vor allem in sprachlich- und kognitiv-herausfordernden Gesprächstechniken identifizieren.

Bezogen auf die räumliche Sprachenvielfalt in den untersuchten Kindertageseinrichtungen kann konstatiert werden, dass die vorhandenen Sprachen der Kinder und ihrer Familien bei zwei Drittel der Einrichtungen in keinem der fünf untersuchten Raummmerkmalen Berücksichtigung findet, auch wenn die Zahl der Kinder mit einer nichtdeutschen Herkunftssprache hoch ist. Einzig im Eingangsbereich der Einrichtungen wird sie vereinzelt durch Begrüßungsworte in den vertretenen Sprachen sichtbar. Darüber hinaus lassen sich kaum räumliche Anzeichen eines aktiven Einbezugs von nichtdeutschen Herkunftssprachen der mehrsprachigen Kinder feststellen.

In Bezug auf die Materialauswahl ist zusammenfassend festzuhalten, dass es für die Kinder in den untersuchten Kindertageseinrichtungen selten Gelegenheit gibt, in Kontakt mit nichtdeutscher Schrift (in Büchern) oder nichtdeutscher Sprache (in auditiven Medien) zu kommen. Am weitesten verbreitet sind deutschsprachige Kinder- und Märchenbücher, in welchen die sprachliche und/oder kulturelle Verschiedenartigkeit sichtbar wird. Zwei- und mehrsprachige Bücher sind am zweithäufigsten in Kitas vorhanden (vor allem in der türkischen Sprache). Zwei- und mehrsprachige Bücher in der russischen Sprache sind nur vereinzelt vorzufinden, obwohl es sich in den untersuchten Kitas um die zweitgrößte Sprachgruppe handelt. Auditive Medien sind eine weitere Möglichkeit, die Sprachenvielfalt und Mehrsprachigkeit der Kinder und ihrer Familien zu berücksichtigen. Hier wurden allerdings nur wenige CDs oder Kassetten in nichtdeutschen Sprachen identifiziert (nicht berücksichtigt sind nicht-physische digitale Medien z. B. Mp3; Stream). Zu beachten ist, dass die Beobachterinnen und Beobachter nur die Materialien in der Gruppe und/oder in einem Funktionsraum, der für die Gruppenkinder frei zugänglich ist, dokumentiert haben. Weitere Materialien in für Kinder nicht selbstständig nutzbaren Bibliotheken oder anderen Räumlichkeiten wurden nicht einbezogen. Die tatsächlich in den Kitas verfügbaren Materialien dürften deshalb über den am Tag der Beobachtung in den Gruppenräumlichkeiten erfassten Medien liegen.

6.2   Ergebnisse der Längsschnittanalyse

Längsschnittlich angelegte empirische Evaluationen von Weiterbildungsmaßnahmen zum Transfer der Qualifizierung auf programmrelevantes Handeln im Kita-Alltag sind bisher selten (siehe Kapitel 3.2.6). In den wenigen veröffentlichten Studien zur Professionalisierung der sprachlichen Bildung unter Bedingungen von Sprachenvielfalt und Mehrsprachigkeit wird häufig nicht der Transfer auf sprachförderrelevante Alltagssituationen in der Kita in den Blick genommen. Hierzu kann die vorliegende Studie Aufschluss geben. Analog der

Forschungsfragen und theoretischen Vorüberlegungen (Kapitel 4) ist die Darstellung der Veränderungen im Längsschnitt in die Untersuchungsbereiche „Veränderungen der sprachlichen Interaktionen" (Kapitel 6.2.1), „Veränderungen der Raumgestaltung" (Kapitel 6.2.2) und „Veränderungen in der Materialauswahl" (Kapitel 6.2.3) gegliedert.

6.2.1 Veränderungen der sprachlichen Interaktionen über die drei Erhebungszeitpunkte hinweg und im Parallelgruppenvergleich

Tabelle 20 enthält die Mittelwerte und Standardabweichungen, die statistische Überprüfung der Interventionsgruppen (Treatmentgruppe & Vergleichsgruppe) zur „Baseline-Erhebung" (W1) (t-Test bei unabhängigen Stichproben) und die Ergebnisse der Interventionseffekte (zweifaktorielle Varianzanalyse mit Messwiederholung: Innersubjektfaktor „Zeit" [W1 vs. W2 vs. W3], Zwischensubjektfaktor „Gruppe" [Treatmentgruppe vs. Vergleichsgruppe]). Die Signifikanz der Korrelation wurde auf ein Niveau von 5% festgelegt und für alle Post-hoc-Analysen nach Bonferroni korrigiert. Der Vergleich erfolgte anhand aller elf erhobenen Einzelitems, der DO-RESI-Qualitätsdimensionen „Beziehung" (BEZ); „Adaptive Unterstützung" (UST); „Sprachlich-kognitive Herausforderung" (HRF) und der „Gesamtskala" (ermittelt über den Mittelwert aller 11 Items). Es wurden nur die vollständigen Fälle aufgenommen, von welchen zu allen drei Erhebungszeitpunkten eine Beobachtung vorliegt. Die Fallzahl reduziert sich dadurch von 38 auf 31 beobachtete pädagogische Fachkräfte. 17 gehören der ersten und 14 der zweiten Interventionsgruppe an (siehe Kapitel 5.3.6).

Die deskriptiven Ergebnisse lassen erkennen, dass die beobachteten pädagogischen Fachkräfte in der Qualitätsdimension „Beziehung" (BEZ) über den gesamten Projektverlauf hinweg in beiden Interventionsgruppen ein gutes sprachförderrelevantes Handeln aufweisen. Auch die Dimension „adaptive Unterstützung" (UST) kann überwiegend im Sinne des DO-RESI-Ratingverfahrens als eine gute Sprachförderkompetenz bezeichnet werden. In beiden Interventionsgruppen besteht innerhalb der Dimension „sprachlich-kognitive Herausforderung" (HRF) über den Projektverlauf hinweg der größte Weiterbildungsbedarf. In allen Dimensionen liegt jedoch eine hohe Varianz der Ergebnisse vor (Tabelle 20).

Der t-Test (für unabhängige Stichproben) zeigt, dass beide Interventionsgruppen vor dem Beginn der Weiterbildung (W1) nur zwei signifikant unterschiedliche Ausgangswerte in den beobachteten DO-RESI-Merkmalen aufweisen. Die Treatmentgruppe schneidet im Item „Kontrolle" (M=6.41, SD=0.87,

$n=17$) deutlich besser ab als die Vergleichsgruppe ($M=5.64$, $SD=1.08$, $n=14$) in der Baseline-Untersuchung ($t(29)=2.19$, $p=.036$). Und auch das Item „Handlungen verbalisieren" ($M=5.35$, $SD=1.37$, $n=17$) weist in der Treatmentgruppe ein signifikant besseres Ergebnis als die Vergleichsgruppe ($M=4.29$, $SD=1.14$, $n=14$) in der ersten Erhebung auf ($t(29)=2.33$, $p=.027$). Aufgrund der kleinen Stichprobe wurden zusätzlich die Ausgangsunterschiede der beiden Interventionsgruppen mit dem voraussetzungsfreien Mann-Whitney-U-Test berechnet. Auch hier werden signifikant unterschiedliche Ausgangswerte in dem Items „Kontrolle" ($U=67.50$, $p=0.040$) und „Handlungen verbalisieren" ($U=69.00$, $p=0.048$) zugunsten der Treatmentgruppe deutlich (Tabelle 20).

Die Veränderungen innerhalb der beiden Interventionsgruppen im Projektverlauf (W1/W2/W3) wurden statistisch auf ihre Bedeutsamkeit hin überprüft. Eine zweifaktorielle Varianzanalyse (ANOVA) mit Messwiederholung wurde durchgeführt. So konnte dargestellt werden, inwieweit sich die Ratingergebnisse in den einzelnen Interventionsgruppen im Projektverlauf signifikant veränderten. Die ANOVA ergibt für alle untersuchten Ergebnisse in allen Gesamtskalen (Effekte für den Hauptfaktor Zeit variieren von <.001 bis .01) und in neun von elf der einzelnen Items einen signifikanten Unterschied (<.001 bis .04) der Sprachförderkompetenz über den Projektverlauf hinweg. Nur die Items „Verständnissicherung" ($F(2, 58)=2.24$, $p=.12$) und „Vielfalt des Wortschatzes" ($F(2, 58)=3.03$, $p=.06$) sind über den Projektzeitraum konstant. Die Datenanalyse zeigt für die DO-RESI-Gesamtskala eine statistisch signifikante Veränderung über den Projektverlauf ($F(2, 58)=12.07$, $p=<.001$, $\eta_p^2=.29$). Die Effektstärke $\eta_p^2=.29$ (Partielles Eta-Quadrat) kann als starker Effekt bezeichnet werden (Tabelle 20). Ein Bonferroni-korrigierter Post-hoc-Test lässt eine signifikante Verschlechterung der Ratingergebnisse ($p=<.001$) zwischen der ersten und der letzten Beobachtung erkennen. Die Veränderungen im Längsschnitt (W1/W2/W3) in beiden Interventionsgruppen (Treatmentgruppe & Vergleichsgruppe) der DO-RESI-Gesamtskala werden in Abbildung 12 veranschaulicht.

Tabelle 20: Mittelwerte und Standardabweichungen des DO-RESI-Ratings pro Interventionsgruppe und Erhebungszeitpunkt mit Gruppenvergleich zu W1 und Ergebnisse der Wirkungsanalyse

DO-RESI	Treatmentgruppe (n=17)			Vergleichsgruppe (n=14)				Hauptfaktor Zeit[a]			Hauptfaktor Gruppe[a]			Interaktion Zeit x Gruppe[a]		
	W1 M(SD)	W2 M(SD)	W3 M(SD)	W1 M(SD)	W2 M(SD)	W3 M(SD)	P^{W1}	F	p	η^2_p	F	p	η^2_p	F	p	η^2_p
BEZ	5.96 (0.81)	4.66 (1.54)	4.54 (1.31)	5.43 (0.87)	4.91 (1.28)	4.71 (1.11)	.09	12.36	**<.001**	.30	0.01	.92	.000	1.71	.19	.056
Kontrolle	6.41 (0.87)	5.00 (1.54)	4.29 (1.93)	5.64 (1.08)	4.71 (2.09)	4.57 (1.74)	**.036**	11.50	**<.001**	.28	0.39	.54	.013	1.16	.32	.038
Kongruenz	5.06 (1.09)	4.00 (1.50)	4.12 (1.27)	4.79 (1.19)	4.57 (1.16)	4.21 (0.97)	.51	5.36	**.01**	.16	0.16	.70	.005	1.45	.24	.048
Empa. Zuhören	6.18 (1.38)	4.82 (2.16)	4.53 (2.03)	5.71 (1.82)	5.07 (1.82)	5.00 (1.96)	.43	5.16	**.01**	.15	0.03	.87	.001	0.76	.47	.025
Nähe	6.18 (0.88)	4.82 (1.59)	5.00 (1.22)	5.57 (1.09)	5.29 (1.33)	5.07 (0.83)	.10	6.60	**<.001**	.19	0.01	.94	.000	2.10	.13	.067
UST	5.21 (1.06)	4.06 (1.52)	3.97 (1.13)	4.91 (0.62)	4.57 (1.08)	4.20 (1.10)	.34	8.03	**<.001**	.22	0.27	.61	.009	1.30	.28	.043
Sensitivität	5.53 (1.33)	4.59 (1.80)	4.35 (1.54)	5.64 (1.55)	5.00 (1.47)	4.29 (1.54)	.83	8.43	**<.001**	.23	0.13	.72	.004	0.30	.74	.010
Engagement	5.24 (1.44)	4.00 (1.50)	3.88 (1.73)	4.86 (1.10)	4.57 (1.60)	3.86 (1.56)	.43	4.73	**.01**	.14	0.03	.86	.001	0.76	.47	.026
Handlungen verbalisieren	5.35 (1.37)	3.94 (1.60)	3.41 (1.46)	4.29 (1.14)	4.21 (1.25)	4.50 (1.65)	**.027**	4.30	**.02**	.13	0.07	.79	.003	5.83	**<.001**	.167
Verständnissicherung	4.71 (1.49)	3.71 (1.86)	4.24 (1.25)	4.86 (0.95)	4.50 (1.56)	4.14 (1.03)	.74	2.24	.12	.07	0.84	.37	.028	0.86	.43	.029
HRF	4.35 (1.47)	3.37 (1.54)	3.41 (1.08)	4.38 (1.13)	3.86 (0.89)	3.64 (0.96)	.95	5.67	**.01**	.16	0.65	.43	.022	0.35	.71	.012
Vielfalt des Wortschatzes	3.24 (1.60)	2.76 (1.82)	2.47 (1.12)	3.57 (1.50)	2.79 (0.97)	2.57 (1.45)	.55	3.03	.06	.09	0.25	.62	.009	0.10	.91	.003
komplexer Input	4.82 (2.10)	3.65 (1.93)	3.71 (1.69)	4.79 (1.63)	4.71 (1.33)	4.00 (1.47)	.96	3.36	**.04**	.10	0.95	.34	.032	1.16	.32	.038
Offene Fragen	5.00 (1.50)	3.71 (1.53)	4.06 (1.43)	4.79 (1.25)	4.07 (1.33)	4.36 (1.55)	.67	5.34	**.01**	.16	0.16	.69	.006	0.51	.60	.017
Gesamtskala	5.25 (0.99)	4.09 (1.47)	4.00 (0.95)	4.95 (0.66)	4.50 (1.03)	4.23 (0.87)	.35	12.07	**<.001**	.29	0.17	.68	.006	1.46	.24	.048

Datenbasis: DO-RESI-Beobachtung W1/W2/W3; *Anmerkung:* P^{W1} = Signifikanzniveau t-Test bei unabhängigen Stichproben zu ersten Erhebungswelle (W1); ANOVA mit Messwiederholung mit dem Intersubjektfaktor „Zeit" (W1 vs. W2 vs. W3) und dem Zwischensubjektfaktor „Interventionsgruppe" (Treatmentgruppe vs. Vergleichsgruppe): Angabe der F-Werte mit Signifikanzniveau (p) und die Effektstärke anhand des partiellen Eta² (η^2_p). BEZ = Beziehung, UST = Adaptive Unterstützung, HRF = sprachlich-kognitive Herausforderung (n=31 vollständige Datensätze über drei Messzeitpunkte)

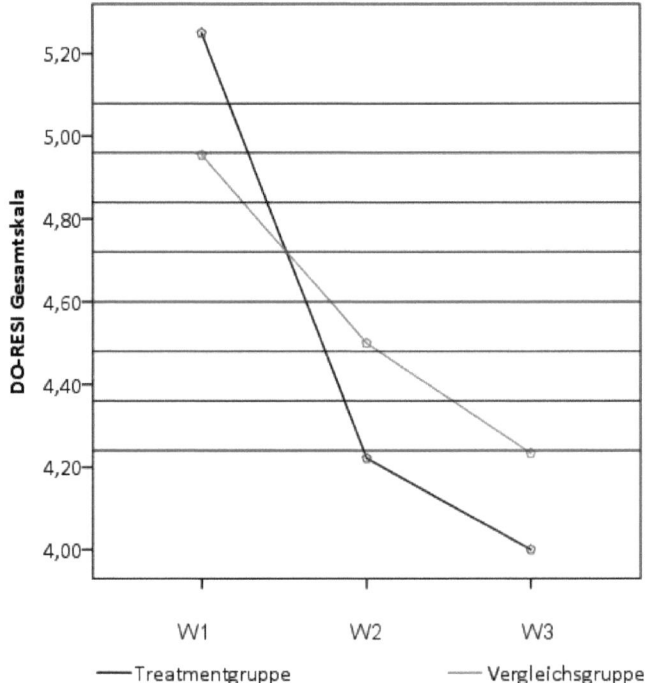

Abbildung 12: Veränderung des DO-RESI-Gesamtergebnisses über die drei Erhebungszeitpunkte
und im Parallelgruppenvergleich

Des Weiteren wurde überprüft, ob signifikante Unterschiede zwischen den beiden Interventionsgruppen in Hinsicht auf die mit DO-RESI ermittelten Ergebnissen festgestellt werden können. Dabei wurden Mittelwertvergleiche auf der
Ebene der drei Qualitätsdimensionen (BEZ/UST/HRF), auf Ebene des Gesamt-
ergebnisses und in Bezug auf die einzelnen Items angestellt. In keinem der untersuchten Merkmalen ist eine signifikante Differenz zwischen der Treatmentgruppe und der Vergleichsgruppe auszumachen (Gesamtskala: $F(1, 29)=0.17$,
$p=.68$) (Tabelle 20).
   Die Wechselwirkung zwischen den Hauptfaktoren „Zeit" und „Gruppe"
wurde wiederum für die drei Qualitätsdimensionen, die Gesamtskala und die
Einzelitems berechnet. Es manifestiert sich keine signifikante Überlegenheit einer Interventionsgruppe in der untersuchten Sprachförderkompetenz (Tabelle 20). Lediglich das Item „Handlungen verbalisieren" zeigt einen bedeuten-
den Interaktionseffekt zugunsten der Vergleichsgruppe ($F(2)=5.83$, $p=<.001$,
$\eta_p^2=.17$), welcher auch einer Bonferroni-Korrektur standhält. Wie die Post-

hoc-Analysen ergaben, erzielt die Treatmentgruppe zur Baseline-Erhebung einen signifikant höheren Ausgangswert ($t(29)=2.33$, $p=.027$) und schneidet zum dritten Erhebungszeitpunkt dennoch mit einem Punkt schlechter ab als die Vergleichsgruppe. Dieser Interaktionseffekt ist somit auf einen signifikant stärkeren Kompetenzzuwachs innerhalb der Vergleichsgruppe im Vergleich zur Treatmentgruppe zurückzuführen.

Für den DO-RESI-Gesamtskalenwert wurden zusätzlich konfundierende Faktoren mittels Kovarianzanalyse (auch „ANCOVA – analysis of covariance" genannt) überprüft. Es wurden die biographischen Merkmale der beobachteten Fachkräfte als mögliche beeinflussende Merkmale analysiert (siehe Tabelle 11; „Geboren in Deutschland", „Deutsche Muttersprache", „Alter", „Berufsabschluss", „Schulabschluss"). Die Untersuchung der einzelnen möglichen konfundierenden Faktoren liefert keinen Hinweis darauf, dass die Effekte durch die genannten biographischen Merkmale beeinflusst werden.

6.2.2 Veränderungen der Raumgestaltung über die drei Erhebungszeitpunkte hinweg und im Parallelgruppenvergleich

Die Veränderungen in der Raumgestaltung der an der Studie teilnehmenden Kindertageseinrichtungen wurden mit dem REVK-Instrumentarium in allen drei Erhebungswellen erfasst. Eine einfaktorielle Varianzanalyse mit Messwiederholung ist aufgrund der geringen Stichprobengröße nicht zulässig ($N=19$). Die Auswertung der Veränderungen erfolgte deshalb vorwiegend anhand univariater Analyseverfahren (siehe Kapitel 5.3.7). Diese wurden anhand der fünf beobachteten REVK-Items („Sprachenvielfalt im Eingangsbereich"; „… in der gesamten Einrichtung"; „… bei schriftlichen Mitteilungen"; „… bei Informationstafeln" und „… bei Informationsmaterialien") verglichen. Eine deskriptive Beschreibung des Ratingergebnisses zu allen drei Erhebungszeitpunkten findet sich im Folgenden (Tabelle 21).

Die Tabelle 21 zeigt die Mittelwerte und Standardabweichungen des REVK-Ratingergebnisses in den 19 teilnehmenden Kindertageseinrichtungen aufgeteilt in Treatment- und Vergleichsgruppe. Die Werte des REVK-Ratings können zwischen 1 („wird gar nicht berücksichtigt") und 4 („wird überall berücksichtigt") variieren. Die durchgehend niedrigen Mittelwerte lassen erkennen, dass über alle fünf Items hinweg die Sichtbarkeit der Sprachenvielfalt in den Einrichtungen gering ausgeprägt ist. Am ehesten werden Bemühungen, die verschiedenen Sprachen der Kinder sichtbar zu machen, im Eingangsbereich beobachtet (z. B. durch Willkommensgrüße in verschiedenen Sprachen).

Tabelle 21: Mittelwerte und Standardabweichungen der Sprachenvielfalt in den Räumen pro Interventionsgruppe und Erhebungszeitpunkt zu allen Erhebungswellen

Sprachenvielfalt	Treatmentgruppe (n=10)			Vergleichsgruppe (n=9)		
	W1 M (SD)	W2 M (SD)	W3 M (SD)	W1 M (SD)	W2 M (SD)	W3 M (SD)
… im Eingangs-bereich	1.60 (1.27)	1.70 (0.95)	2.30 (1.06)	2.22 (1.48)	1.33 (0.50)	1.44 (0.73)
… in der gesamten Einrichtung	1.50 (0.71)	1.40 (0.70)	1.40 (0.70)	1.44 (0.88)	1.11 (0.33)	1.33 (0.50)
… bei schriftlichen Mitteilungen	1.20 (0.42)	1.10 (0.32)	1.00 (0.00)	1.44 (0.73)	1.11 (0.33)	1.11 (0.33)
… bei Informations-tafeln	1.80 (1.14)	1.30 (0.48)	1.20 (0.63)	1.13 (0.35)	1.11 (0.33)	1.22 (0.67)
… bei Informations-materialien	1.10 (0.32)	1.20 (0.42)	1.20 (0.42)	1.44 (0.73)	1.11 (0.33)	1.00 (0.00)

Datenbasis: REVK-Beobachtung W1/W2/W3

Zu allen Erhebungszeitpunkten werden hier im Vergleich zu den anderen Items („Sprachenvielfalt in der gesamten Einrichtung", „… bei schriftlichen Mitteilungen", „… bei Informationstafeln" und „… bei Informationsmateriali-en") die höchsten Werte erzielt. Allerdings ist hier auch die größte Varianz verglichen mit den übrigen Items vorhanden (Tabelle 21).

Zur Überprüfung von Unterschieden in Bezug auf die sprachförderrelevante Raumgestaltung in der ersten und zweiten Interventionsgruppe wurden Mittelwertvergleichstests durchgeführt bzw. beim Mann-Whitney-U-Test (Mann & Whitney, 1947) Rangplätze verglichen. Da es sich um eine kleine, nicht normalverteilte Stichprobe handelt, wurde für den Parallelgruppenvergleich der beiden Interventionsgruppen als Äquivalent zum t-Test der Mann-Whitney-U-Test (im Folgenden als „U-Test" abgekürzt) gewählt (Bortz & Schuster, 2010, S. 130–133). So wurde überprüft, ob signifikante Unterschiede zwischen den beiden Interventionsgruppen im Hinblick auf die mit REVK ermittelten Ergebnisse festgestellt werden können. Dabei wurden Mittelwertvergleiche für jedes einzelne der fünf Items zu allen drei Erhebungszeiträumen angestellt (Tabelle 22).

Es wird aufgrund des kleinen Stichprobenumfangs ($N \leq 30$) die exakte Signifikanz (2-seitig) angegeben (Bortz & Schuster, 2010). Die Durchführung des U-Tests ergab für alle untersuchten Ergebnisse keine signifikanten Unterschiede zwischen Interventionsgruppe eins und zwei, sowohl im Prä-, Zwischen- als auch im Posttest. Die Treatmentgruppe und die Vergleichsgruppe zeigen so-

Tabelle 22:   Parallelgruppenvergleich der Sprachenvielfalt in den Räumen der Interventionsgruppen

Sprachenvielfalt	Treatmentgruppe & Vergleichsgruppe (N=19)		
	U-Test Prä	U-Test Zwischen	U-Test Post
… im Eingangsbereich	U = 35.00 p = .44	U = 36.00 p = .54	U = 24.00 p = .08
… in der gesamten Einrichtung	U = 40.00 p = .65	U = 36.00 p = .51	U = 45.00 p = 1.00
… bei schriftlichen Mitteilungen	U = 38.00 p = .50	U = 44.50 p = 1.00	U = 40.00 p = .47
… bei Informationstafeln	U = 27.50 p = .20	U = 36.50 p = .58	U = 44.50 p = 1.00
… bei Informationsmaterialien	U = 34.00 p = .25	U = 41.00 p = 1.00	U = 36.00 p = .47

Datenbasis: REVK-Beobachtung W1/W2/W3

mit gleiche Ausgangsbedingungen und unterscheiden sich zur Zwischen- und Post-Untersuchung ebenfalls nicht statistisch bedeutsam.

Auch die Veränderungen im Projektverlauf (Prä-, Zwischen-, Posttest) innerhalb der beiden Interventionsgruppen wurden hinsichtlich ihrer Relevanz untersucht. Hierfür fand der Friedman-Test (Friedman, 1937) für nichtparametrische Daten Anwendung. Tabelle 23 zeigt zunächst die Veränderungen in der Treatmentgruppe im Projektverlauf.

Tabelle 23:   Veränderungen der Sprachenvielfalt in den Räumen im Projektverlauf in der Treatmentgruppe

Sprachenvielfalt	Treatmentgruppe (n=10)			
	Prätest	Zwischentest	Postest	Friedman-Test
… im Eingangsbereich	1.60 (1.27)	1.70 (0.95)	2.30 (1.06)	Chi-Quadrat(2) = 6.09 p = **.043**
… in der gesamten Einrichtung	1.50 (0.71)	1.40 (0.70)	1.40 (0.70)	Chi-Quadrat(2) = 0.40 p = 1.00
… bei schriftlichen Mitteilungen	1.20 (0.42)	1.10 (0.32)	1.00 (0.00)	Chi-Quadrat(2) = 2.00 p = .78
… bei Informationstafeln	1.80 (1.14)	1.30 (0.48)	1.20 (0.63)	Chi-Quadrat(2) = 4.31 p = .19
… bei Informationsmaterialien	1.10 (0.32)	1.20 (0.42)	1.20 (0.42)	Chi-Quadrat(2) = 0.50 p = 1.00

Datenbasis: REVK-Beobachtung W1/W2/W3

Aufgrund der kleinen Fallanzahl wird die exakte Signifikanz ausgegeben. Die mit dem Friedman-Test ermittelten zentralen Tendenzen der drei Messzeit-punkte (Prä-, Zwischen-, Posttest) unterscheiden sich lediglich in einem der untersuchten Items. Die Sichtbarkeit der Sprachenvielfalt im Eingangsbereich hat über den Projektverlauf signifikant zugenommen (Friedman-Test: Chi-Quadrat(2)=6.09, p=.043, n=10). Alle weiteren eingeschätzten Merkmale blei-ben über alle Erhebungszeiträume hinweg unverändert. Den Kindertagesein-richtungen der Treatmentgruppe gelingt es somit nur in einem der erhobenen Merkmale, sich wesentlich zu verbessern.

In der Vergleichsgruppe wurden die Veränderungen der Sprachenvielfalt in den Räumen über den Projektverlauf hinweg ebenfalls überprüft (Tabelle 24).

Hier unterscheiden sich die Ratingergebnisse der einzelnen Messzeitpunkte in keinem der fünf Items signifikant (Friedman-Test, exakte Signifikanz). Das heißt, den Kindertageseinrichtungen der Vergleichsgruppe gelingt über den Zeitverlauf hinweg in keinem der erhobenen Merkmale eine bedeutsame Ver-änderung (Tabelle 24).

Tabelle 24:   Veränderungen der Sprachenvielfalt in den Räumen im Projektverlauf in der Vergleichsgruppe

Sprachenvielfalt	Vergleichsgruppe (n=9)			
	Prätest	Zwischentest	Postest	Friedman-Test
… im Eingangs-bereich	2.22 (1.48)	1.33 (0.50)	1.44 (0.73)	Chi-Quadrat(2) = 3.50 p = .26
… in der gesamten Einrichtung	1.44 (0.88)	1.11 (0.33)	1.33 (0.50)	Chi-Quadrat(2) = 2.00 p = .56
… bei schriftlichen Mitteilungen	1.44 (0.73)	1.11 (0.33)	1.11 (0.33)	Chi-Quadrat(2) = 2.00 p = .56
… bei Informations-tafeln	1.13 (0.35)	1.11 (0.33)	1.22 (0.67)	Chi-Quadrat(2) = 1.00 p = 1.00
… bei Informations-materialien	1.44 (0.73)	1.11 (0.33)	1.00 (0.00)	Chi-Quadrat(2) = 3.50 p = .33

Datenbasis: REVK-Beobachtung W1/W2/W3

6.2.3   Veränderungen in der Materialauswahl über die drei Erhebungszeitpunkte hinweg und im Parallelgruppenvergleich

Die Sprachenvielfalt in den Materialien der Gruppen- und Funktionsräu-me der teilnehmenden Kindertageseinrichtungen wurde ebenfalls mit dem REVK-Instrumentarium erfasst. Die geschulten Beobachterinnen und Beob-

achter hielten hier bei einer Vor-Ort-Begehung die Anzahl der (1) deutschsprachigen Kinder-/Märchenbücher, in welchen die sprachliche und/oder kulturelle Vielfalt sichtbar wird, (2) der nichtdeutschsprachigen Bücher, (3) der
zwei- und mehrsprachigen Bücher und (4) der nichtdeutschsprachigen auditiven Medien fest. Für die Analyse wurde die Gesamtzahl der vorhandenen Medien in allen Kiga-Gruppen und zusätzlichen in den für die Kinder zugänglichen Funktionsräumen jeder Kindertageseinrichtung aggregiert. Hier wurde
zur Überprüfung von Unterschieden zweier unabhängiger Stichproben ebenfalls der Mann-Whitney-U-Test und für die Testung des Verlaufs der beiden
abhängigen Stichproben der Friedman-Test angewandt. Tabelle 25 enthält zunächst eine deskriptive Beschreibung des Ratingergebnisses zu allen drei Erhebungszeitpunkten aufgeteilt in Treatmentgruppe und Vergleichsgruppe.

Tabelle 25: Mittelwerte und Standardabweichungen der Sprachenvielfalt in der Materialauswahl
der Kitas pro Interventionsgruppe und Erhebungszeitpunkt

	Treatmentgruppe (n=10)			Vergleichsgruppe (n=9)		
Materialien	W1 M (SD)	W2 M (SD)	W3 M (SD)	W1 M (SD)	W2 M (SD)	W3 M (SD)
1 dspr. Kinder-/ Märchenbücher	6.20 (6.25)	1.40 (2.80)	1.90 (4.01)	2.56 (3.32)	0.78 (1.30)	1.56 (3.68)
2 nicht-deutsch- sprachige Bücher	0.30 (0.95)	0.10 (0.32)	0.40 (0.70)	1.11 (3.33)	1.00 (3.00)	2.33 (5.15)
3 zwei- & mehr- sprachige Bücher	4.10 (5.02)	0.80 (1.69)	0.40 (1.26)	3.56 (3.64)	0.89 (1.69)	0.11 (0.33)
4 nicht- deutsch- sprachige auditive Medien	1.20 (2.82)	0.50 (0.97)	0.20 (0.63)	1.89 (3.41)	2.89 (7.61)	0.22 (0.67)

Datenbasis: REVK-Beobachtung W1/W2/W3; *Abkürzung*: dspr. = deutschsprachige

Die deskriptiven Ergebnisse veranschaulichen, dass die Sichtbarkeit der Sprachenvielfalt in den Materialien im Mittel über alle vier Items hinweg als gering
einzuschätzen ist. Am häufigsten sind in den Einrichtungen deutschsprachige
Kinder-/Märchenbücher vorhanden, in welchen die sprachliche, beziehungs-
weise kulturelle Vielfalt sichtbar wird und zwei- und mehrsprachige Bücher.
Reine nichtdeutschsprachige Bücher und nichtdeutschsprachige auditive Medien sind zu allen drei Erhebungszeiträumen sowohl in der ersten als auch in
der zweiten Interventionsgruppe selten (Tabelle 25).

Zunächst wurde anhand des Mann-Whitney-U-Tests überprüft, ob zur
Prä-, Zwischen- und Post-Datenerhebung bedeutsame Unterschiede in der
Materialauswahl der beiden Interventionsgruppen bestanden. Die Materiali-
en wurden für jede Kiga-Gruppe und die zugehörigen Funktionsräume erho-

ben und auf Einrichtungsebene zusammengefasst. Mittelwertvergleiche für jedes einzelne der vier Materialmerkmale zu allen drei Erhebungszeitpunkten
wurden angestellt (Tabelle 26).

Tabelle 26: Parallelgruppenvergleich der Sprachenvielfalt in der Materialauswahl der
Interventionsgruppen

	Treatmentgruppe & Vergleichsgruppe (N=19)		
Materialauswahl	*U-Test Prä*	*U-Test Zwischen*	*U-Test Post*
1 dspr. Kinder-/ Märchenbücher	U = 28.50 p = .17	U = 44.50 p = .98	U = 44.00 p = .93
2 nichtdeutschsprachige Bücher	U = 44.00 p = .74	U = 44.00 p = .74	U = 44.50 p = 1.00
3 zwei- und mehrsprachige Bücher	U = 43.00 p = .88	U = 40.00 p = .67	U = 45.00 p = 1.00
4 nichtdeutschsprachige auditive Medien	U = 41.00 p = .70	U = 44.00 p = 1.00	U = 44.50 p = 1.00

Datenbasis: REVK-Beobachtung W1/W2/W3; *Abkürzung*: dspr. = deutschsprachige

Aufgrund des kleinen Stichprobenumfangs ($N \leq 30$) wird die exakte Signifikanz (2-seitig) angegeben (Bortz & Schuster, 2010). Die Durchführung des U-
Tests ergab keine bedeutsamen Unterschiede zwischen Treatment- und Vergleichsgruppe, sowohl im Prä-, Zwischen- als auch im Posttest. Die beiden
Interventionsgruppen zeigen somit gleiche Ausgangsbedingungen und unterscheiden sich ebenfalls nicht zum zweiten und dritten Erhebungszeitpunkt statistisch bedeutsam voneinander (Tabelle 26).

Auch die Veränderungen innerhalb der Treatment- und Vergleichsgruppe
im Projektverlauf (Prä-, Zwischen-, Posttest) wurden anhand des Friedman-
Tests auf statistisch bedeutsame Veränderungen hin überprüft. Tabelle 27 zeigt
zunächst die Veränderungen in der Treatmentgruppe im Projektverlauf.

Wegen der kleinen Fallzahl wird wiederum die exakte Signifikanz angegeben (Bortz & Schuster, 2010). Die Analyse weist nur in einem der vier
untersuchten Merkmale eine statistisch bedeutende Veränderung auf. Die
Durchführung des Friedman-Tests ergab, dass sich die Anzahl der zwei- und
mehrsprachigen Bücher in der Treatmentgruppe von im Mittel 4.10 auf 0.40
signifikant reduziert hat (Friedman-Test: Chi-Quadrat(2) = 8.32, p = .008, n
= 10). In der zweiten und dritten Datenerhebung sind folglich weniger dieser
Materialien am Tag der Beobachtung vorfindbar. Auch die deutschsprachigen
Kinder-/ Märchenbücher nehmen ab, jedoch nicht signifikant. Die Varianz ist
bei diesem Merkmal am größten (Tabelle 27).

Tabelle 27:   Veränderungen der Sprachenvielfalt in der Materialauswahl im Projektverlauf in der
Treatmentgruppe

Materialauswahl	Treatmentgruppe (n=10)			
	Prätest	Zwischentest	Postest	Friedman-Test
1 dspr. Kinder-/ Märchenbücher	6.20 (6.25)	1.40 (2.80)	1.90 (4.01)	Chi-Quadrat(2) = 4.07 p = .15
2 nicht-deutsch- sprachige Bücher	0.30 (0.95)	0.10 (0.32)	0.40 (0.70)	Chi-Quadrat(2) = 2.00 p = .56
3 zwei- und mehr- sprachige Bücher	4.10 (5.02)	0.80 (1.69)	0.40 (1.26)	Chi-Quadrat(2) = 8.32 p = .008
4 nicht-deutsch- sprachige auditive Medien	1.20 (2.82)	0.50 (0.97)	0.20 (0.63)	Chi-Quadrat(2) = 1.86 p = .43

Datenbasis: REVK-Beobachtung W1/W2/W3; *Abkürzung*: dspr. = deutschsprachige

Auch für die Vergleichsgruppe wurde die Bedeutsamkeit der Veränderungen der Sprachenvielfalt in der Materialauswahl statistisch überprüft (Tabelle 28).

Tabelle 28:   Veränderungen der Sprachenvielfalt in der Materialauswahl im Projektverlauf in der
Vergleichsgruppe

Materialauswahl	Vergleichsgruppe (n=9)			
	Prätest	Zwischentest	Postest	Friedman-Test
1 dspr. Kinder-/ Märchenbücher	2.56 (3.32)	0.78 (1.30)	1.56 (3.68)	Chi-Quadrat(2) = 1.81 p = .48
2 nicht-deutsch- sprachige Bücher	1.11 (3.33)	1.00 (3.00)	2.33 (5.15)	Chi-Quadrat(2) = 3.71 p = .33
3 zwei- und mehr- sprachige Bücher	3.56 (3.64)	0.89 (1.69)	0.11 (0.33)	Chi-Quadrat(2) = 11.20 p = .002
4 nicht-deutsch- sprachige auditive Medien	1.89 (3.41)	2.89 (7.61)	0.22 (0.67)	Chi-Quadrat(2) = 2.00 p = .38

Datenbasis: REVK-Beobachtung W1/W2/W3; *Abkürzung*: dspr. = deutschsprachige

Die Varianzanalyse nach Friedmann zeigte in nur einem untersuchten Merkmal eine statistisch bedeutsame Veränderung der Materialauswahl in der Vergleichsgruppe auf. Die mehrsprachigen Bücher reduzieren sich vom ersten ($M=3.56$, $SD=3.64$), zum zweiten ($M=0.89$, $SD=1.69$) und zum dritten ($M=0.11$, $SD=0.33$) Messzeitpunkt signifikant (Friedman-Test: Chi-Quadrat(2)=11.20, $p=.002$, $n=9$). Alle weiteren untersuchten Merkmale bleiben über den Projektverlauf konstant (Tabelle 28). Zu berücksichtigen ist dabei, dass die IMKi-Studie den Einrichtungen keine Fördergelder zur Anschaffung von mehrsprachigen Materialien zur Verfügung stellen konnte.

6.2.4 Zusammenfassung der Längsschnittanalyse

Diese Evaluationsstudie untersucht, inwieweit das pädagogische Handeln im Umgang mit mehrsprachig aufwachsenden Kindern durch eine langfristige Weiterbildungsveranstaltung veränderbar ist. Die Ergebnisse der drei Untersuchungsbereiche (1) sprachliche Interaktionen des pädagogischen Personals, (2) Sprachenvielfalt in der Raumgestaltung und (3) zwei- und mehrsprachige Materialauswahl werden im Folgenden zusammenfassend dargestellt.

Bezogen auf die Veränderungen in den sprachlichen Interaktionen des pädagogischen Personals lässt sich feststellen, dass es im Laufe der fast zweijährigen Inhouse-Weiterbildung in beiden Interventionsgruppen nicht gelingt, die adaptiven Sprachförderstrategien und sprachlich-kognitiven Gesprächstechniken weiterzuentwickeln. Zum Zeitpunkt der dritten Datenerhebung verschlechtert sich die während der Beobachtungssituation gezeigte Sprachförderkompetenz signifikant. Lediglich im Item „Handlungen verbalisieren" ist ein signifikanter Interaktionseffekt evident, jedoch zugunsten der Vergleichsgruppe ($F(2)=5.83$, $p=<.001$, $\eta_p^2=.17$).

Bezüglich der sprachpädagogischen Raumgestaltung sind ebenfalls kaum statistisch auffallende Veränderungen in den beiden Interventionsgruppen auszumachen. Im Untersuchungsbereich manifestiert sich nur in einem der untersuchten Raummerkmale („Sprachenvielfalt im Eingangsbereich"; „... in der gesamten Einrichtung"; „... bei schriftlichen Mitteilungen"; „... bei Informationstafeln" und „... bei Informationsmaterialien") ein bedeutsamer Effekt zugunsten der Treatmentgruppe. Die „Sprachenvielfalt im Eingangsbereich" verbessert sich im Projektverlauf in der der Treatmentgruppe deutlich (Friedman-Test: Chi-Quadrat(2)=6.09, $p=.043$, $n=10$). Darüber hinaus bleibt die Raumgestaltung in beiden Interventionsgruppen weitgehend einsprachig.

Bezogen auf die Materialauswahl muss zum Zeitpunkt der letzten Erhebung konstatiert werden, dass sich die intendierten Effekte nicht eingestellt haben. Die Analyse bestätigt eine signifikante Reduzierung der mehrsprachigen Bücher in beiden Interventionsgruppen (IG1: Chi-Quadrat(2)=8.32, $p=.008$, $n=10$; IG2: Chi-Quadrat(2)=11.20, $p=.002$, $n=9$). Es gelingt weder der Treatmentgruppe noch der Vergleichsgruppe, die Sprachevielfalt in den Einrichtungen verstärkt in den Materialien (Bücher und auditive Medien) sichtbar zu machen.

7 Diskussion

In der vorliegenden Studie wurde zwei Fragestellungen zur Qualität und Professionalität sprachlicher Bildung im Kontext von Sprachenvielfalt und Mehrsprachigkeit in Kindertageseinrichtungen (3- bis 6-Jährige) nachgegangen.

Zentral war zunächst die Erfassung, wie Einrichtungen mit einem hohen Migrantenanteil mit dieser Sprachenvielfalt in den Kitas und der Mehrsprachigkeit der Kinder umgehen. Ein Bildungsauftrag hierfür findet sich in den nationalen Bildungsplänen und -programmen. Die Studie konzentriert sich dabei auf die migrationsbedingte Mehrsprachigkeit, also auf Kinder und Familien, die aufgrund ihrer Migrationserfahrung mit mehr als einer Sprache kommunizieren. Die Förderung von Fremdsprachen ist nicht Gegenstand der theoretischen und empirischen Auseinandersetzung im Rahmen dieser Arbeit.

Des Weiteren wurde eine langfristige Weiterbildungsveranstaltung zum Umgang mit mehrsprachig aufwachsenden Kindern in Kindertageseinrichtungen implementiert und deren Transfereffekte evaluiert. Während die Evaluation von Interventionsmaßnahmen bei der Datenerhebung mehrheitlich auf Befragungstechniken setzt, wurde in dieser Studie die bereichsspezifische Handlungskompetenz (Performanz) der pädagogischen Fachkräfte im Kita-Alltag beobachtet. Es ging hierbei um die Frage, ob die pädagogische Praxis durch eine auf zwei Jahre angelegte Qualifizierungsmaßnahme verändert werden kann. Evaluiert wurde dabei das in drei Untersuchungsbereiche („sprachliche Interaktion des Personals", „Raumgestaltung" und „Materialauswahl") aufgeteilte pädagogische Handeln.

Methodisch handelt es sich bei der Studie um eine (quasi-)experimentelle Evaluationsstudie mit drei Erhebungszeitpunkten und zwei Untersuchungsgruppen. Der Professionalisierungsprozess des pädagogischen Personals wurde vor der Durchführung der Interventionsmaßnahmen, nach einem knappen Jahr und gegen Ende der Interventionsmaßnahmen evaluiert (Sommer 2015/ Frühjahr 2016/Frühjahr 2017). In der ersten Interventionsgruppe (auch Treatmentgruppe genannt) wurden annähernd 40 Weiterbildungsstunden zum Umgang mit Sprachenvielfalt und Mehrsprachigkeit realisiert. Der Inhalt der Weiterbildung war in der ersten Gruppe durch ein Qualifizierungsmanual vorgegeben. In der zweiten Gruppe wurden ebenfalls rund 40 Weiterbildungsstunden umgesetzt. Die Referentinnen und Referenten arbeiteten hier mit den Einrichtungen nach dem Plan-Do-Check-Act-Zyklus (Deming, 1986) ohne ein entsprechendes Qualifizierungsmanual. Die zusammenfassende Diskussion der Befunde sowie die Schlussfolgerungen bilden Kapitel 7.1. Daran schließt eine methodenkritische Erörterung der Untersuchungsbegrenzungen an (Kapitel 7.2) und abschließend wird ein Ausblick gegeben (Kapitel 7.3).

7.1   Zusammenfassende Diskussion und Schlussfolgerungen

Die vorliegende Studie untersucht den pädagogischen Umgang mit mehrsprachig aufwachsenden Kindern in Kindertageseinrichtungen und den Professionalisierungsprozess einer Weiterbildungsmaßnahe zu ebendiesem Thema. Die folgende zusammenfassende Diskussion erfolgt deduktiv von den allgemeinen zu den spezifischen Studienergebnissen und Schlussfolgerungen.

7.1.1   Migration und Sprachenvielfalt als alltägliche Herausforderung in Kindertageseinrichtungen

Die pädagogische Auseinandersetzung mit der Sprachenvielfalt in den Einrichtungen und der Mehrsprachigkeit der Kinder und ihrer Familien erfährt durch die verstärkte Zuwanderung von geflüchteten Familien zurzeit eine erhöhte Aufmerksamkeit. Im Kindergartenalter (3 bis 6 Jahre) hat rund ein Drittel der Kinder Migrationshintergrund. Fast alle dieser Kinder wurden in Deutschland geboren und verwenden eine nichtdeutsche Herkunftssprache zur Kommunikation im familiären Umfeld. Inzwischen liegen erste bundesweite Auswertungen zum deutschen wie nichtdeutschen Sprachgebrauch dieser Kinder vor (z. B. Autorengruppe Bildungsberichterstattung, 2016; Beauftragte für Migration, 2016; Cinar et al., 2013). Aus den bestehenden Forschungsbefunden geht hervor, dass von einer hohen Vitalität und Intensität des Sprachgebrauchs ausgegangen werden kann und die Weitergabe der Herkunftssprachen an die Kinder ein wichtiges Anliegen der meisten mehrsprachigen Eltern darstellt (siehe Kapitel 1).

Die an der vorliegenden Studie teilnehmenden Kindertageseinrichtungen wurden in zwei Großstädten in Süddeutschland rekrutiert. In den Kiga-Gruppen werden rund 22 Kinder betreut. Nach Angaben des pädagogischen Personals haben hiervon zwei Drittel der Kinder zwei Elternteile mit nichtdeutscher Herkunftssprache. Zwei Kinder haben lediglich ein Elternteil mit einer nichtdeutschen Herkunftssprache. Im Schnitt gibt es in jeder Kiga-Gruppe acht verschiedene nichtdeutsche Herkunftssprachen. Die größten Sprachgruppen sind Türkisch und Russisch. Die türkische Sprache kommt in jeder der 54 Kita-Gruppen mindestens einmal und die russische Sprache in 44 von 54 Kita-Gruppen vor. Es gibt aber keine Kindertageseinrichtung, in der nicht mindestens in einer Gruppe Kinder mit russischer Herkunftssprache vertreten sind. Hinzu kommt eine Vielzahl an weiteren gesprochenen Sprachen, vorwiegend aus dem osteuropäischen Raum (Albanisch, Rumänisch u. a. m.) mit kleinen oder mittleren Sprecherzahlen. Die Sprachenvielfalt in dieser Studie liegt somit weit über den bundesdeutschen Verhältnissen, ist aber vergleichbar mit anderen westdeutschen Ballungsgebieten. Der überwiegende Anteil an Kindern mit nichtdeutscher Herkunftssprache und die heterogenen Sprachgruppen stellen die Kindertageseinrichtungen vor erhebliche Herausforderungen. Für eine pädagogische Fachkraft bedeutet dies, eine ausreichende Unterstützung in der deutschen Sprache zu gewährleisten und zugleich die Potenziale der Sprachenvielfalt gezielt in der sprachpädagogischen Arbeit auszuschöpfen.

7.1.2 Konzeptionelle Wende von der bilingualen zur mehrsprachigen Pädagogik

Die pädagogisch-didaktische Auseinandersetzung mit Ansätzen und Programmen für einen institutionellen Umgang mit zwei- und mehrsprachig aufwachsenden Kindern geht bis in die 1980er Jahre zurück (z. B. Fthenakis et al., 1985). Der anfängliche Fachdiskurs zum Thema „Mehrsprachigkeit" – es wurde damals fast ausschließlich von „Bilingualität" gesprochen – war davon geleitet, bestmögliche Maßnahmen zur Förderung der Zweitsprache Deutsch, der Fremdsprachen und zur Integration von einer Sprachgruppe in den Kita- oder Schulalltag zu identifizieren. Das primäre Ziel war das Erreichen einer sprachlichen Homogenität im Deutschen. Viele der damaligen bilingualen Ansätze und Programme scheinen angesichts der Sprachenvielfalt in den Einrichtungen und der damit einhergehenden Mehrsprachigkeit der Kinder und ihrer Familien zu kurz zu greifen. Neben dem Bildungsziel der Förderung der deutschen Sprache wird heute auch der aktive Einbezug der nichtdeutschen Herkunftssprachen in den Kita-Alltag gefordert. Ausdruck hierfür ist, dass sich inzwischen in fast allen Bildungsprogrammen der Länder ein expliziter Bildungsauftrag zur Bildung und Förderung von Sprachenvielfalt und Mehrsprachigkeit findet. „Im Rahmen von Kindertageseinrichtungen gibt es im Zuge einer solchen *konzeptionellen Wende zur Mehrsprachigkeit* erste Versuche, translinguales Handeln von Kindern und Erwachsenen als pädagogisch-didaktische Strategie zu nutzen" (Panagiotopoulou, 2016, S. 23; Herv. im Original). Im deutschsprachigen Raum werden Ansätze einer solchen mehrsprachigen Bildung im Rahmen der „Didaktik der Mehrsprachigkeit" (auch „Mehrsprachigkeitsdidaktik") diskutiert (ebd.). Gänzlich neu ist die Fachdidaktik nicht, schließlich plädierte bereits Wandruszka (1979) für die „Didaktik der Mehrsprachigkeit". In Kindertageseinrichtungen hat eine vom Primat der Deutschförderung gelöste Auseinandersetzung mit mehrsprachiger Bildung jedoch keine lange Tradition. In den diskutierten Ansätzen einer mehrsprachigen Bildung finden sich erste Handlungsstrategien, wie auch ohne mehrsprachiges

Personal und trotz der Heterogenität der gesprochenen Sprachen ein systematischer Einbezug von nichtdeutschen Sprachen im Kita-Alltag gelingen kann. Im Rahmen der Mehrsprachigkeitsdidaktik wird hierzu neuerdings das Translanguaging-Konzept (García & Wei, 2014) diskutiert, das ein mehr- und quersprachiges sprachpädagogisches Handeln des pädagogischen Personals vorsieht (Panagiotopoulou, 2016). Zugrunde liegt hier die Vorstellung, dass Sprachen nicht als voneinander trennbare Sprachsysteme zu begreifen sind und somit auch nicht „… autonom und getrennt voneinander verwendet oder erworben, gelernt oder gelehrt" werden können (Panagiotopoulou & Rosen, 2017, S. 161). Vor dem Hintergrund der bestehenden Sprachenvielfalt und der seltenen mehrsprachigen Fachkräfte kann die Umsetzung der vorgeschlagenen Strategien einer mehrsprachigen Bildung das pädagogische Personal überfordern. Dennoch sind auch vorwiegend monolinguale Fachkräfte in der Lage, zumindest einzelne Aspekte einer mehrsprachigen Bildung in sprachlich heterogenen Gruppen umzusetzen (z. B. Bereznai, 2017; Focali et al., 2009; Hoppenstedt & Apeltauer, 2010; Jampert et al., 2009a; Jahreiß, 2018; Schlösser, 2012). Konkret soll durch das Visualisieren der Sprachenvielfalt in Wort und Schrift (z. B. durch Begrüßungsplakate, Elternbriefe, Menüpläne, Geburtstagskalender in verschiedenen Sprachen), durch mehrsprachige Materialien (z. B. Bilderbücher, Hörbücher, Musik-CDs), durch die Berücksichtigung der Familiensprachen in Liedern, Reimen und Spielen, durch den Einbezug der Eltern in den Kita-Alltag und durch die Ermöglichung von Peer-Interaktionen im Deutschen wie auch in anderen Sprachen die Sprachenvielfalt und Mehrsprachigkeit gefördert werden. Eine mehrsprachige Bildung im Verständnis der vorliegenden Arbeit richtet sich somit an alle Kinder einer Gruppe, versucht alle in der Einrichtung vorkommenden Sprachen zu berücksichtigen und strebt einen funktionalen Gebrauch von Sprache(n) an.

7.1.3 Sprachförderkompetenz im Interaktionsverhalten des pädagogischen Personals

Zur Erfassung des bereichsspezifischen Interaktionsverhaltens des pädagogischen Personals wurde das theoretische Konstrukt „Sprachförderkompetenz" (Fried, 2008b) herangezogen. Aktuelle Studien zur beobachteten Sprachförderkompetenz pädagogischer Fachkräfte identifizieren eine sprachlich-kognitiv herausfordernde und adaptiv unterstützende Bildung und Förderung als weiterbildungsbedürftig (z. B. Fried, 2008a; Fried, 2008b; Fried & Briedigkeit, 2008; Fried, 2011; Fried et al., 2012; Fried, 2013). Es ist also von einem deutlichen Handlungsbedarf auszugehen. Auch die Ergebnisse der vorliegenden

Studie zeigen sich anschlussfähig dazu: Die querschnittliche Betrachtung der Sprachförderkompetenz von 38 pädagogischen Fachkräften vor Beginn der Intervention weist vergleichbare „Könnensmuster" (Fried, 2008b, S. 273) wie in anderen Studien unter Verwendung von DO-RESI auf. Insgesamt betrachtet (Gesamtskala) bewegen sich die beobachteten pädagogischen Fachkräfte auf einem guten, jedoch ausbaufähigen Qualitätsniveau. In den einzelnen Qualitätsdimensionen (BEZ/UST/HRF) sind deutliche Kompetenzunterschiede sichtbar.

Die Beziehungsqualität (BEZ) erweist sich als sehr positiv. Hier wird ein gutes bis exzellentes Niveau erreicht. Dazu gehören die Items „Kontrolle", „Kongruenz", „Empathisches Zuhören" und „Nähe". Die schlechtesten Werte werden dabei im Item „Kongruenz" – also die Übereinstimmung von verbaler und nonverbaler Kommunikation – erzielt. Im pädagogisch-didaktischen Umgang mit sprachlich heterogenen Gruppen gilt ein situativer und adaptiver Einsatz von mimischen und gestischen Mitteln als besonders kommunikationsförderlich (z. B. Adler, 2011; Hoppenstedt & Apeltauer, 2010; Jampert et al., 2009a; Merkel, 2010). Eine nonverbale Unterstützung (Mimik, Gestik, Stimme) hilft Kindern mit der vielleicht noch neuen Sprache Deutsch vertraut zu werden. Einen bewussten, aber dennoch natürlichen Einsatz von Mimik und Gestik gilt es deshalb weiter auszubauen.

Die adaptiven Unterstützungsstrategien (UST) gestalten sich weniger positiv, erreichen aber durchschnittlich immer noch ein gutes Qualitätsniveau. In dieser Dimension werden die Items „Sensitivität", „Engagement", „Handlungen verbalisieren" und „Verständnissicherung" beobachtet. Als ausbaufähig zeigen sich hier vor allem die beiden letztgenannten Items. Das handlungsbegleitende Sprechen von vergangenen, gegenwärtigen und zukünftigen Handlungen gilt als wichtige Strategie zur Unterstützung der sprachlichen Entwicklung von Kindern (z. B. Adler, 2011; Merkel, 2010; Rothweiler & Ruberg, 2011; 2014). Es werden zwar gegenwärtige Handlungen der Kinder aufgegriffen, aber nur selten lässt sich beobachten, dass zukünftige Handlungen mental durchgespielt werden. Die Verständnissicherung – also die gegenseitige Versicherung in der Kommunikation, ob das Gesagte richtig aufgefasst wurde – stellt sich als besonders ausbaufähig in dieser Qualitätsdimension dar. Das pädagogische Personal fragt nur selten danach, ob und wie Gesagtes beim Kind angekommen ist. Gerade in Einrichtungen mit hohem Anteil an mehrsprachigen Kindern ist es erforderlich, dass das pädagogische Personal immer wieder einen gemeinsamen Aufmerksamkeitsfokus mit einzelnen Kindern herstellt, auf nonverbale und verbale Äußerungen der Kinder eingeht und gegebenenfalls nachfragt, ob die Deutungen der kindlichen Äußerungen zutreffend sind (Rothweiler & Ruberg, 2011; 2014). Den Einsatz dieser adaptiven Unterstützungsstrategien gilt es einzuüben und auszuweiten.

In der Qualitätsdimension der sprachlich-kognitiven Herausforderungsstrategien (HRF) wird nur ein Niveau zwischen minimal und gut erreicht. Es erfolgt eine Bewertung der Items „Vielfalt des Wortschatzes", „Grammatikalisch komplexer Input" und „Offene Fragen". Viele Gesprächsanlässe werden im Kita-Alltag nicht für das Kind gewinnbringend genutzt. Das Sprachvorbild des pädagogischen Personals ist nicht ausreichend vielfältig, anregungsreich und grammatikalisch komplex. Gemäß Fried (2008a, S. 149) „… sollte der Sprachinput nicht etwa möglichst einfach, sondern möglichst anspruchsvoll sein; nämlich so, dass sie das Kind veranlassen, sich all seiner Möglichkeiten zu bedienen." Fried und Briedigkeit (2008) machen in diesem Zusammenhang darauf aufmerksam, dass Erwachsene dazu neigen, gegenüber Kindern mit geringen Sprachkenntnissen ein weniger komplexes Sprachverhalten zu zeigen. Sie tun dies, um dem Kind vermeintlich zu helfen, das Gesagte zu verstehen und ihm somit unangenehme Situationen zu ersparen. „Dadurch besteht aber die Gefahr, dass sie ihr Kind entmutigen sowie sprachlich-kognitiv unterfordern" (Fried & Briedigkeit, 2008, S. 14). Dies ist keine optimale Handlungsstrategie im Umgang mit sprachlich heterogenen Gruppen. Gerade bei Kindern, die wenig in Kontakt mit der deutschen „Bildungssprache" (Gogolin & Lange, 2011) kommen, „… könnte ein sensibler Umgang der pädagogischen Fachkräfte mit Sprache dazu beitragen, Kinder auf die Schule optimal vorzubereiten und damit möglichst zukünftigen Benachteiligungen entgegenzuwirken" (Hopf & Eckhardt, 2013, S. 127). Die Ergebnisse der vorliegenden Studie veranschaulichen differenziert, in welchen Bereichen bereits gute bis exzellente sprachpädagogische Arbeit geleistet wird und in welchen Bereichen ein Weiterqualifizierungsbedarf besteht.

7.1.4 Sprachenvielfalt in den Räumen der Kindertageseinrichtungen

Die im Rahmen dieser Studie durchgeführten Beobachtungen in den 19 Kindertageseinrichtungen legen dar, dass die gegebene Sprachenvielfalt der Kinder und Familien in den Einrichtungen mit einem hohen Migrantenanteil kaum Berücksichtigung in der pädagogisch-didaktischen Raumgestaltung findet. Das Sichtbarwerden der verschiedenen Schriftsprachen, Migrationsgeschichten, Herkunftsländer, Nationalitäten, Sprachen und Dialekte gilt als wichtiger pädagogisch-didaktischer Grundsatz einer mehrsprachigen Bildung im Migrationskontext (Kapitel 2). Deshalb wurde in dieser Studie erstmals anhand eines standardisierten Beobachtungsverfahrens die Situation in Einrichtungen eingeschätzt. Auf ein bereits etabliertes, standardisiertes Erhebungsinstrument konnte nicht zurückgegriffen werden, da dieser Untersuchungsfokus noch kaum Berücksichtigung in der quantitativ orientierten Forschung findet (z.B. Koch, Jüttner & Hormann, 2011)[70]. Zur Untersuchung der räumlichen Bedingungen wurde das „Ratingverfahren zur Erfassung der Sprachenvielfalt in Kindertageseinrichtungen" (REVK) eingesetzt. Das REVK-Rating zeigt auf, dass die gegebene Sprachenvielfalt in den Kindertageseinrichtungen kaum sichtbar wird. Nur gelegentlich wird sie über ein Plakat mit vielsprachigen Willkommensgrüßen im Eingangsbereich deutlich. Darüber hinaus sind schriftliche Informationen an Pinnwänden oder Informationsmaterialien für Eltern fast ausnahmslos auf Deutsch gehalten. Die Raumgestaltung und Informationspolitik der beobachteten Kita-Gruppen bleibt somit trotz mehrheitlich zwei- und mehrsprachiger Kinder überwiegend einsprachig. Die geringen Mittelwerte als „Schwierigkeitsindikator" (Kuckartz et al., 2013, S. 246) deuten auf zu hohe Itemschwierigkeit hin. Die letzte Skalenstufe des REVK-Ratings wurde nur von einzelnen Einrichtungen und dann auch nur im Eingangsbereich erreicht. Die bestmögliche Bewertung (Skalenstufe 4) erfordert eine Berücksichtigung *aller* nichtdeutschen Herkunftssprachen in der Einrichtung. Als fachliche Grundlage wurde der *Nationale Kriterienkatalog* (Tietze & Viernickel, 2007; 2016) herangezogen. Weitere Qualitätsstandards finden sich in den auf den Nationalen Kriterienkatalog aufbauenden Checklisten für die Qualitätsbereiche (Tietze, 2013; Tietze & Viernickel, 2017), abgeleitet in den konsensfähigen Zielen der Bildungspläne der Länder in der „Schlüssel-Studie" (Viernickel et al., 2013) oder in der „Early childhood environment rating scale – extension (ECERS-E)" (Sylva et al., 2011). Hier heißt es, dass sich alle vertretenen Sprachen in der sprachpädagogischen Arbeit wiederfinden sollen. Aufgrund der Heterogenität an Sprachen in den Einrichtungen scheint grundsätzlich ein differenzierteres Vorgehen von Nöten.

Im Eingangsbereich gibt es Möglichkeiten und Wege, die gesamte Bandbreite der vorhandenen Sprachen zu präsentieren. „Viele Kitas haben bereits gute Erfahrungen damit gemacht, im Eingangsbereich Willkommensgrüße in allen Sprachen aufzuhängen" (Bereznai, 2017, S. 191). Auch ist es möglich, gemeinsam ein Hinweisschild mit schriftlichen Informationen zu allen Migrationsgeschichten (auch Binnenmigration) zu gestalten oder Herkunftsländer, Nationalitäten, Sprachen und Dialekte der in der Einrichtung betreuten Kinder und ihrer Familien auszuhängen und regelmäßig zu ergänzen (z.B. Bereznai, 2017; Focali et al., 2009; Ulich et al., 2013). Die Informationspolitik der Einrichtung soll so gestaltet sein, dass alle Familienangehörigen die Informationen rezipieren können. Das bedeutet, dass die Bekanntmachungen in mehr als nur der deutschen Sprache ausgehängt und bereitgestellt werden. Aufgrund der be-

---

70 Als Ausnahme ist hier die ECERS-E (Sylva et al., 2011) zu nennen, die diesen Bildungsbereich aber nur sehr allgemein berücksichtig.

grenzten zeitlichen Ressourcen und der vielerorts fehlenden mehrsprachigen Fachkräfte ist es in vielen Einrichtungen jedoch sicherlich nicht möglich, alle Sprachen permanent durch Beschriftungen oder Hinweisschilder in allen Bereichen präsent zu haben. Vielmehr scheint es erfolgversprechender, wöchentlich wechselnd eine Sprache in den Mittelpunkt zu stellen (Bereznai, 2017, S. 192). Die Sichtbarkeit der Sprachenvielfalt in den Räumen der Kitas kann trotz der erläuterten Einschränkung in den untersuchten Einrichtungen als ausbaufähig bezeichnet werden.

7.1.5　Zwei- und mehrsprachige Materialien in Kindertageseinrichtungen

Zu einer mehrsprachigen Bildung zählt auch das Vorhandensein von zwei- und mehrsprachigen Materialien, in welchen sich die Sprachenvielfalt der Kinder widerspiegelt (z. B. Bereznai, 2017; Hoppenstedt & Apeltauer, 2010; Jampert et al., 2009a; Jahreiß, 2018; Ulich et al., 2013). „Die Präsenz anderer Sprachen kann für Kinder anhand von Bilderbüchern aus anderen Ländern sehr konkret werden" (Ulich et al., 2013, S. 33). Auch wenn Kindergartenkinder diese mehrsprachigen Texte in den Büchern oft nicht eigenständig lesen, können dennoch Inhalt und Sprache durch das gemeinsame Betrachten und Vorlesen mit dem pädagogischen Personal oder mehrsprachigen Eltern erschlossen werden. Außerdem kommen so vorwiegend deutschsprachig aufwachsende Kinder frühzeitig in Kontakt mit anderen Schriftzeichen und Sprachen.

　Für die Bewertung der Situation in den Einrichtungen wurde ebenfalls das „Ratingverfahren zur Erfassung der Sprachenvielfalt in Kindertageseinrichtungen" (REVK) verwendet. Deutschsprachige Kinder- und Märchenbücher, in welchen die sprachliche und/oder kulturelle Vielfalt sichtbar wird, sind am häufigsten vorzufinden. Diese Bücher sind in der Regel für die Kinder frei zugänglich. Nichtdeutschsprachige Bücher gibt es kaum. Als mögliche Ursache ist festzuhalten, dass es in den Einrichtungen kaum pädagogische Fachkräfte mit einer nichtdeutschen Herkunftssprache gibt, die diese Bücher auch vorlesen können. In der ersten Fachkraftbefragung gaben von 128 pädagogischen Fachkräften 98 an, in Deutschland geboren (76.6%) zu sein und 113 bezeichneten Deutsch (88.3%) als ihre Muttersprache. Über eigene Migrationserfahrungen verfügen somit 23.4% der befragten pädagogischen Fachkräfte. Verglichen mit den Analysen des aktuellen bundesweiten Fachkräftebarometers (2017) ist in der vorliegenden Studie die Zahl der im Ausland geborenen pädagogischen Fachkräfte und der Fachkräfte mit einer nichtdeutschen Herkunftssprache deutlich höher. Dies liegt sicherlich an der spezifischen Stichprobenauswahl in zwei Großstädten mit hohem Migrantenanteil (siehe Kapitel

5.1.1). Allerdings weisen alle untersuchten Einrichtungen einen hohen Anteil an Eltern nichtdeutschsprachiger Herkunft auf (siehe Kapitel 5.3.2). Sind keine Kolleginnen und Kollegen mit nichtdeutschen Sprachkenntnissen im Team, können Eltern oder Großeltern zum Vorlesen in die Kita eingeladen werden.

In den untersuchten Kita-Gruppen gibt es durchschnittlich ein zwei-/mehrsprachiges Buch. Welche Sprachen hier vorzufinden sind, orientiert sich nicht immer an der sprachlichen Zusammensetzung der Kiga-Gruppen. Für die im Mittel rund fünf Kinder in jeder Gruppe mit einer türkischen/kurdischen Herkunftssprache ist nur in jeder zweiten Kita-Gruppe ein entsprechendes mehrsprachiges Buch vorhanden. Und für die rund drei Kinder mit einer russischen Herkunftssprache wurden in allen Kita-Gruppen insgesamt nur fünf deutsch-russische Bücher gefunden. Viele Bücher sind in Englisch und Französisch geschrieben, obwohl diese Sprachgruppe kaum in den Einrichtungen vorkommt. Werden in der Materialauswahl nicht die gesprochen Sprachen der Kinder berücksichtigt, sondern Fremdsprachen mit hohem Sprachprestige, wie Englisch oder Französisch, kann sich dies negativ auf die Identitätsentwicklung der Kinder auswirken (siehe hierzu zusammenfassend Sulzer, 2013).

Auditive mehrsprachige Medien (z. B. Kassetten und CDs) wurden von den geschulten Beobachterinnen und Beobachtern nur in geringem Umfang festgestellt. Allerdings kommt hier die standardisierte Erhebungsmethode in der Praxis an seine Grenzen. Es ist nicht auszuschließen, dass das pädagogische Personal mehrsprachige Hörbücher als nicht-physische, digitale Medien (z. B. Mp3) besitzt bzw. nach Bedarf einsetzt. Schließlich ist dies auch eine Möglichkeit, flexibel auf wechselnde Sprachgruppen zu reagieren. Dies wurde allerdings nicht schriftlich erfragt oder beobachtet.

Grundsätzlich gilt es hier zu berücksichtigen, dass in der vorliegenden Studie die Materialauswahl, die Gestaltung der Räume und das Interaktionsverhalten des pädagogischen Personals als ein „Handlungsvollzug" aufzufassen ist und somit als Teil der Performance gelten kann (Kratzmann et al., 2017, S. 254). Allerdings kann gemäß Kratzmann et al. (2017, S. 254) nicht von der „Anzahl der vorhanden Materialien" auf „einen angemessenen Einsatz dieser vorhandenen Materialien" geschlossen werden. Auch können keine Schlussfolgerungen angestellt werden, inwieweit die Materialien für die Kinder in der Gruppe angemessen sind oder inwieweit verschiedene Lebenswirklichkeiten in *Stereotypen* (siehe hierzu auch Kratzmann & Pohlmann-Rother, 2012) dargestellt werden. Auch in diesem Untersuchungsbereich ist ein Weiterqualifizierungsbedarf des pädagogischen Personals erkennbar. Zwei- und mehrsprachige Bücher und andere Materialien sind hier noch viel zu selten in der Praxis anzutreffen.

7.1.6　Transfereffekte einer langfristigen Weiterbildung zum Umgang mit Mehrsprachigkeit in Kindertageseinrichtungen

Für eine Anpassung der Kenntnisse und Fertigkeiten des pädagogischen Personals an die veränderten Anforderungen an eine sprachliche Bildung unter Bedingungen von Sprachenvielfalt und Mehrsprachigkeit gelten kompetenzorientierte, langfristig angelegte Inhouse-Weiterbildungen als am erfolgversprechendsten (z. B. Egert, 2015; Lentner, 2013; Schelle, 2011). In einem kompetenzorientierten Verständnis von Professionalität rückt die tatsächlich gezeigte Performanz des pädagogischen Personals in den Fokus. In anderen Worten ausgedrückt muss sich der Erfolg einer Weiterbildung am veränderten Handeln in der Praxis zeigen (z. B. Kovačević & Schelle, 2016; König, 2014; Friederich & Schelle, 2015). Evaluationsstudien zur Effektivität von Weiterqualifizierungsmaßnahmen, die das sprachförderrelevante Handeln des pädagogischen Personals in den Blick nehmen, haben in der Vergangenheit aufgezeigt, dass bereichsspezifisches Wissen von wichtiger Bedeutung für die sprachpädagogische Professionalisierung ist, aber keinen Transfer in die Praxis garantiert (Egert, 2015; Simon & Sachse, 2013; Ofner, 2014). Zur weiteren Professionalisierung sind darüber hinaus Hilfestellungen für den Transfer in die Praxis notwendig.

In einem aktuellen internationalen Review von Egert et al. (2017) werden Weiterbildungsmaßnahmen identifiziert, die hinsichtlich einer sichtbaren Qualitätssteigerung effektiv waren. Die Autoren bestimmen als notwendige Merkmale für eine erfolgreiche Weiterbildung eine praxisbegleitende Unterstützung vor Ort, performanzorientierte Trainingsmethoden, eine Weiterbildungsbedarfsermittlung, eine individuelle Begleitung und regelmäßige Reflexions- und Feedback-Gespräche mit den Teilnehmenden (Egert, 2017). Des Weiteren ist es erforderlich, dass die Weiterbildungsmaßnahme langfristig ausgelegt ist. In einer früheren Metaanalyse kommt Egert (2015) auf eine Zahl von 45 bis 60 Stunden, die für eine bedeutsame Verbesserung im Kita-Alltag erforderlich sind. Zudem sind manualbasierte Weiterbildungen mit Qualitätskontrolle in Abhängigkeit von der Qualifikation des Trainers entscheidende Wirkmechanismen (Egert, 2015).

An diesen aktuellen Forschungsstand knüpft die vorliegende Studie an. Die Treatmentgruppe wurde anhand einer theoretisch fundierten und manualbasierten Inhouse-Weiterbildung hinsichtlich der Integration von Mehrsprachigkeit durch (vom Projekt unabhängigen) erfahrene Referentinnen und Referenten professionalisiert. Vorgesehen war ein Stundenumfang von insgesamt 30 Inhouse-Weiterbildungsstunden und 30 weiteren prozessbegleitenden Stunden, die in zwei Kita-Jahren realisiert wurden (Kapitel 5.2.1). Die zweite, vergleichende Interventionsgruppe fungierte im Sinne einer Kontrolleinrichtung. Die externen Referentinnen und Referenten in dieser Gruppe erhielten für diese Gruppe kein Weiterbildungsmanual. Der Stundenumfang war mit der Treatmentgruppe identisch (Kapitel 5.2.5). Zum letzten Erhebungszeitpunkt waren – da die letzte Erhebung durch einen engen Zeitplan der Projektfinanzierung nicht am Ende des Kita-Jahres durchgeführt werden konnte – jedoch nur durchschnittlich 38 Weiterbildungsstunden in der ersten Gruppe und durchschnittlich 39 Weiterbildungsstunden in der zweiten Gruppe realisiert worden. Die Evaluation des Praxistransfers der Weiterbildung beschränkt sich auf die drei Untersuchungsbereiche (1) sprachliche Interaktionen des pädagogischen Personals, (2) Sprachenvielfalt in der Raumgestaltung und (3) zwei- und mehrsprachige Materialauswahl. Peer-Interaktionen und die Bildungs- und Erziehungspartnerschaft, welche ebenfalls Bestandteil der Weiterbildung waren, wurden nicht in dieser Studie evaluiert.

Die Analyse der sprachlichen Interaktionen des pädagogischen Personals zeigt eine bedeutsame Verschlechterung der mit DO-RESI erfassten Sprachförderkompetenz und zwar unabhängig davon, in welcher Interventionsgruppe sich das Personal befindet. In der Vergleichsgruppe wurde die inhaltliche Ausgestaltung der Weiterbildung nicht durch ein Manual vorgegeben. Die Weiterbildung knüpft hier an den individuellen mit der Weiterbildungskraft erarbeiteten Bedarf der einzelnen Einrichtungen an. Dass sich in dieser Gruppe keine systematischen Verbesserungen der gezeigten Sprachförderkompetenz einstellten, war zu erwarten. Wie die Auswertungen der Weiterbildungsprotokolle zeigen, wurden sehr heterogene Themen der sprachpädagogischen Arbeit behandelt (Kapitel 5.2.5). Der negative Mittelwertsverlauf der drei DO-RESI-Erhebungen kann gemäß Köller (2015, S. 338) darin begründet liegen, dass „… Mitglieder [der Kontrollgruppe; S.J.] aus dem Gefühl der Benachteiligung sich im Posttest nicht anstrengen, sodass es zu einer erheblichen Unterschätzung ihrer Leistungen kommt." Es kann demotivierend auf Teilnehmer einer Interventionsstudie wirken, wenn sie erfahren, dass sie Teil der Kontrollgruppe sind. Es ist nicht auszuschließen, dass sich Einrichtungen an benachbarten Standorten über die unterschiedlichen Weiterbildungsinhalte austauschten und so die inhaltlichen und methodischen Unterschiede der Weiterbildung herausfanden. Für mehr Klarheit über mögliche Ursachen könnten hier qualitative Interviews mit betroffenen Leitungen und dem Personal sorgen.

In der Treatmentgruppe war die Auseinandersetzung mit dem eigenen sprachsensiblen Handeln mit ein- und mehrsprachig aufwachsenden Kindern Teil einer Tages-Weiterbildung im ersten und zweiten Kita-Jahr. Hier wurden anhand von Video-Fallbeispielen und transkribierten Dialogen ausführlich verbale und nonverbale sprachförderliche Interaktionsstrategien erarbeitet. Die Teilnehmerinnen und Teilnehmer wurden zu einer eintägigen Selbstbeobachtung, in welcher die Kontakte und ihre Sprachintensität mit einem ausgewählten Kind dokumentiert wurden, aufgefordert (Reich, 2008b, Arbeitsmaterialien, S. 17f.). Des Weiteren wurden die Teilnehmenden zu einer kollegialen Beobachtung der sprachlichen Interaktionen (Mayr et al., 2012, S. 20–23) in einer ausgewählten Situation (z. B. Bilderbuchbetrachtung) mit anschließendem Reflexionsgespräch ermutigt. In den Gruppen wurden regelmäßig Hospitationstermine mit der Weiterbildungsreferentin durchgeführt. Dennoch trägt die Qualifizierung nicht zu einer Festigung und Weiterentwicklung des pädagogischen Handelns bei. Vielmehr wird eine weniger vielseitige Sprachförderkompetenz als noch zu Beginn der Studie gezeigt. Der Umfang von mehr als 30 Stunden, inklusive Prozessbegleitung zur Unterstützung des Praxistransfers der manualbasierten Weiterbildungsmaßnahme, ist möglicherweise nicht ausreichend, um eine sichtbare Verbesserung der Sprachförderkompetenz zu erzielen. Vom Start der Weiterbildung bis zum letzten Erhebungszeitpunkt lagen etwa 18 Monate. Die Befunde der vorliegenden Studie zur Professionalisierung der pädagogischen Fachkräfte zeigen auf, dass für Veränderungen der Praxis sehr viel Zeit und eine intensive, an der Performanz der Fachkräfte ansetzende Begleitung notwendig sind. Zusätzliche Analysen von Kovarianzen ergeben keinen statistisch bedeutsamen Zusammenhang der biographischen Merkmale der beobachteten Fachkräfte („Geboren in Deutschland", „Deutsche Muttersprache", „Alter", „Berufsabschluss", „Schulabschluss") auf den Effekt der Weiterbildung.

Auch im zweiten Untersuchungsbereich der Sprachenvielfalt, in der Raumgestaltung, ist der intendierte Transfer der Weiterbildungsinhalte in die Praxis nicht sichtbar. In der Treatmentgruppe ging es um die Berücksichtigung und das Visualisieren der Sprachenvielfalt der Kinder im Alltagsgeschehen. Hierzu wurden verschiedene Methoden und Beispiele zur Gestaltung einer mehrsprachigen, sprachanregenden Umwelt vorgestellt. Es wurde auf mehrsprachige Informationsmaterialien für Eltern hingewiesen (z. B. BZgA KURZ.KNAPP. Elterninfo u. a. m.). Durch Einrichtungsbegehungen mit der Weiterbildungsreferentin wurde die praktische Umsetzung gefördert. Trotzdem zeigt sich nur im Eingangsbereich ein bedeutsamer Interaktionseffekt zugunsten der Treatmentgruppe. Ansonsten bleibt die Raumgestaltung in den untersuchten Merkmalen („Sprachenvielfalt im Eingangsbereich"; „… in der gesamten Einrichtung"; „… bei schriftlichen Mitteilungen"; „… bei Informationstafeln" und „… bei Informationsmaterialien") in beiden Interventionsgruppen weitgehend einsprachig.

Und auch im dritten Untersuchungsbericht, der zwei- und mehrsprachigen Materialauswahl, stellen sich zum Ende des Projektes keine Verbesserungen der Ausgangssituation ein. In der Treatmentgruppe wurden Möglichkeiten aufgezeigt, zwei- und mehrsprachige Bücher und Hörspiele sowie Geschichten aus anderen Kulturen einzubeziehen. Außerdem wurden zwei- und mehrsprachige Bücher und Verlage, die auf diese Materialien spezialisiert sind, vorgestellt. Des Weiteren wurde auf Übersetzungen von vorhandenen Bilderbüchern und mehrsprachige Audio-Medien hingewiesen, welche teilweise im Internet frei zur Verfügung stehen. Dennoch reduzieren sich die mehrsprachigen Bücher vom ersten auf den zweiten und vom ersten auf den dritten Erhebungszeitpunkt in beiden Interventionsgruppen statistisch bedeutsam. Es ist durchaus üblich, in Kitas die Bücherauswahl regelmäßig zu verändern. Es werden aber den Kindern in den Gruppen zur dritten Datenerhebung weniger mehrsprachige Bücher und Medien zur Verfügung gestellt als noch in der ersten Erhebung. Weder der Treatmentgruppe noch der Vergleichsgruppe gelingt es, die Sprachenvielfalt in den Einrichtungen in der Materialauswahl (Bücher und auditive Medien) sichtbar zu machen und das, obwohl die Potenziale von mehrsprachigen Medien für den Umgang mit Sprachenvielfalt und Mehrsprachigkeit in der Treatmentgruppe ausführlich in der Weiterbildung bearbeitet wurden.

Eine theoriegeleitete Erklärung für die deutliche Verschlechterung in den drei Untersuchungsberichten bietet das „model of change" von Lewin (1947). Gemäß Lewin durchlaufen erfolgreiche Veränderungsprozesse drei Phasen: „unfreezing", „moving" und „freezing". In der Erwachsenenbildung wird das Modell üblicherweise folgendermaßen interpretiert (z. B. Meisel & Feld, 2009; zusammenfassend Seel & Hanke, 2015, S. 733f.): In der Phase des „unfreezing" (Auftauen) wird der aktuelle Ist-Stand der Einrichtung in Frage gestellt und beim Personal um Veränderungen geworben. In der „moving" Phase werden dann die Veränderungen vorgenommen, in der vorliegenden Studie durch eine langfristige Weiterbildung. In der „freezing"-Phase (Einfrieren) werden die Veränderungen stabilisiert und die Nachhaltigkeit der Weiterbildungsmaßnahme gesichert. Gemäß Seel und Hanke (2015, S. 733) „... stehen Personen anstehenden Veränderungen [...] mit mehr oder weniger starken Vorbehalten gegenüber und reagieren eher negativ, wenn Veränderungen sie selbst betreffen [...] und [es; S.J.] löst Befürchtungen und auch Widerstände aus, da Veränderungen, die überraschend eintreten, als unbequem und mitunter als bedrohlich empfunden werden." Die Performanz des Personals ist in der „moving"-Phase verglichen mit der Ausganssituation deutlich gemindert. Die Mitarbeiterinnen und Mitarbeiter benötigen Zeit, um sich an die angestrebten Veränderungen zu gewöhnen und Unterstützung, um veränderte Handlungsweisen richtig anzuwenden und einzuüben. Aufgrund eines fehlenden echten Posttests nach Beendigung der gesamten Weiterbildungsmaßnahme ist es nicht auszuschließen, dass sich das Personal zum Zeitpunkt der letzten Datenerhebung noch mitten in der Umsetzungsphase („moving") befand. Aufschluss hierüber könnte nur eine Follow-up Untersuchung bringen.

7.2 Untersuchungsbegrenzungen

Das gewählte forschungsmethodische Vorgehen in dieser vorliegenden Untersuchung bringt Einschränkungen mit sich, welche bei der Interpretation der Ergebnisse berücksichtigt werden müssen. Zunächst ist die in hohem Maße spezifische Stichprobe zu nennen, die eine Generalisierbarkeit auf bundesdeutsche Verhältnisse nicht zulässt. Aus ressourcenökonomischen Gründen konnten nur Einrichtungen in Großstädten im unmittelbaren Umfeld der beiden Projektstandorte berücksichtigt werden. Die pädagogische Intervention erfordert von den beteiligten Einrichtungen ein hohes Maß an Beteiligungsbereitschaft. Trotz intensiver Bemühungen war es nicht möglich, mehr als 20 Kitas für das Vorhaben zu gewinnen. Eine Einrichtung sprang vor Beginn der Intervention wieder ab. Somit konnte keine Auswahl getroffen werden. Alle Kindertageseinrichtungen wurden für das Sample der Studie berücksichtigt (siehe Kapitel 5.1.1).

Idealerweise werden in Interventionsstudien die beteiligten Personen zufällig einer Interventions- und Vergleichsgruppe zugewiesen (Döring & Bortz, 2016, S. 338). Ein solches Vorgehen konnte in dieser vorliegenden Studie nicht realisiert werden. Es wäre sonst nicht zu gewährleisten, dass sich das pädagogische Personal in der Einrichtung nicht über die unterschiedlichen Weiterbildungsinhalte austauscht und so die Ergebnisse verzerrt. Anstelle von Einzelpersonen wurden ganze Einrichtungen per Zufallsverfahren einer Treatmentgruppe- und einer Vergleichsgruppe zugewiesen. Ausgangsunterschiede auf Ebene der Einrichtung (Kita-Größe und Gruppenanzahl) und des Personals (Alter, Beschäftigungsumfang, Geburtsland, Muttersprache, Berufs- und Schulabschluss) wurden deshalb kontrolliert. Bezogen auf diese relevanten Merkmale lassen sich keine systematischen Verzerrungen erkennen.

Eine weitere Einschränkung ist die fehlende Möglichkeit, das sprachförderrelevante Handeln von allen teilnehmenden pädagogischen Fachkräften zu erheben. Aus ressourcenökonomischen Gründen konnten in jeder Kita nur zwei pädagogische Fachkräfte beobachtet werden. Dies liegt darin begründet, dass für die Beobachtungen nur geschulte Beobachterinnen und Beobachter eingesetzt wurden. Für jede/jeden der teilnehmenden studentischen Hilfskräfte musste eine Schulung organisiert werden und die Fahrten zu den Einrichtungen finanziert werden. Damit reduziert sich die Gesamtstichprobe des pädagogischen Personals auf eine relativ kleine Stichprobengröße von 38 Gruppenleitungen. Die geringe Fallzahl von 20 (IG1) und 18 (IG2) Personen bzw. von 10 (IG1) und 9 (IG2) Kindertageseinrichtungen schränkt die statistischen Auswertungsmöglichkeiten ein. Multivariater statistische Analyseverfahren erfordern deutlich größere Fallzahlen (Baur & Fromm, 2008; Bortz & Schuster, 2010).

Weiterhin standen nicht alle der 38 beobachteten Mitarbeiterinnen zu allen drei Erhebungswellen zu Verfügung. Hauptgrund dafür war in der Regel, dass die betreffenden Personen die Stelle gewechselt hatten oder schwangerschaftsbedingt vom Gruppendienst freigestellt wurden. Ausdrücklich verweigert hatte sich niemand. Insgesamt konnten 31 Fälle zu allen drei Erhebungszeitpunkten (W1/W2/W3) beobachtet werden. Mögliche Dropout-Effekte wurden analysiert. Bezogen auf Alter, Herkunft, Sprache, beruflicher und schulischer Qualifikation des pädagogischen Personals unterscheiden sich die ausgefallenen und neu hinzugekommenen Mitarbeiterinnen und Mitarbeiter nicht wesentlich von der Ausgangsstichprobe.

Die Untersuchung soll Aufschlüsse über Veränderungsprozesse im Verlauf der Weiterbildungsdurchführung geben. Im Fokus steht der Transfer auf sprachförderrelevante Alltagssituationen. Allerdings können Wirkungen pädagogischer Interventionen nicht ohne Weiteres als kausale Zusammenhänge dargestellt werden. Die Gesamtwirkung oder auch Bruttowirkung einer pädagogischen Intervention wird von verschiedenen Faktoren beeinflusst. Die Herausforderung besteht darin herauszufinden, was von der „Bruttowirkung" auf die bewusste Intervention („Nettowirkung") zurückzuführen ist (Stockmann, 2010, S. 71). So können Veränderungen auch auf andere Faktoren (z. B. persönliche Weiterentwicklung) und Störvariablen (z. B. andere Weiterbildungen) zurückzuführen sein (Mittag & Bieg, 2010, S. 41f.). Durch ein Treatment-Vergleichsgruppen-Design können Fehlerquellen bei der Interpretation von Veränderungen minimiert werden. Allerdings können nicht alle Störvariablen vollständig kontrolliert werden. Formale Qualifizierungsmaßnahmen wie z. B. Weiterbildungsaktivitäten der einzelnen Mitarbeiterinnen und Programmteilnahmen der Einrichtungen wurden erfasst. Nicht berücksichtigt wurden informelle Weiterqualifizierungen außerhalb der Kindertageseinrichtung. Deshalb kann nicht gänzlich ausgeschlossen werden, dass Veränderungen des sprachpädagogischen Handelns auch auf private Auseinandersetzungen mit dem Thema zurückzuführen sind und nicht durch die Weiterbildung angestoßen wurden.

Des Weiteren ist zu berücksichtigen, dass aufgrund der Vorgaben des übergeordneten Forschungsprojektes („IMKi – Effekte einer aktiven Integration von Mehrsprachigkeit in Kindertageseinrichtungen") die letzte Erhebungswelle bereits im Frühjahr 2017 durchgeführt werden musste. Eine spätere Durchführung der Befragungen und Beobachtungen auf Kind-, Einrichtungs- und

Elternebene hätte die rechtzeitige Dateneingabe und Datenauswertung bis zum Förderende der übergeordneten IMKi-Studie im September 2017 gefährdet.[71] Die Weiterbildungen waren zu diesem Zeitpunkt noch nicht abgeschlossen. Zum Start der letzten Erhebungswelle fehlten durchschnittlich 22 der 60 angestrebten Weiterbildungsstunden in der ersten Interventionsgruppe, wobei die Stundenzahl von 15 bis 31 noch ausstehenden Stunden variiert. Auch in der zweiten Interventionsgruppe waren durchschnittlich 21 von 60 Weiterbildungsstunden zur letzten Erhebungswelle noch nicht durchgeführt. Hier variieren die noch ausstehenden Stunden zwischen 16 und 29. Die fehlenden Stunden wurden bis September 2017 durchgeführt. Es ist nicht auszuschließen, dass die hier berichteten Ergebnisse von sogenannten „Schläfer-Effekten" (Wild & Möller, 2015, S. 334) betroffen sind. Das heißt, erst in der Nacherhebung mit etwas zeitlichem Abstand zur letzten Erhebung zeigen sich die intendierten Effekte. Oder das pädagogische Personal befindet sich, wie bereits diskutiert, im Sinne des „model of change" von Lewin (1947) noch in der Phase der Umsetzung („moving"). Dies lässt sichtbare Veränderungen in der Praxis erst zu einem späteren Zeitpunkt zu (siehe Kapitel 7.1.6).

Als problematisch sind auch die hohen Fehlzeiten einzelner pädagogischer Fachkräfte zu betrachten. Die Inhouse-Weiterbildung wurde immer dann durchgeführt, wenn die Mehrheit der Mitarbeiterinnen und Mitarbeiter der Einrichtung am Tag der Weiterbildung zur Verfügung standen. Eine Auswertung der Anwesenheitslisten der mit DO-RESI beobachteten pädagogischen Fachkräfte zeigt sehr heterogene Häufigkeiten der Teilnahme. So kommen die 17 zu allen drei Erhebungszeitpunkten mit DO-RESI beobachteten Mitarbeiterinnen und Mitarbeiter der ersten Interventionsgruppe auf durchschnittlich rund 22 Weiterbildungsstunden, wobei die Anzahl von 10 bis 39 variiert ($SD=9$). In der zweiten Interventionsgruppe kommen die 14 Fachkräfte, die dreimal mit DO-RESI beobachtet wurden, auf durchschnittlich 32 Weiterbildungsstunden, wobei hier die Stundenanzahl von 20 bis 44 variiert ($SD=7$). Auf individueller Ebene sind die pädagogischen Fachkräfte somit noch erheblich weiter von den angestrebten 60 Weiterbildungsstunden entfernt als auf Einrichtungsebene.

Zuletzt sind die gewählten Beobachtungsverfahren zu diskutieren. Das Ratingverfahren DO-RESI (Fried & Briedigkeit, 2008) wurde angemessen testtheoretisch erprobt und in mehreren großen erziehungswissenschaftlichen Studien eingesetzt. Die Autoren berichten von einer durchschnittlichen Beobachterübereinstimmung von über 85% (Fried & Briedigkeit, 2008, S. 30). Eine interne Konsistenzschätzung (Gesamtskala: .92; Teilskalen: Min: .75; Max: .86;

---

71 Inzwischen wurde die Förderung der IMKi-Studie um drei weitere Jahre bis 2021 bewilligt.

Mittelwert: .81) zeugt von einem zuverlässigen Instrument (ebd.). Und auch die Faktorenanalyse (Varianzaufklärung: 58%) und eine parallel durchgeführte Erhebung mit ausgewählten Merkmalen der ECERS-R (Early Childhood Environment Rating Scale) und CIS (Caregiver Interaction Scale) (Korrelationskoeffizient: Min: .51; Max: .79) brachte zufriedenstellende Werte (ebd.). Die Beobachterinnen und Beobachter (Studierende der Kindheitspädagogik/ Sonderpädagogik) in der vorliegenden Studie wurden vor den Erhebungswellen in Onlineseminaren und einer Tageschulung (eines Mitautoren der DO-RESI) auf die Datenerhebung vorbereitet. Eine Master-Rater Überprüfung brachte ebenfalls Beobachterübereinstimmungen von über 80% bei einer üblichen Tolerierung von Abweichungen um einen Punkt. Es wurden in der Studie aus forschungsökonomischen Gründen nicht alle DO-RESI-Items verwendet, sondern nur solche in der das prozessuale Handeln der Fachkräfte im Fokus steht. Der ermittelte Koeffizient mit Cronbach's alpha kann als gut angesehen werden (Gesamtskala: .88; BEZ: .73; UST: .71; HRF: .73). Die interne Konsistenz der Skalenauswahl kann somit als gegeben betrachtet werden. Allerdings mussten zu jeder Erhebungswelle neue Beobachterinnen und Beobachter geschult werden. Zusätzlich fand im Rahmen der IMKi-Studie eine weitere Beobachtung in den Gruppen auf Zielkindebene statt (siehe Frank et al., 2016). Über die Projektlaufzeit hinweg waren dadurch teilweise drei bis sechs verschiedene Beobachterinnen und Beobachter in den Gruppen. Vereinzelt waren pädagogische Fachkräfte aufgrund der vielen Beobachtungstermine und wechselnden studentischen Hilfskräfte unzufrieden.

Das REVK-Ratingverfahren wurde erstmals in der vorliegenden Studie eingesetzt. Der Dimension „Sprachenvielfalt in den Räumen der Kindertageseinrichtung" sind fünf Items zugeordnet. In der Dimension „Sprachenvielfalt in den Materialien der Gruppe" werden vier Merkmale erfasst. Eine Überprüfung der Beobachterübereinstimmung ergab eine exakte Übereinstimmung von 80%. Der zufallsbereinigte Cohens-Kappa-Koeffizient beträgt für alle Items .64. Gemäß Döring und Bortz (2016) gelten Werte zwischen .60 und .75 als eine gute Konkordanz. Die interne Konsistenz der fünf beobachteten Items mit Cronbach's Alpha ermittelte keinen zufriedenstellenden Wert (α=.55). Die geringe Interkorrelation deutet auf heterogene Items hin. Des Weiteren zeugen die geringen Mittelwerte der einzelnen Items von einer zu hohen Itemschwierigkeit (Kuckartz et al., 2013, S. 246). „Sehr schwierige Items sind nicht für die Skalenbildung geeignet, denn diese soll es ja ermöglichen, die Forschungsteilnehmenden zu differenzieren" (ebd.). Aus diesem Grund konnte kein Gesamtskalenwert gebildet werden. Die Bandbreite der erfassten Merkmale ist dafür zu groß. Außerdem wurde ein Paralleltest mit dem Ratinginstrument „Supports for Early Literacy Assessment" (SELA) (Smith et al., 2001) durchgeführt. Die Korrelationsanalyse legt dar, dass vier von fünf der REVK-Items einen signifikanten Zusammenhang mit der SELA-Beobachtung aufweisen (signifikant 2-seitig auf dem 5%- bis 1%-Niveau). Die Effektstärken sind gemäß Cohen (1988) als mittel bis stark zu betrachten (.43 bis .64). Nur das fünfte Item bezüglich des Vorhandenseins von Zeitschriften und Informationsmaterialien für Eltern in den vertretenen Sprachen in der Einrichtung zeigt keinen signifikanten Zusammenhang (r_s = .24, p = .14) mit SELA oder anderen REVK-Items (Jahreiß et al., 2017, S. 455). Aufgrund der noch lückenhaften Testgütekriterien des REVK-Instrumentes erlauben die Ergebnisse nur vorläufige Schlussfolgerungen. Die Beobachtungen wurden von Studierenden der Kindheitspädagogik in Eichstätt und der Sonderpädagogik in Heidelberg durchgeführt. Eine Beobachterübereinstimmung wurde für den ersten Teil („Material-Dimension") anhand von Einrichtungsbildern durchgeführt. Für eine Kontrolle der Interrater-Reliabilität der Beobachtenden in einer Kindertageseinrichtung vor Ort waren nicht die nötigen finanziellen wie zeitlichen Ressourcen vorhanden.

7.3   Ausblick

Trotz der genannten Einschränkungen leistet diese Studie einen wichtigen Beitrag zur weiteren Professionalisierung der pädagogischen Arbeit im Kontext von sprachlicher Bildung unter Bedingungen von Sprachenvielfalt und Mehrsprachigkeit. Als Alleinstellungsmerkmal kann der Untersuchungsfokus auf die tatsächlich im Kita-Alltag gezeigte Performanz und deren Veränderbarkeit durch eine langfristige Weiterbildungsmaßnahme gelten. Gefragt wurde eingangs nach dem pädagogisch-didaktischen Umgang mit (migrationsbedingt) mehrsprachig aufwachsenden Kindern und nach Veränderungen im bereichsspezifischen Handeln des pädagogischen Personals. Die verwendeten Beobachtungsverfahren bieten einen differenzierten Einblick in „Könnensmuster" (Fried, 2008b, S. 273) in der Fachkraft-Kind-Interaktion in diesen sprachlich heterogenen Gruppen. Die Beobachtungen der räumlich-materiellen Bedingungen deuten darauf hin, dass die gegebene Sprachenvielfalt in den Einrichtungen und die Mehrsprachigkeit der Kinder und ihrer Familien bislang noch kaum Berücksichtigung im pädagogisch-didaktischen Handeln findet. Wünschenswert sind hier weitergehende Untersuchungen dahin gehend, wie das pädagogische Personal nicht nur auf Gruppenebene, sondern auch auf der Zielkindebene mit mehrsprachig aufwachsenden Kindern interagiert. Die Analysen der vorfindbaren räumlichen wie materiellen Bedingungen beschränken sich weitestgehend auf den quantitativen Aspekt. Offen bleibt, inwieweit diese Bedingungen in einer adaptiven Weise an die Bedürfnisse der einzelnen Kinder bzw. der Gruppe angepasst sind. Weiterhin ist zu analysieren, ob der Einbezug von anderen Herkunftssprachen frei von Stereotypen gelingt. Dazu kann die gewählte Methodik keinen Aufschluss bieten.

Durch die langfristig, d. h. über eineinhalb Jahre angelegte Weiterbildung mit mehr als 30 Stunden konnte die Situation in der Praxis in den ausgewählten Untersuchungsbereichen nicht verbessert werden. Es spielt dabei keine Rolle, ob das pädagogische Personal an der manualbasierten Weiterbildung in der Treatmentgruppe oder der prozessualen Weiterbildung in der Vergleichsgruppe teilnahm. Der Evaluationsfokus lag dabei gemäß Kirkpatrick (1976) auf den tatsächlich gezeigten Veränderungen in der Praxis („Behavior") in der Interaktion, Raumgestaltung und Materialauswahl. Er ging somit weit über die übliche Abfrage von Zufriedenheit und Wissenszuwachs hinaus. Um belastbare Informationen zu den Effekten der durchgeführten Weiterbildung zu erhalten, ist eine Follow-up-Erhebung unabdingbar. Auch eine Ausweitung der Evaluationsbereiche auf mehrsprachige Peer-Interaktionen und Erziehungspartnerschaften mit Familien nichtdeutscher Herkunft kann als erstrebenswert angesehen werden. Zudem wäre eine größere Stichprobenauswahl angebracht, um den Zusammenhang des prozessualen Handelns in den gewählten Untersuchungsbereichen vertiefend zu untersuchen. Die vorliegende Untersuchung lässt somit noch eine Vielzahl an Fragen offen, die der frühkindlichen Bildungsforschung vielfältige Anknüpfungspunkte bietet. Am dringlichsten sind sicherlich weitere hinreichend große, langfristig angelegte Interventionsstudien, die eine Evaluation von Kompetenzveränderungen unter Praxisbedingungen mit einschließt.

Literatur

Adler, Y. (2011). *Kinder lernen Sprache(n). Alltagsorientierte Sprachförderung in der Kindertagesstätte.* Stuttgart: Kohlhammer.

Aeppli, J., Gasser, L., Gutzwiller, E. & Tettenborn, A. (2014). *Empirisches wissenschaftliches Arbeiten. Ein Studienbuch für die Bildungswissenschaften* (3. Aufl.). Bad Heilbrunn: Klinkhardt.

AK DQR (Arbeitskreis Deutscher Qualifaktionsrahmen) (2011). *Deutscher Qualifikationsrahmen für lebenslanges Lernen. Verabschiedet vom Arbeitskreis Deutscher Qualifikationsrahmen (AK DQR) am 22. März 2011.* http://www.dqr.de/media/content/Der_Deutsche_Qualifikationsrahmen_fue_lebenslanges_Lernen.pdf [06.09.2017].

Allison, P. D. (2002). *Missing data.* Thousand Oaks: Sage Publications.

Altmayer, C. (2009). Mehrsprachigkeit und Schulerfolg – die europäische (deutsche) Perspektive. *Stellenbosch Papers in Linguistics PLUS, 38,* 101–110.

Andres, B. & Laewen, H.-J. (2011). *Das infans-konzept der Frühpädagogik. Bildung und Erziehung in Kindertagesstätten.* Weimar: Das Netz.

Arnold, R. (2001). *Erwachsenenbildung. Eine Einführung in Grundlagen, Probleme und Perspektiven* (4. Aufl.). Baltmannsweiler: Schneider.

Arnold, R., Nuissl, E. & Rohs, M. (2017). *Erwachsenenbildung. Eine Einführung in Grundlagen, Probleme und Perspektiven.* Hohengehren: Schneider.

Asef, D., Wanger, S. & Zapf, I. (2011). Statistische Messung des Arbeitseinsatzes – Erkenntnisgewinn durch die Berechnung von Arbeitsvolumen und Vollzeitäquivalenten der Erwerbstätigen. *WISTA – Wirtschaft und Statistik, November 2011,* 1058–1064.

Atteslander, P. (2010). *Methoden der empirischen Sozialforschung* (13. Aufl.). Berlin: Erich Schmidt.

Autorengruppe Bildungsberichterstattung (Hrsg.) (2016). *Bildung in Deutschland 2016. Ein indikatorengestützter Bericht mit einer Analyse zu Bildung und Migration.* Bielefeld: Bertelsmann.

Autorengruppe Fachkräftebarometer (2017). *Fachkräftebarometer Frühe Bildung 2017.* München: Weiterbildungsinitiative Frühpädagogische Fachkräfte.

Bachtin, M. M. (1979). Das Wort im Roman. In R. Grübel (Hrsg.), *Die Ästhetik des Wortes* (154–300). Frankfurt am Main: Suhrkamp.

Balluseck, H. v. (2008). Frühpädagogik als Beruf und Profession. In H. v. Balluseck (Hrsg.), *Professionalisierung der Frühpädagogik. Perspektiven, Entwicklungen, Herausforderungen* (15–36). Opladen: Barbara Budrich.

BAMF (Bundesamt für Migration und Flüchtlinge) (Hrsg.) (2008). *Sprachliche Integration von Migranten in Deutschland.* Nürnberg: Bundesamt für Migration und Flüchtlinge.

BAMF (Bundesamt für Migration und Flüchtlinge) (Hrsg.) (2017). *Aktuelle Zahlen zu Asyl (07/2017).* Nürnberg: Bundesamt für Migration und Flüchtlinge.

Baumert, J. & Kunter, M. (2006). Stichwort: Professionelle Kompetenz von Lehrkräften. *Zeitschrift für Erziehungswissenschaft, 9* (4), 469–520.

Baumert, J., Stanat, P. & Watermann, R. (Hrsg.) (2006). *Herkunftsbedingte Disparitäten im Bildungswesen. Differenzielle Bildungsprozesse und Probleme der Verteilungsgerechtigkeit: vertiefende Analysen im Rahmen von PISA 2000.* Wiesbaden: Springer VS.

Baur, N. & Fromm, S. (2008). *Datenanalyse mit SPSS für Fortgeschrittene* (2. Aufl.). Wiesbaden: Springer VS.

Bausch, K.-R. (2007). Zwei- und Mehrsprachigkeit: Überblick. In K.-R. Bausch, H. Christ & H.-J. Krumm (Hrsg.), *Handbuch Fremdsprachenunterricht* (5. Aufl., 439–445). Tübingen: A. Francke.

Bausch, K.-R., Christ, H. & Krumm, H.-J. (Hrsg.) (2007). *Handbuch Fremdsprachenunterricht* (5. Aufl.). Tübingen: A. Francke.

BayStmAS & IFP (Bayerisches Staatsministerium für Arbeit und Soziales, Familie und Integration & Staatsinstitut für Frühpädagogik) (Hrsg.) (2016). *Der Bayerische Bildungs- und Erziehungsplan für Kinder in Tageseinrichtungen bis zur Einschulung* (7. Aufl.). Berlin: Cornelsen.

Beauftragte für Migration (Hrsg.) (2016). *11. Bericht der Beauftragten der Bundesregierung für Migration, Flüchtlinge und Integration. Teilhabe, Chancengleichheit und Rechtsentwicklung in der Einwanderungsgesellschaft Deutschland.* Berlin: Beauftragte der Bundesregierung für Migration, Flüchtlinge und Integration.

Bebermeier, H. (1994). Begegnung mit Sprache(n) in den Grundschulen in Nordrhein-Westfalen. In I. Hegele (Hrsg.), *Kinder begegnen Fremdsprachen* (33–50). Braunschweig: Westermann.

Becker-Stoll, F. & Wertfein, M. (2013). Qualitätsmessung und Qualitätsentwicklung in Kindertageseinrichtungen. In M. Stamm & D. Edelmann (Hrsg.), *Handbuch frühkindliche Bildungsforschung* (845–856). Wiesbaden: Springer VS.

Beher, K., Laygraf, J., Stadler, K., Walter, M. & Vogelfänger, S. (2012). Qualifizierung frühpädagogischer Fachkräfte im Wandel – Positionen, Produkte, Perspektiven. In: *DJI Online Februar 2012.* http://www.dji.de/index.php?id=42756 [06.09.2017].

Beher, K. & Walter, M. (2012). *Qualifikationen und Weiterbildung frühpädagogischer Fachkräfte. Bundesweite Befragung von Einrichtungsleitungen und Fachkräften in Kindertageseinrichtungen: Zehn Fragen – Zehn Antworten. WiFF-Studie.* München: Deutsches Jugendinstitut e. V.

Beller, E. K., Stahnke, M., Butz, P., Stahl, W. & Wessels, H. (1996). Two measures of the quality of group care for infants and toddlers. *European Journal of Psychology of Education, 11* (2), 151–167.

Beller, K., Merkens, H., Preissing, C. & Beller, S. (2007). Erzieherqualifizierung zur Erhöhung des sprachlichen Anregungsniveaus in Kindertageseinrichtungen für Kinder. *Eine Interventionsstudie.* http://www.beller-kkp.de/downloads/ESIA-1Abschlussbericht.pdf [06.09.2017].

Beller, K., Merkens, H., Preissing, C. & Beller, S. (2009). *Abschlussbericht des Projektes. Systematische sprachliche Anregung im Kindergartenalltag zur Erhöhung der Bildungschancen 4- und 5-jähriger Kinder aus sozial schwachen und Migrantenfamilien – ein Modell der pädagogischen Intervention.* http://www.beller-kkp.de/downloads/ESIA2Abschlussbericht.pdf [06.09.2016].

Bereznai, A. (2017). Mehrsprachigkeit leben – Sprachliche Vielfalt in Kitas als Entwicklungschance für alle. In B. Lamm (Hrsg.), *Handbuch Interkulturelle Kompetenz. Kultursensitive Arbeit in der Kita* (188–196). Freiburg im Breisgau: Herder.

Best, P., Bode, J., Born-Rauchenecker, Jooß-Weinbach, M. & Schipphak, K. (Hrsg.) (2016). *Qualifizierungsmaterial zum Konzept „Die Sprache der Jüngsten entdecken und begleiten". Multimediales Handbuch für den Einsatz in der Weiterbildung.* Weimar: Das Netz.

Beywl, W. & Schepp-Winter, E. (2000). *Zielgeführte Evaluation von Programmen – ein Leitfaden. Materialien zur Qualitätssicherung in der Kinder- und Jugendhilfe.* Berlin: BMFSFJ.

Blommaert, J. & Rampton, B. (2011). Language and Superdiversity. *A position paper. Diversities, 13* (2), 1–21.

BMFSFJ (Bundesministerium für Familie, Senioren, Frauen und Jugend) (2017). *15. Kinder- und Jugendbericht. Bericht über die Lebenssituation junger Menschen und die Leistungen der Kinder- und Jugendhilfe in Deutschland.* Berlin: Bundesministerium für Familie, Senioren, Frauen und Jugend.

BMI (Bundesministerium des Innern) (Hrsg.) (2011). *Regional- und Minderheitensprachen in Deutschland.* Berlin: Bundesministerium des Innern.

Bodenburg, I. (2014). Kompetenzorientierte Methoden der frühpädagogischen Weiterbildung. In DJI (Deutsches Jugendinstitut) (Hrsg.), *Kompetenzorientierte Gestaltung von Weiterbildungen. Grundlagen für die Frühpädagogik. WiFF-Wegweiser Weiterbildung* (108–127). München: Deutsches Jugendinstitut e. V.

Bortz, J., Lienert, G. A. & Boehnke, K. (2008). *Verteilungsfreie Methoden in der Biostatistik.* Heidelberg: Springer Medizin Verlag.

Bortz, J. & Schuster, C. (2010). *Statistik für Human- und Sozialwissenschaftler* (7. Aufl.). Berlin: Springer.

Bourdieu, P. (1982). *Die feinen Unterschiede. Kritik der gesellschaftlichen Urteilskraft.* Frankfurt am Main: Suhrkamp.

Bourdieu, P. (1997). *Die verborgenen Mechanismen der Macht. Schriften zu Politik & Kultur 1* (unveränderter Nachdruck von der Erstauflage 1992). Hamburg: VSA.

Bourdieu, P. (2001). *Wie die Kultur zum Bauern kommt. Über Bildung, Schule und Politik.* Hamburg: VSA.

Bourdieu, P. (2009). *Entwurf einer Theorie der Praxis auf der ethnologischen Grundlage der kabylischen Gesellschaft* (2. Aufl.). Frankfurt am Main: Suhrkamp.

Briedigkeit, E. (2011). Sprachdidaktik im Elementarbereich – auf dem Weg zu einer Mehrsprachigkeitsdidaktik? In L. Hoffmann & Y. Ekinci-Kocks (Hrsg.), *Sprachdidaktik in mehrsprachigen Lerngruppen. Vermittlungspraxis Deutsch als Zweitsprache* (80–94). Baltmannsweiler: Schneider.

Bromme, R. (1997). Kompetenzen, Funktionen und unterrichtliches Handeln des Lehrers. In F. E. Weinert (Hrsg.), *Enzyklopädie der Psychologie. Psychologie des Unterrichts und der Schule* (177–212). Göttingen: Hogrefe.

Bronfenbrenner, U. (1979). *The ecology of human development: Experiment by nature and design.* Cambridge: Harvard University Press.

Bronfenbrenner, U. (1981). *Die Ökologie der menschlichen Entwicklung. Natürliche und geplante Experimente. Aus dem Amerikanischen von Agnes Cranach.* Stuttgart: Klett-Cotta.

Bronfenbrenner, U. (1989). *Die Ökologie der menschlichen Entwicklung. Natürliche und geplante Experimente. Aus dem Amerikanischen von Agnes Cranach.* Frankfurt am Main: Fischer.

Bronfenbrenner, U. & Morris, P. A. (2006). The Bioecological Model of Human Development. In W. Damon & R. M. Lerner (Hrsg.), *Handbook of Child Psychology* (5. Aufl., 793–828). Hoboken: Wiley & Sons.

Busch, B. (2013). *Mehrsprachigkeit.* Wien: Facultas.

Buschmann, A. (2016). *Elternworkshop „Mehrsprachigkeit als Chance".* Heidelberg: Zentrum für Entwicklung und Lernen.

Buschmann, A., Jooss, B., Simon, S. & Sachse, S. (2010). Alltagsintegrierte Sprachförderung in Krippe und Kindergarten. Das „Heidelberger Trainingsprogramm". Ein sprachbasiertes Interaktionstraining für den Frühbereich. *L.O.G.O.S. Interdisziplinär* (2), 84–95.

Caprez-Krompàk, E. (2010). *Entwicklung der Erst- und Zweitsprache im interkulturellen Kontext. Eine empirische Untersuchung über den Einfluss des Unterrichts in heimatlicher Sprache und Kultur (HSK) auf die Sprachentwicklung.* Münster: Waxmann.

Chilla, S., Rothweiler, M. & Babur, E. (2010). *Kindliche Mehrsprachigkeit. Grundlagen – Störungen – Diagnostik.* München: Reinhardt.

Cinar, M., Otremba, K., Stürzer, M. & Bruhns, K. (2013). *Kinder-Migrationsreport. Ein Daten- und Forschungsüberblick zu Lebenslagen und Lebenswelten von Kindern mit Migrationshintergrund.* München: Deutsches Jugendinstitut e. V.

Cloos, P. (2008). *Die Inszenierung von Gemeinsamkeit. Eine vergleichende Studie zu Biografie, Organisationskultur und beruflichem Habitus von Teams in der Kinder- und Jugendhilfe.* Weinheim: Juventa.

Cloos, P. (2013). Kindheitspädagogische Professionalität im Spiegel vergleichender Forschung. Über mögliche Unterschiede zwischen fachschul- und hochschulausgebildeten Fachkräften. In F. Berth, A. Diller, C. Nürnberg & T. Rauschenbach (Hrsg.), *Gleich und doch nicht gleich. Der Deutsche Qualifikationsrahmen und seine Folgen für frühpädagogische Ausbildungen* (39–62). München: Deutsches Jugendinstitut e. V.

Cloos, P. (2015). Diversität und Inklusion in der aktuellen kindheitspädagogischen Professions- und Professionalisierungsforschung. In C. Haude & S. Volk (Hrsg.), *Diversity Education in der Ausbildung frühpädagogischer Fachkräfte* (47–71). Weinheim: Beltz Juventa.

Cloos, P. (2016). Kindheitspädagogik. In M. Dick, W. Marotzki & H. A. Mieg (Hrsg.), *Handbuch Professionsentwicklung* (577–585). Bad Heilbrunn: Klinkhardt.

Cobarrubias, J. (1983). Ethical Issues in Status Planning. In J. Cobarrubias & J. A. Fishman (Hrsg.), *Progress in Language Planning. International Perspectives* (41–85). Berlin: De Gruyter Mouton.

Cohen, J. (1988). *Statistical Power Analysis for the Behavioral Sciences* (2. Aufl.). Hillsdale: Lawrence Erlbaum Associates.

Coninx, F. & Stumpf, P. (2007). *Hören – Sehen – Lernen. Die Solinger Sprachspiele zur phonologischen Bewusstheit und Laut-Buchstaben-Zuordnung.* Göttingen: Vandenhoeck & Ruprecht.

Cronbach, L. J. (1951). Coefficient alpha and the internal structure of tests. *Psychometrika, 16* (3), 297–334.

Cryer, D. (1999). Defining and Assessing Early Childhood Program Quality. *Annals of the American Academy of Political and Social Science* (563), 39–55.

Cryer, D., Tietze, W., Burchinal, M., Leal, T. & Palacios, J. (1999). Predicting process quality from structural quality in preschool programs: a cross-country comparison. *Early Childhood Research Quarterly, 14* (3), 339–361.

Cummins, J. (1978). Educational implications of mother tongue maintenance in minority-language groups. *The Canadian Modern Language Review, 34,* 395–416.

Cummins, J. (1979). Linguistic Interdependence and the Educational Development of Bilingual Children. *Review of Educational Research, 49* (2), 222–251.

Cummins, J. (1986). Empowering Minority Students: A Framework for Intervention. *Harvard Educational Review, 56* (1), 18–37.

Cummins, J. (1991). Interdependence of first- and second-language proficiency in bilingual children. In E. Bialystok (Hrsg.), *Language processing in bilingual children* (70–89). Cambridge: University Press.

Dahlheimer, S., Faas, S. & Thiersch, R. (2014). *Evaluation des Programms „Chancen – gleich!". Kulturelle Vielfalt in frühkindlichen Bildungsprozessen – ein Qualifizierungsprogramm für pädagogische Fachkräfte. Abschlussbericht.* http://www.bosch-stiftung.de/content/language1/downloads/Forschungsbericht_Chancen_gleich_2014.pdf [06.09.2017].

Deming, W. E. (1986). *Out of the crisis.* Cambridge, Mass.: Massachusetts Institute of Technology, Center for Advanced Engineering Study.

Derman-Sparks, L. & A.B.C. Task Force (Hrsg.) (1989). *Anti-Bias-Curriculum. Tools for Empowering Young Children.* Washington: National Association for the Education of Young Children.

Deutscher Bildungsrat (Hrsg.) (1970). *Empfehlung der Bildungskommission. Strukturplan für das Bildungswesen. Verabschiedet auf der 27. Sitzung der Bildungskommission am 13. Februar 1970.* Bonn: Bundesdruckerei.

Dewe, B. (1996). Das Professionswissen von Weiterbildnern. Klientenbezug – Fachbezug. In A. Combe & W. Helsper (Hrsg.), *Pädagogische Professionalität. Unter-*

suchungen zum Typus pädagogischen Handelns (714–757). Frankfurt am Main: Suhrkamp.

Dickinson, D. K. (2003). Are Measures of „Global Quality" Sufficient? *Educational Researcher, 32* (4), 27–28.

Diller, A. (2014). Weiterbildnerinnen und Weiterbildner im Spiegel fachlicher Anforderungen, unterschiedlicher Qualifikationen und heterogener Arbeitsbedingungen. In DJI (Deutsches Jugendinstitut) (Hrsg.), *Kompetenzorientierte Gestaltung von Weiterbildungen. Grundlagen für die Frühpädagogik. WiFF-Wegweiser Weiterbildung* (12–27). München: Deutsches Jugendinstitut e. V.

DJI (Deutsches Jugendinstitut) (Hrsg.) (2013). *Inklusion – kulturelle Heterogenität in Kindertageseinrichtungen. Grundlagen für die kompetenzorientierte Weiterbildung. WiFF-Wegweiser Weiterbildung.* München: Deutsches Jugendinstitut e. V.

DJI (Deutsches Jugendinstitut) (Hrsg.) (2016). *Inklusive Sprachliche Bildung. Grundlagen für die kompetenzorientierte Weiterbildung. WiFF-Wegweiser Weiterbildung.* München: Deutsches Jugendinstitut e. V.

Döring, N. & Bortz, J. (2016). *Forschungsmethoden und Evaluation in den Sozial- und Humanwissenschaften* (5. Aufl.). Berlin: Springer.

Dorner, S. & Fröhlich-Gildhoff, K. (2015). Publizieren im Feld der frühkindlichen Bildung, Betreuung und Erziehung (FBBE). *Perspektiven der empirischen Kinder- und Jugendforschung, 1* (2), 79–90.

Dudek, J., Hanssen, K. & Reitzner, B. (2013). Pluralisierung der Ausbildungslandschaft. In F. Berth, A. Diller, C. Nürnberg & T. Rauschenbach (Hrsg.), *Gleich und doch nicht gleich. Der Deutsche Qualifikationsrahmen und seine Folgen für frühpädagogische Ausbildungen* (63–82). München: Deutsches Jugendinstitut e. V.

Egert, F. (2015). *Meta-analysis on the impact of in-service professional development programs for preschool teachers on quality ratings and child outcomes* (Dissertation). Otto-Friedrich-Universität Bamberg.

Egert, F. (2017). Die Wirkung von Sprachförderung im Deutschen für mehrsprachige Kinder in Kindertageseinrichtungen. *Zeitschrift für Grundschulforschung, Bildung im Elementar- und Primarbereich, 10* (2), 23–34.

Egert, F., Eckhardt, A. G. & Fukkink, R. G. (2017). Zentrale Wirkmechanismen von Weiterbildungen zur Qualitätssteigerung in Kindertageseinrichtungen. *Frühe Bildung, 6* (2), 58–66.

Eifler, S., van Loon, J. & Schmidt, R. (2015). Gesellschaft im Alltag erforschen. *AGORA – Magazin der Katholischen Universität Eichstätt-Ingolstadt, 31* (1), 17–21.

Ellis, P. D. (2010). *The essential guide to effect sizes. Statistical power, meta-analysis, and the interpretation of research results.* Cambridge: Cambridge University Press.

Elsner, D. & Wedewer, V. (2007). Begegnung mit Fremdsprachen im Rahmen frühpädagogischer Erziehung. *Handreichungen zur Entwicklung der Sprach- und Li-*

teraturdidaktik im Elementarbereich. http://www.elementargermanistik.uni-bre
men.de/Handreichung_Elsner_Wedewer_Fremdsprachen.pdf [06.09.2017].

EU-Kommission (Hrsg.) (1996). *Weißbuch Lehren und Lernen – Auf dem Weg zur
kognitiven Gesellschaft.* Luxemburg: Amt für amtliche Veröffentlichungen der
Europäischen Gemeinschaften.

Fairclough, N. (1992). *Critical language awareness.* London: Longman.

Fehling, S. (2008). *Language awareness und bilingualer unterricht. Eine komparative
Studie* (2. Aufl.). Frankfurt am Main: Peter Lang.

Focali, E., Viernickel, S. & Völkel, P. (Hrsg.) (2009). *Sprachen und Kulturen sichtbar
machen. Interkulturelle Kompetenzen bei Kleinstkindern.* Troisdorf: Bildungsverlag EINS.

Forum Bildung (Hrsg.) (2001). *Empfehlungen des Forum Bildung.* Bonn: Geschäfts-
stelle der Bund-Länder-Kommission.

Frank, M., Jahreiß, S., Ertanir, B., Kratzmann, J. & Sachse, S. (2016). *Die IMKi-Studie. Bericht zur Stichprobe und Methodik.* http://edoc.ku-eichstaett.de/18789/1/
Methodenbericht_IMKi.pdf [23.12.2016].

Fried, L. (2006). Wissensbasis der Sprachförderkompetenz von ErzieherInnen.
Kurzform des Forschungsberichtes. https://www.fk12.tu-dortmund.de/cms/
ISEP/Medienpool/P__dagogik_der_fr__hen_Kindheit/Kurzbericht_2006.pdf
[13.11.2015].

Fried, L. (2007). Sprachförderkompetenz von ErzieherInnen. *Ergebnisse einer Selbsteinschätzung. Sozial Extra, 31* (5), 26–28.

Fried, L. (2008a). Bildung und didaktische Kompetenz. In W. Thole, H.-G. Roßbach, M. Fölling-Albers & R. Tippelt (Hrsg.), *Bildung und Kindheit. Pädagogik der frühen Kindheit in Wissenschaft und Lehre* (141–152). Opladen: Barbara Budrich.

Fried, L. (2008b). Professionalisierung von Erzieherinnen am Beispiel der Sprachförderkompetenz – Forschungsansätze und erste Ergebnisse. In H. v. Balluseck (Hrsg.), *Professionalisierung der Frühpädagogik. Perspektiven, Entwicklungen, Herausforderungen* (264–277). Opladen: Barbara Budrich.

Fried, L. (2009). Education, language and professionalism: issues in the professional
development of early years practitioners in Germany. *Early Years, 29* (1), 19–30.

Fried, L. (2011). Sprachförderstrategien in Kindergartengruppen – Einschätzungen
und Ergebnisse mit DO-RESI. *Empirische Pädagogik, 25* (4), 543–562.

Fried, L. (2013). Die Qualität der Interaktionen zwischen frühpädagogischen Fach-
kräften und Kindern – Ausprägungen, Moderatorvariablen und Wirkungen am
Beispiel DO-RESI. In K. Fröhlich-Gildhoff, I. Nentwig-Gesemann, A. König,
U. Stenger & D. Weltzien (Hrsg.), *Forschung in der Frühpädagogik VI. Schwer-
punkt: Interaktion zwischen Fachkräften und Kindern* (35–58). Freiburg: FEL-
Verlag Forschung-Entwicklung-Lehre.

Fried, L. & Briedigkeit, E. (2008). *Sprachförderkompetenz. Selbst- und Teamquali-
fizierung für Erzieherinnen, Fachberatungen und Ausbilder.* Berlin: Cornelsen.

Fried, L., Hoeft, M., Isele, P., Stude, J. & Wexeler, W. (2012). Schlussbericht zur Wissenschaftlichen Flankierung des Verbundprojekts „TransKiGs – Stärkung der Bildungs – und Erziehungsqualität in Kindertageseinrichtungen und Grundschule – Gestaltung des Übergangs". https://www.fk12.tu-dortmund.de/cms/ ISEP/de/PDFK/MItarbeiter/012_Fried_Lilian/TransKiGs-Abschlussbericht-2012.pdf [27.04.2015].

Friederich, T., Lechner, H., Schneider, H., Schoyerer, G. & Ueffing, C. (Hrsg.) (2016). *Baustelle Kindertagesbetreuung. Profession, Professionalität und Professionalisierung im Diskurs.* Weinheim: Beltz Juventa.

Friederich, T. & Schelle, R. (2015). Qualitätsmerkmal frühpädagogischer Weiterbildungen? In A. König & T. Friederich (Hrsg.), *Qualität durch Weiterbildung. Konzeptionelle Denkanstöße für die Frühe Bildung* (40–64). Weinheim: Beltz Juventa.

Friedman, M. (1937). The Use of Ranks to Avoid the Assumption of Normality Implicit in the Analysis of Variance. *Journal of the American Statistical Association, 32* (200), 675–701.

Fröhlich-Gildhoff, K. & Mischo, C. (2011). Schwerpunkt: Professionalisierung frühpädagogischen Personals. *Frühe Bildung, 1,* 2–3.

Fröhlich-Gildhoff, K., Nentwig-Gesemann, I. & Pietsch, S. (2011). *Kompetenzorientierung in der Qualifizierung frühpädagogischer Fachkräfte. WiFF-Expertise.* München: Deutsches Jugendinstitut e. V.

Fröhlich-Gildhoff, K., Nentwig-Gesemann, I. & Pietsch, S. (2014). Kompetenzen einschätzen und Feedback kompetenzorientiert formulieren. In DJI (Deutsches Jugendinstitut) (Hrsg.), *Kompetenzorientierte Gestaltung von Weiterbildungen. Grundlagen für die Frühpädagogik. WiFF-Wegweiser Weiterbildung* (128–153). München: Deutsches Jugendinstitut e. V.

Fthenakis, W. E. & Oberhuemer, P. (Hrsg.) (2010). *Frühpädagogik international. Bildungsqualität im Blickpunkt* (2. Aufl.). Wiesbaden: Springer VS.

Fthenakis, W. E., Sonner, A., Thrul, R. & Walbiner, W. (1985). *Bilingual-bikulturelle Entwicklung des Kindes. Ein Handbuch für Psychologen, Pädagogen und Linguisten.* München: Hueber.

Fürstenau, S. (2012). Grundlagen und Einführung. Interkulturelle Pädagogik und Sprachliche Bildung. In S. Fürstenau (Hrsg.), *Interkulturelle Pädagogik und Sprachliche Bildung. Herausforderungen für die Lehrerbildung* (1–23). Wiesbaden: Springer VS.

Fuhr, T. (2011). Didaktik der Erwachsenenbildung und Weiterbildung. In T. Fuhr, P. Gonon & C. Hof (Hrsg.), *Erwachsenenbildung – Weiterbildung. Handbuch der Erziehungswissenschaft 4* (379–397). Paderborn: Schöningh.

Gagarina, N. (2014). Die Erstsprache bei Mehrsprachigen im Migrationskontext. In S. Chilla & S. Haberzettl (Hrsg.), *Handbuch Spracherwerb und Sprachentwicklungsstörungen. Mehrsprachigkeit* (19–37). München: Urban & Fischer.

García, O. (2009). *Bilingual education in the 21st century. A global perspective.* Malden: Wiley-Blackwell.

García, O. & Wei, L. (2014). *Translanguaging. Language, Bilingualism and Education*. London: Palgrave Macmillan.

Garlin, E. (2008). *Die Kikus-Methode. Ein Leitfaden. Deutsch als Zweitsprache – Deutsch als Fremdsprache*. München: Hueber.

Gasteiger-Klicpera, B. (2013). Können wir durch einen ganzheitlichen Ansatz sprachlicher Bildung mehr erreichen als durch Sprachförderung? In C. Kieferle, E. Reichert-Garschhammer & F. Becker-Stoll (Hrsg.), *Sprachliche Bildung von Anfang an. Strategien, Konzepte und Erfahrungen* (249–253). Göttingen: Vandenhoeck & Ruprecht.

Geißler, K. A. & Hege, M. (2007). *Konzepte sozialpädagogischen Handelns. Ein Leitfaden für soziale Berufe* (11. Aufl.). Weinheim: Beltz.

Gierke, P. & Beller, S. (2004). *Zeitstichproben-Ratings zur Einschätzung des sprachlichen Anregungsniveaus in Tageseinrichtungen für Kinder*. Berlin: Unveröffentlicht.

Gnahs, D. (2010). *Kompetenzen – Erwerb, Erfassung, Instrumente*. Bielefeld: Bertelsmann.

Gogolin, I. (1988). *Erziehungsziel Zweisprachigkeit. Konturen eines sprachpädagogischen Konzepts für die multikulturelle Schule*. Hamburg: Bergmann + Helbig.

Gogolin, I. (2004). Lebensweltliche Mehrsprachigkeit. In K.-R. Bausch, F. G. Königs & H.-J. Krumm (Hrsg.), *Mehrsprachigkeit im Fokus. Arbeitspapiere der 24. Frühjahrskonferenz zur Erforschung des Fremdsprachenunterrichts* (55–61). Tübingen: Gunter Narr.

Gogolin, I. (2007a). *Institutionelle Übergänge als Schlüsselsituationen für mehrsprachige Kinder. Expertise im Rahmen des DJI-Projekts „Sprachliche Förderung in der Kita".* München: Deutsches Jugendinstitut e. V.

Gogolin, I. (2007b). Interkulturelle Erziehung und das Lehren und Lernen fremder Sprachen. In K.-R. Bausch, H. Christ & H.-J. Krumm (Hrsg.), *Handbuch Fremdsprachenunterricht* (5. Aufl., 96–102). Tübingen: A. Francke.

Gogolin, I. (2009). Zweisprachigkeit und die Entwicklung bildungssprachlicher Fähigkeiten. In I. Gogolin & U. Neumann (Hrsg.), *Streitfall Zweisprachigkeit – The Bilingualism Controversy* (263–280). Wiesbaden: Springer VS.

Gogolin, I. (2010a). Interkulturelle Bildungsforschung. In R. Tippelt (Hrsg.), *Handbuch Bildungsforschung* (3. Aufl., 297–315). Wiesbaden: Springer VS.

Gogolin, I. (2010b). Stichwort: Mehrsprachigkeit. *Zeitschrift für Erziehungswissenschaft, 13* (4), 529–547.

Gogolin, I. & Duarte, J. (2018). Migration und sprachliche Bildung. In I. Gogolin, V. Georgi, M. Krüger-Potratz, D. Lengyel & U. Sandfuchs (Hrsg.), *Handbuch Interkulturelle Pädagogik* (67–72). Bad Heilbrunn: Klinkhardt.

Gogolin, I. & Krüger-Potratz, M. (2010). *Einführung in die Interkulturelle Pädagogik* (2. Aufl.). Opladen: Barbara Budrich.

Gogolin, I. & Lange, I. (2011). Bildungssprache und Durchgängige Sprachbildung. In S. Fürstenau & M. Gomolla (Hrsg.), *Migration und schulischer Wandel: Mehrsprachigkeit* (107–127). Wiesbaden: VS Verlag für Sozialwissenschaften.

Graf, P. & Tellmann, H. (1997). *Vom frühen Fremdsprachenlernen zum Lernen in zwei Sprachen. Schulen auf dem Weg nach Europa.* Frankfurt am Main: Peter Lang.

Gramelt, K. (2010). *Der Anti-Bias-Ansatz.* Wiesbaden: Springer VS.

Gresch, C. (2011). Staatsbürgerschaft oder Migrationshintergrund? Ein Vergleich unterschiedlicher Operationalisierungsweisen am Beispiel der Bildungsbeteiligung. *Zeitschrift für Soziologie der Erziehung und Sozialisation, 40* (3), 208–227.

Griebel, W., Heinisch, R., Kieferle, C., Röbe, E. & Seifert, A. (Hrsg.) (2013). *Übergang in die Schule und Mehrsprachigkeit. Ein Curriculum für pädagogische Fach- und Lehrkräfte = Transition to school and multilingualism.* Hamburg: Kovac.

Grimm, H. (2012). *Störungen der Sprachentwicklung. Grundlagen – Ursachen – Diagnose – Intervention – Prävention* (3. Aufl.). Göttingen: Hogrefe.

Grimm, H., Aktas, M. & Frevert, S. (2010). *SETK 3-5 – Sprachentwicklungstest für drei- bis fünfjährige Kinder (3;0 – 5;11 Jahre). Diagnose von Sprachverarbeitungsfähigkeiten und auditiven Gedächtnisleistungen* (2. Aufl.). Göttingen: Hogrefe.

Grimm, H. & Schöler, H. (1991). *HSET – Heidelberger Sprachentwicklungstest.* Göttingen: Hogrefe.

Grosjean, F. (1996). Bilingualismus und Bikulturalismus. Versuch einer Definition. In H. Schneider & J. Hollenweger (Hrsg.), *Mehrsprachigkeit und Fremdsprachigkeit. Arbeit für die Sonderpädagogik?* (161–184). Luzern: SZH.

Groth, K., Egert, F. & Sachse, S. (2015). *FoSmeK-Broschüre – Begleitforschung zu einem Sprachförderkonzept für mehrsprachige Kinder.* Ulm: ZNL TransferZentrum für Neurowissenschaften und Lernen.

Groth, K., Egert, F. & Sachse, S. (2017). Wirksamkeit eines additiven Sprachförderkonzepts für mehrsprachige Kinder. *Frühe Bildung, 6* (2), 74–82.

Guadatiello, A. (2003). *KIKUS-Sprachförderung Deutsch für Kinder im Vor- und Grundschulalter. Projektdokumentation – Linguistische Analysen – Empfehlungen.* München: Zentrum für kindliche Mehrsprachigkeit.

Hänisch, H. & Thürmann, E. (1994). *Begegnung mit Sprachen in der Grundschule. Kurzfassung der Ergebnisse einer Befragung von Schulleiterinnen und Schulleitern sowie derjenigen Lehrerinnen und Lehrern, die Begegnung mit Sprachen bereits praktizieren.* Soest: Landesinstitut für Schule und Weiterbildung.

Harms, T. & Clifford, R. M. (1980). *Early Childhood Environment Rating Scale (ECERS).* New York: Teachers College Press.

Harms, T., Clifford, R. M. & Cryer, D. (1998). *Early Childhood Environment Rating Scale. Revised edition.* New York: Teachers College Press.

Haug-Schnabel, G. & Wehrmann, I. (Hrsg.) (2012). *Raum braucht das Kind. Anregende Lebenswelten für Krippe und Kindergarten.* Weimar: Das Netz.

Hawkins, E. (1984). *Awareness of Language: An Introduction.* Cambridge: University Press.

Hendler, J., Mischo, C., Wahl, S. & Strohmer, J. (2011). Das sprachbezogene Wissen angehender frühpädagogischer Fachkräfte im Wissenstest und in der Selbsteinschätzung. *Empirische Pädagogik, 25* (4), 518–542.

Höltershinken, D. (2012). Materialien. In K.-P. Horn, H. Kemnitz, W. Marotzki & U. Sandfuchs (Hrsg.), *Klinkhardt Lexikon Erziehungswissenschaft KLE* (341–342). Bad Heilbrunn: Klinkhardt.

Hopf, M. (2014). Didaktische Konzepte für bereichsspezifische Bildungsangebote. In R. Braches-Chyrek, C. Röhner, H. Sünker & M. Hopf (Hrsg.), *Handbuch frühe Kindheit* (615–625). Opladen: Barbara Budrich.

Hopf, M. & Eckhardt, A. G. (2013). Bildungssprache im Kindergarten. Ein Blick in die konzeptionellen Umsetzungen der Rahmenvorgaben für die frühe Bildung. In C. Röhner & B. Hövelbrinks (Hrsg.), *Fachbezogene Sprachförderung in Deutsch als Zweitsprache. Theoretische Konzepte und empirische Befunde zum Erwerb bildungssprachlicher Kompetenzen* (118–130). Weinheim: Beltz Juventa.

Hopp, H., Thoma, D. & Tracy, R. (2010). Sprachförderkompetenz pädagogischer Fachkräfte: Ein sprachwissenschaftliches Modell. *Zeitschrift für Erziehungswissenschaft, 13* (4), 609–629.

Hoppenstedt, G. & Apeltauer, E. (Hrsg.) (2010). *Meine Sprache als Chance. Handbuch zur Förderung von Mehrsprachigkeit.* Troisdorf: Bildungsverlag EINS.

Hüsken, K. (2011). *Kita vor Ort. Betreuungsatlas auf Ebene der Jugendamtsbezirke 2010.* München: Deutsches Jugendinstitut e. V.

Hurrelmann, K. (2015). Sozialisation. In S. Farzin & S. Jordan (Hrsg.), *Lexikon Soziologie und Sozialtheorie. Hundert Grundbegriffe* (253–256). Stuttgart: Reclam.

Hyson, M., Tomlinson, H. B. & Morris, C. A. S. (2009). Quality improvement in early childhood teacher education: faculty perspectives and recommendations for the future. *Early Childhood Research and Practice, 11* (1), o. S.

ISB (Staatsinstitut für Schulqualität und Bildungsforschung) (2006). Glossar. *Begriffe im Kontext von Lehrplänen und Bildungsstandards.* https://www.isb.bayern.de/download/939/glossar_lehrplanfragen.pdf [06.09.2017].

ISB (Staatsinstitut für Schulqualität und Bildungsforschung) (Hrsg.) (2015). *Bildungsbericht Bayern 2015.* München: Staatsinstitut für Schulqualität und Bildungsforschung (ISB).

Jacobi, B. & Kuhle, C. (1997). *Begegnung mit Sprachen. Lerngelegenheiten finden, Begegnungsphasen planen, authentische Materialien nutzen.* Berlin: Cornelsen.

Jahreiß, S. (2018). Sprachenvielfalt und Mehrsprachigkeit wertschätzen. Ideen und Materialien für den Kita-Alltag. In *TPS – Theorie und Praxis der Sozialpädagogik,* 5, S. 42–46.

Jahreiß, S., Ertanir, B., Frank, M., Sachse, S. & Kratzmann, J. (2017). Sprachenvielfalt und Mehrsprachigkeit in sprachlich heterogenen Kindertageseinrichtungen. *Diskurs Kindheits- und Jugendforschung, 12* (4), 439–453.

James, C. & Garrett, P. (1992). *Language awareness in the classroom.* London: Longman.

Jampert, K. (2005). Sprache als Schlüsselkompetenz für Kinder in sozialen Brennpunkten – Entwicklungen im Elementarbereich. In SPI (Stiftung Sozialpädagogisches Institut Berlin) (Hrsg.), *E&C-Fachforum: Konzepte der frühkindlichen Sprachförderung in sozialen Brennpunkten Dokumentation der Veranstaltung vom 9. und 10. Mai 2005 in Berlin* (17–21). Berlin: Sozialpädagogisches Institut Berlin.

Jampert, K., Best, P., Guadatiello, A., Holler, D. & Zehnbauer, A. (Hrsg.) (2007). *Schlüsselkompetenz Sprache. Sprachliche Bildung und Förderung im Kindergarten. Konzepte, Projekte und Maßnahmen* (2. Aufl.). Weimar: Das Netz.

Jampert, K., Zehnbauer, A., Best, P., Sens, A., Leuckefeld, K. & Laier, M. (Hrsg.) (2009a). *Kinder-Sprache stärken! Sprachliche Förderung in der Kita: das Praxismaterial. Aufwachsen mit mehreren Sprachen.* Weimar: Das Netz.

Jampert, K., Zehnbauer, A., Best, P., Sens, A., Leuckefeld, K. & Laier, M. (Hrsg.) (2009b). *Kinder-Sprache stärken! Sprachliche Förderung in der Kita: das Praxismaterial.* Weimar: Das Netz.

JMK (Jugendministerkonferenz) & KMK (Kultusministerkonferenz) (2004). *Gemeinsamer Rahmen der Länder für die frühe Bildung in Kindertageseinrichtungen. (Beschluss der Jugendministerkonferenz vom 13./14.05.2004/Beschluss der Kultusministerkonferenz vom 03./04.06.2004).* http://www.kmk.org/fileadmin/ Dateien/veroeffentlichungen_beschluesse/2004/2004_06_04-Fruehe-Bildung-Kitas.pdf [06.09.2017].

Jungmann, T., Koch, K. & Etzien, M. (2013). Effektivität alltagsintegrierter Sprachförderung bei ein- und zwei- bzw. mehrsprachig aufwachsenden Vorschulkinder. *Frühe Bildung, 2* (3), 110–121.

Kauffeld, S., Paulsen, H. & Ulbricht, S. (2016). Wirksamkeitsforschung in der Weiterbildung. *Ergebnisbezogene und prozessbezogene Evaluation.* In M. Dick, W. Marotzki & H. A. Mieg (Hrsg.), *Handbuch Professionsentwicklung* (464–473). Bad Heilbrunn: Klinkhardt.

Kemper, T. (2010). Migrationshintergrund – eine Frage der Definition! *DDS – Die Deutsche Schule, 102* (4), 315–326.

Kieferle, C., Reichert-Garschhammer, E. & Becker-Stoll, F. (Hrsg.) (2013). *Sprachliche Bildung von Anfang an. Strategien, Konzepte und Erfahrungen.* Göttingen: Vandenhoeck & Ruprecht.

Kirkpatrick, D. L. (1976). Evaluation of Training. In R. L. Craig (Hrsg.), *Training and development handbook. A Guide to Human Resource Development* (2. Aufl. 18, 1–27). New York: McGraw-Hill.

Kirkpatrick, D. L. & Kirkpatrick, J. D. (2006). *Evaluating training programs. The four levels* (3. Aufl.). San Francisco: Berrett-Koehler.

Klieme, E. & Hartig, J. (2008). Kompetenzkonzepte in den Sozialwissenschaften und im erziehungswissenschaftlichen Diskurs. In M. Prenzel, I. Gogolin & H.-H. Krüger (Hrsg.), *Kompetenzdiagnostik* (Zeitschrift für Erziehungswissenschaft Sonderheft, 11–29). Wiesbaden: Springer VS.

Klieme, E. & Leutner, D. (2006). Kompetenzmodelle zur Erfassung individueller Lernergebnisse und zur Bilanzierung von Bildungsprozessen. *Zeitschrift für Pädagogik, 52* (6), 876–903.

Klix, F. (1998). Begriffliches Wissen – episodisches Wissen. In F. Klix & H. Spada (Hrsg.), *Wissen* (Enzyklopädie der Psychologie, 167–211). Göttingen: Hogrefe.

Kluczniok, K. & Roßbach, H.-G. (2014). Conceptions of educational quality for kindergartens. *Zeitschrift für Erziehungswissenschaft, 17* (6), 145–158.

Kluczniok, K., Sechtig, J. & Roßbach, H.-G. (2012). Qualität im Kindergarten. Wie gut ist das Niveau der Kindertagesbetreuung in Deutschland und wie wird es gemessen? *DJI IMPULSE* (98), 33–36.

KMK (Kultusministerkonferenz) (2013). *Fremdsprachen in der Grundschule – Sachstand und Konzeptionen 2013. Beschluss der Kultusministerkonferenz vom 17.10.2013.* http://www.kmk.org/fileadmin/veroeffentlichungen_beschluesse/2013/2013_10_17-Fremdsprachen-in-der-Grundschule.pdf [06.09.2017].

Kniffka, G. & Siebert-Ott, G. (2007). *Deutsch als Zweitsprache. Lehren und lernen.* Paderborn: Schöningh.

Koch, K., Jüttner, A.-K. & Hormann, O. (2011). Strukturen sprachbezogener Förderung von Kindern mit einer anderen Herkunftssprache in Kindertagesstätten. *Zeitschrift für Grundschulforschung, Bildung im Elementar- und Primarbereich, 4* (2), 7–19.

Köller, O. (2015). Evaluation pädagogisch-psychologischer Maßnahmen. In J. Möller & E. Wild (Hrsg.), *Pädagogische Psychologie* (2. Aufl., 329–342). Berlin: Springer.

König, A. (2009). *Interaktionsprozesse zwischen Erzieherinnen und Kindern. Eine Videostudie aus dem Kindergartenalltag.* Wiesbaden: Springer VS.

König, A. (2013). Woran zeigt sich professionelles Handeln? *Vortrag bei WiFF-Kolloquium „Professionalisierung in der Kindertagesbetreuung", Hochschule München am 15.11.2013.* http://www.weiterbildungsinitiative.de/fileadmin/download/Veranstaltungen/131115Anke_Koenig.pdf [06.09.2017].

König, A. (2014). Ausblick: Perspektiven und (Heraus-)Forderungen. In DJI (Deutsches Jugendinstitut) (Hrsg.), *Kompetenzorientierte Gestaltung von Weiterbildungen. Grundlagen für die Frühpädagogik. WiFF-Wegweiser Weiterbildung* (177–181). München: Deutsches Jugendinstitut e. V.

König, A. (2016). Die Dominanz der Fachschulen für Sozialpädagogik im Zuge der (Teil-)Akademisierung im Arbeitsfeld Kindertageseinrichtung – Analysen zur Eigenlogik des Feldes. *bwp@ Berufs- und Wirtschaftspädagogik – online* (31), 1–17.

König, A. & Friederich, T. (2015). Qualität durch Weiterbildung. Chancen für die Professionalisierung frühpädagogischer Fachkräfte. In A. König & T. Friederich (Hrsg.), *Qualität durch Weiterbildung. Konzeptionelle Denkanstöße für die Frühe Bildung* (9–18). Weinheim: Beltz Juventa.

Konrad, F.-M. (2012). *Der Kindergarten. Seine Geschichte von den Anfängen bis zur Gegenwart* (2. Aufl.). Freiburg: Lambertus.

Kovačević, J. & Schelle, R. (2016). Didaktische Prinzipien für eine kompetenzorientierte Weiterbildung. In DJI (Deutsches Jugendinstitut) (Hrsg.), *Inklusive Sprachliche Bildung. Grundlagen für die kompetenzorientierte Weiterbildung. WiFF-Wegweiser Weiterbildung* (94–101). München: Deutsches Jugendinstitut e. V.

Krais, B. (2015). Habitus. In S. Farzin & S. Jordan (Hrsg.), *Lexikon Soziologie und Sozialtheorie. Hundert Grundbegriffe* (98–100). Stuttgart: Reclam.

Krais, B. & Gebauer, G. (2002). *Habitus*. Bielefeld: Transcript.

Kratzmann, J. (2011). *Türkische Familien beim Übergang vom Kindergarten in die Grundschule. Einschulungsentscheidungen in der Migrationssituation.* Münster: Waxmann.

Kratzmann, J., Jahreiß, S., Frank, M., Ertanir, B. & Sachse, S. (2017). Einstellungen pädagogischer Fachkräfte in Kindertageseinrichtungen zur Mehrsprachigkeit. *Zeitschrift für Erziehungswissenschaft, 20* (2), 237–258.

Kratzmann, J., Lehrl, S. & Ebert, S. (2013). Einstellungen zum Einbezug der Erstsprache im Kindergarten und deren Bedeutung für die Wortschatzentwicklung im Deutschen bei Kindern mit Migrationshintergrund. *Frühe Bildung, 2* (3), 133–143.

Kratzmann, J. & Pohlmann-Rother, S. (2012). Ethnische Stereotype im Kindergarten? Erzieherinnenhaltungen gegenüber Zuwanderern aus der Türkei. *Zeitschrift für Pädagogik, 58* (6), 855–876.

Krüger-Potratz, M. (2005). *Interkulturelle Bildung. Eine Einführung.* Münster: Waxmann.

Kuckartz, U., Rädiker, S., Ebert, T. & Schehl, J. (2013). *Statistik. Eine verständliche Einführung* (2. Aufl.). Wiesbaden: Springer VS.

Küspert, P. & Schneider, W. (2006). *Hören, lauschen, lernen – Anleitung und Arbeitsmaterial. Sprachspiele für Kinder im Vorschulalter – Würzburger Trainingsprogramm zur Vorbereitung auf den Erwerb der Schriftsprache* (5. Aufl.). Göttingen: Vandenhoeck & Ruprecht.

Küspert, P. & Schneider, W. (2008). *Hören, lauschen, lernen. Sprachspiele für Kinder im Vorschulalter – Würzburger Trainingsprogramm zur Vorbereitung auf den Erwerb der Schriftsprache. Anleitung* (6. Aufl.). Göttingen: Vandenhoeck & Ruprecht.

Landesamt für Soziales, Jugend und Versorgung in Rheinland-Pfalz (2003). *Lerne die Sprache des Nachbarn. Orientierungshilfe für den Einsatz französischer Fachkräfte im Kindergarten.* http://www.lsjv.rlp.de/fileadmin/lsjv/downloads/Kinder_Jugend_und_Familie/Kindertagesstaetten_Kindertagespflege/k_lerne_sprache_des_nachbarn.pdf [18.05.2015].

Landeshauptstadt München (Hrsg.) (2015). *Münchner Bildungsbericht 2016.* München: LHM.

Lehmann, G. & Nieke, W. (2001). *Zum Kompetenz-Modell.* www.bildungsserver-mv.de/download/material/text-lehmann-nieke.pdf [01.12.2015].

Leisau, A. (2010). Zur Sprach(en)nutzung in Familien mit Migrationshintergrund – Eine Untersuchung der Elternperspektive. In K. Fröhlich-Gildhoff, I. Nentwig-Gesemann & P. Strehmel (Hrsg.), *Forschung in der Frühpädagogik III. Schwerpunkt: Sprachentwicklung & Sprachförderung* (247–274). Freiburg: FEL-Verlag Forschung-Entwicklung-Lehre.

Lengyel, D. (2018). Sprachbildung. In I. Gogolin, V. Georgi, M. Krüger-Potratz, D. Lengyel & U. Sandfuchs (Hrsg.), *Handbuch Interkulturelle Pädagogik* (469–473). Bad Heilbrunn: Klinkhardt.

Lengyel, D. & Salem, T. (2018). Orientierungs- und Bildungspläne für die Kindertagesbetreuung. In I. Gogolin, V. Georgi, M. Krüger-Potratz, D. Lengyel & U. Sandfuchs (Hrsg.), *Handbuch Interkulturelle Pädagogik* (441–445). Bad Heilbrunn: Klinkhardt.

Lentner, A. (2013). Weiterbildungen kompetenzorientiert gestalten – Anforderungen an Weiterbildnerinnen und Weiterbildner. In DJI (Deutsches Jugendinstitut) (Hrsg.), *Inklusion – kulturelle Heterogenität in Kindertageseinrichtungen. Grundlagen für die kompetenzorientierte Weiterbildung. WiFF-Wegweiser Weiterbildung* (164–179). München: Deutsches Jugendinstitut e. V.

Leu, H. R. (2007). Die Bildungsdebatte in Deutschland – heute und vor dreißig Jahren. *Gemeinsamkeiten und Unterschiede*. In K. Jampert, P. Best, A. Guadatiello, D. Holler & A. Zehnbauer (Hrsg.), *Schlüsselkompetenz Sprache. Sprachliche Bildung und Förderung im Kindergarten. Konzepte, Projekte und Maßnahmen* (2. Aufl., 19–23). Weimar: Das Netz.

Leu, H. R. (2014). *Non-formales und informelles Lernen – unverzichtbare Elemente frühpädagogischer Professionalisierung. Eine Analyse vor dem Hintergrund des Deutschen Qualifikationsrahmens; WiFF-Expertise*. München: Deutsches Jugendinstitut e. V.

Lewin, K. (1947). Frontiers in Group Dynamics. Concept, Method and Reality in Social Science; Social Equilibria and Social Change. *Human Relations, 1* (1), 5–41.

Lisker, A. (2011). *Additive Maßnahmen zur vorschulischen Sprachförderung in den Bundesländern. DJI-Expertise*. München: Deutsches Jugendinstitut e. V.

Luchtenberg, S. (2002). Mehrsprachigkeit und Deutschunterricht: Widerspruch oder Chance? Zu den kulturellen Möglichkeiten von Language Awareness in interkultureller Deutschdidaktik. *ide – Informationen zur Deutschdidaktik, 26* (3), 27–46.

Lüttenberg, D. (2010). Mehrsprachigkeit, Familiensprache, Herkunftssprache. Begriffsvielfalt und Perspektiven für die Sprachdidaktik. Wirkendes Wort. *Deutsche Sprache und Literatur in Forschung und Lehre* (2), 299–315.

Maitz, P. & Elspaß, S. (2012). Pluralismus oder Assimilation? Zum Umgang mit Norm und arealer Sprachvariation in Deutschland und anderswo. In S. Günthner, W. Imo, D. Meer & J. G. Schneider (Hrsg.), *Kommunikation und Öffentlichkeit* (S. 41–60). Berlin: Walter de Gruyter.

Mann, H. B. & Whitney, D. R. (1947). On a Test of Whether one of Two Random Variables is Stochastically Larger than the Other. *Annals of mathematical Statistics, 18* (1), 50–60.

Mayer, N. & Viebrock, B. (2005). First Encounters: holism as central concept for experiencing foreign languages in kindergarten. In C. Penman (Hrsg.), *Holistic Approaches to Language Learning* (157–171). Frankfurt am Main: Peter Lang.

Mayr, T. (2013). Sprachliche Bildung in Kindertageseinrichtungen – pädagogische Angebote und Aktivitäten sichten und optimieren mit LiSKit. In C. Kieferle, E. Reichert-Garschhammer & F. Becker-Stoll (Hrsg.), *Sprachliche Bildung von Anfang an. Strategien, Konzepte und Erfahrungen* (215–226). Göttingen: Vandenhoeck & Ruprecht.

Mayr, T., Hofbauer, C., Kofler, A. & Simic, M. (2012). *LiSKit – Literacy und Sprache in Kindertageseinrichtungen (Schwerpunkt: Kinder von 3 bis 6 Jahren).* Freiburg: Herder.

Mayr, T. & Ulich, M. (2006). *Perik. Positive Entwicklung und Resilienz im Kindergartenalltag: Beobachtungsbogen.* Freiburg: Herder.

Mecheril, P. (2010). *Migrationspädagogik.* Weinheim: Beltz.

Meisel, K. & Feld, T. C. (2009). *Veränderungen gestalten – Organisationsentwicklung und -beratung in Weiterbildungseinrichtungen.* Münster: Waxmann.

Merkel, J. (2010). *Weisst du was, sprechen macht Spass. Sprachliche Bildung anregen und unterstützen.* Troisdorf: Bildungsverlag EINS.

Ministerium für Schule, Jugend und Kinder in NRW (Hrsg.) (2003). *Begegnung mit Sprachen. Eine Handreichung.* Frechten: Ritterbach.

Mischo, C. (2014). Die Professionalisierung frühpädagogischer Fachkräfte – ein Feld nutzeninspirierter Grundlagenforschung? In BMBF (^) (Hrsg.), *Bildungsforschung 2020 – Herausforderungen und Perspektiven* (244–257). Berlin: Bundesministerium für Bildung und Forschung.

Mitchell, L. & Cubey, P. (2003). *Characteristics of professional development linked to enhanced pedagogy and children's learning in early childhood settings. Best evidence synthesis.* Wellington: Ministry of Education.

Mittag, W. & Bieg, S. (2010). Die Bedeutung und Funktion pädagogischer Interventionsforschung und deren grundlegende Qualitätskriterien. In T. Hascher & B. Schmitz (Hrsg.), *Pädagogische Interventionsforschung. Theoretische Grundlagen und empirisches Handlungswissen* (31–47). Weinheim: Juventa.

Moser, U., Bayer, N. & Tunger, V. (2010). Erstsprachförderung bei Migrantenkindern in Kindergärten. Wirkungen auf phonologische Bewusstheit, Wortschatz sowie Buchstabenkenntnis und erstes Lesen in der Erst- und Zweitsprache. *Zeitschrift für Erziehungswissenschaft, 13* (4), 631–648.

Moser, U. & Berweger, S. (2007). *wortgewandt & zahlenstark: Lern- und Entwicklungsstand bei 4- bis 6-Jährigen.* St. Gallen: Interkantonale Lehrmittelzentrale, Lehrmittelverlage der Kantone St. Gallen und Zürich.

Müller, U. (2007). Bildungsmanagement – Skizze zu einem orientierenden Rahmenmodell. In G. Schweizer, U. Iberer & H. Keller (Hrsg.), *Lernen am Unterschied.*

Bildungsprozesse gestalten, Innovationen vorantreiben (99–121). Bielefeld: Bertelsmann.

Nentwig-Gesemann, I. (2008). Rekonstruktive Forschung in der Frühpädagogik. In H. v. Balluseck (Hrsg.), *Professionalisierung der Frühpädagogik. Perspektiven, Entwicklungen, Herausforderungen* (251–263). Opladen: Barbara Budrich.

Nickel, S. (2014). Sprache und Literacy im Elementarbereich. In R. Braches-Chyrek, C. Röhner, H. Sünker & M. Hopf (Hrsg.), *Handbuch frühe Kindheit* (645–657). Opladen: Barbara Budrich.

Nieke, W. (2008). *Interkulturelle Erziehung und Bildung. Wertorientierungen im Alltag* (3. Aufl.). Wiesbaden: Springer VS.

Ofner, D. (2014). Wie hängen Wissen und Handeln in der Sprachförderung zusammen? Eine explorative Untersuchung der Sprachförderkompetenz frühpädagogischer Fachkräfte. *Empirische Pädagogik, 28* (4), 302–318.

Oksaar, E. (1980). Mehrsprachigkeit, Sprachkontakt, Sprachkonflikt. In P. H. Nelde (Hrsg.), *Sprachkontakt und Sprachkonflikt* (43–52). Wiesbaden: Steiner.

Ostermayer, E. (2010). *Qualitätsdimensionen einer Weiterbildung im Qualifizierungsbereich „Elementardidaktik – Rolle der pädagogischen Fachkraft".* WiFF Expertise (Unveröffentlichtes Manuskript). München: Deutsches Jugendinstitut e. V.

Otto, H., Gernhardt, A. & Schröder, L. (2013). *Kulturelle Heterogenität in Kitas. Weiterbildungsformate für Fachkräfte. WiFF-Expertise.* München: Deutsches Jugendinstitut e. V.

Panagiotopoulou, A. (2016). *Mehrsprachigkeit in der Kindheit. Perspektiven für die frühpädagogische Praxis. WiFF-Expertise.* München: Deutsches Jugendinstitut e. V.

Panagiotopoulou, A. & Rosen, L. (2017). Sichtweisen auf Mehrsprachigkeit von (migrationsbedingt) mehrsprachigen Lehrkräften – Ergebnisse einer international vergleichenden Studie. In M. Oberlechner, C. W. Trültzsch-Wijnen & P. Duval (Hrsg.), *Migration bildet. Migration Educates* (159–178). Baden-Baden: Nomos.

Penner, Z. (2005). *Auf dem Weg zur Sprachkompetenz. Neue Perspektiven der sprachlichen Frühförderung bei Migrantenkindern. Ein Arbeitsbuch.* Frauenfeld: Kon-Lab.

Perels, F. & Otto, B. (2010). Evaluation von Interventionen – Erfassung der Veränderung versus Erfassung des Prozesses? In T. Hascher & B. Schmitz (Hrsg.), *Pädagogische Interventionsforschung. Theoretische Grundlagen und empirisches Handlungswissen* (252–259). Weinheim: Juventa.

Petersen, C.-M. & Schiersmann, C. (2012). Methodische Ansätze zur Kompetenzerfassung in der Beratung. In *Newsletter 02 / September 2012, Hrsg. Nationales Forum Beratung in Bildung, Beruf und Beschäftigung nfb, Berlin.* http://www.beratungsqualitaet.net/kompetenzprofil/kompetenzerfassung/index.html [06.09.2017].

Pianta, R. C., La Paro, K. M. & Hamre, B. K. (2008). *Classroom Assessment Scoring System – CLASS.* Baltimore, MD: Brookes.

Popper, K. R. (1962). Die Logik der Sozialwissenschaften. *Kölner Zeitschrift für Soziologie und Sozialpsychologie, 14,* 233–248.

Preiß, C. (2013). *Bildung, Betreuung und Erziehung in der Einwanderungsgesellschaft. Hintergründe und bildungspolitische Ansätze. WiFF-Expertise.* München: Deutsches Jugendinstitut e. V.

Preissing, C. & Wagner, P. (Hrsg.) (2003). *Kleine Kinder – keine Vorurteile? Interkulturelle und vorurteilsbewusste Arbeit in Kindertageseinrichtungen.* Freiburg: Herder.

Prengel, A. (2006). *Pädagogik der Vielfalt. Verschiedenheit und Gleichberechtigung in Interkultureller, Feministischer und Integrativer Pädagogik* (3. Aufl.). Wiesbaden: Springer VS.

Prengel, A. (2014). *Inklusion der Frühpädagogik. Bildungstheoretische, empirische und pädagogische Grundlagene. WiFF-Expertise* (2. Aufl.). München: Deutsches Jugendinstitut e. V.

Pries, L. (2015). Migration. In S. Farzin & S. Jordan (Hrsg.), *Lexikon Soziologie und Sozialtheorie. Hundert Grundbegriffe* (186–189). Stuttgart: Reclam.

Rabe-Kleberg, U. (1996). Professionalität und Geschlechterverhältnis. Oder: Was ist „semi" an traditionellen Frauenberufen? In A. Combe & W. Helsper (Hrsg.), *Pädagogische Professionalität. Untersuchungen zum Typus pädagogischen Handelns* (276–303). Frankfurt am Main: Suhrkamp.

Rauschenbach, T. & Bien, W. (Hrsg.) (2012). *Aufwachsen in Deutschland. AID:A – Der neue DJI-Survey.* Weinheim: Beltz Juventa.

Raven, J. C., Bulheller, S. & Häcker, H. O. (2001). *CPM – Coloured Progressive Matrices.* Göttingen: Hogrefe.

Redder, A. & Weinert, S. (Hrsg.) (2013). *Sprachförderung und Sprachdiagnostik. Interdisziplinäre Perspektiven.* Münster: Waxmann.

Reich, H. H. (2008a). Kindertageseinrichtungen als Institutionen sprachlicher Bildung. *Diskurs Kindheits- und Jugendforschung, 3* (3), 249–258.

Reich, H. H. (2008b). *Sprachförderung im Kindergarten. Grundlagen, Konzepte und Materialien.* Weimar: Das Netz.

Reich, H. H. (2010). *Frühe Mehrsprachigkeit aus linguistischer Perspektive.* München: DJI.

Reich, H. H. & Krumm, H.-J. (2013). *Sprachbildung und Mehrsprachigkeit. Ein Curriculum zur Wahrnehmung und Bewältigung sprachlicher Vielfalt im Unterricht.* Münster: Waxmann.

Richter, S. (2014). Eine vorurteilsbewusste Lernumgebung gestalten. http://www.kita-fachtexte.de/uploads/media/KiTaFT_richterII_2014-End.pdf [06.09.2017].

Riehl, C. M. (2014). *Mehrsprachigkeit. Eine Einführung.* Darmstadt: WBG.

Rißmann, M., Hellmann, M., Lochner, B. & Thole, W. (2014). Pädagogische Professionalität und Professionalisierung in den außerfamilialen Angeboten der Pädagogik der Kindheit. In R. Braches-Chyrek, C. Röhner, H. Sünker & M. Hopf (Hrsg.), *Handbuch frühe Kindheit* (463–477). Opladen: Barbara Budrich.

Röhner, C. (Hrsg.) (2008). *Erziehungsziel Mehrsprachigkeit. Diagnose von Sprachentwicklung und Förderung von Deutsch als Zweitsprache* (2. Aufl.). Weinheim: Juventa.

Roßbach, H.-G. & Tietze, W. (Hrsg.) (2018). *Kindergarten-Skala-Erweiterung (KES-E). Deutsche Fassung der ECERS-E.* The Four Curricular Subscales Extension to the Early Childhood Environment Rating Scale (ECERS-R) 4th Edition, 2011 von Kathy Sylva, Iram Siraj-Blatchford und Brenda Taggart. Weimar: Das Netz.

Rost, D. H. (2013). *Interpretation und Bewertung pädagogisch-psychologischer Studien. Eine Einführung* (3. Aufl.). Bad Heilbrunn: Klinkhardt.

Roth, C., Hopp, H. & Thoma, D. (2015). Effekte von Fort- und Weiterbildung auf die Sprachförderkompetenz frühpädagogischer Fachkräfte. *Frühe Bildung, 4* (4), 218–225.

Rothweiler, M. & Ruberg, T. (2011). *Der Erwerb des Deutschen bei Kindern mit nichtdeutscher Erstsprache. Sprachliche und außersprachliche Einflussfaktoren. WiFF-Expertise.* München: Deutsches Jugendinstitut e. V.

Rothweiler, M. & Ruberg, T. (2014). Der Erwerb des Deutschen bei Kindern mit nichtdeutscher Erstsprache. *Sprachliche und außersprachliche Einflussfaktoren.* In A. König & T. Friederich (Hrsg.), *Inklusion durch Sprachliche Bildung. Neue Herausforderungen im Bildungssystem* (248–274). Weinheim: Beltz Juventa.

Roux, S. (2013). Frühpädagogische Qualitätskonzepte. In L. Fried & S. Roux (Hrsg.), *Handbuch Pädagogik der frühen Kindheit* (3. Aufl., 129–140). Berlin: Cornelsen.

Roux, S. & Tietze, W. (2007). Effekte und Sicherung von (Bildungs-)Qualität in Kindertageseinrichtungen. *Zeitschrift für Soziologie der Erziehung und Sozialisation, 27* (4), 367–384.

Rüschoff, B. & Wolff, D. (1999). *Fremdsprachenlernen in der Wissensgesellschaft. Zum Einsatz der neuen Technologien in Schule und Unterricht.* Ismaning: Hueber.

Sächsische Landesstelle für frühe nachbarsprachige Bildung (2015). *Frühe nachbarsprachige Bildung in Kitas der sächsischen Grenzregionen. Bestandsaufnahme 2014/2015.* Görlitz: Sächsische Landesstelle für frühe nachbarsprachige Bildung.

Schäfer, G. E. (2011). *Was ist frühkindliche Bildung? Kindlicher Anfängergeist in einer Kultur des Lernens.* Weinheim: Juventa.

Schäfer, G. E. (2013). Der Bildungsbegriff in der Pädagogik der frühen Kindheit. In L. Fried & S. Roux (Hrsg.), *Handbuch Pädagogik der frühen Kindheit* (3. Aufl., 33–43). Berlin: Cornelsen.

Schelle, R. (2011). Qualitätsanforderungen an Referentinnen und Referenten. In DJI (Deutsches Jugendinstitut) (Hrsg.), *Frühe Bildung – Bedeutung und Aufgaben der pädagogischen Fachkraft. Grundlagen für die kompetenzoriente Weiterbildung. WiFF-Wegweiser Weiterbildung* (124–138). München: Deutsches Jugendinstitut e. V.

Schlösser, E. (2012). *Zusammenarbeit mit Eltern – interkulturell. Informationen und Methoden zur Kooperation mit deutschen und zugewanderten Eltern in Kindergarten, Grundschule und Familienbildung* (3. Aufl.). Münster: Ökotopia.

Schmidt, T. & Smidt, W. (Hrsg.) (2015). *Professionalisierung in der Frühpädagogik.* Empirische Pädagogik, 29 (3).

Schmitt, N. (1996). Uses and abuses of coefficient alpha. *Psychological Assessment,* 8 (4), 350–353.

Schneider, S. (2015). *Bilingualer Erstspracherwerb.* München: Reinhardt.

Schott, F. & Azizighanbari, S. (2012). *Bildungsstandards, Kompetenzdiagnostik und kompetenzorientierter Unterricht zur Qualitätssicherung des Bildungswesens. Eine problemorientierte Einführung in die theoretischen Grundlagen.* Münster: Waxmann.

Schreiber, N. (2014). *Weiterbildung zur „Fachkraft für Frühpädagogik U3". Evaluation einer Zertifikatsreihe. WiFF-Studie.* München: Deutsches Jugendinstitut e. V.

Schreyer, I., Krause, M., Brandl, M. & Nicko, O. (2014). *AQUA Arbeitsplatz und Qualität in Kitas. Ergebnisse einer bundesweiten Befragung.* München: Staatsinstitut für Frühpädagogik.

Seel, N. M. & Hanke, U. (2015). *Erziehungswissenschaft. Lehrbuch für Bachelor-, Master- und Lehramtsstudierende.* Berlin: Springer VS.

Senatsverwaltung für Bildung, Jugend und Wissenschaft (Hrsg.) (2014). *Berliner Bildungsprogramm für Kitas und Kindertagespflege.* Berlin: Das Netz.

Shulman, L. S. (1987). Knowledge and teaching: Foundations of the new reform. *Harvard Educational Review, 57* (1), 1–22.

Siebert-Ott, G. (1997). Frühe Mehrsprachigkeit – Probleme und Chancen. In C. Dürscheid, K.-H. Ramers & M. Schwarz (Hrsg.), *Sprache im Fokus. Festschrift für Heinz Vater zum 65. Geburtstag* (457–471). Tübingen: Niemeyer.

Simon, S. & Sachse, S. (2013). Anregung der Sprachentwicklung durch ein Interaktionstraining für Erzieherinnen. *Diskurs Kindheits- und Jugendforschung, 8* (4), 379–397.

Simons, G. F. & Fennig, C. D. (2017). *Ethnologue: Languages of the World,* Twentieth edition. Dallas, Texas: SIL International. http://www.ethnologue.com/region/Europe [26.04.2017].

Smith, S., Davidson, S. & Weisenfeld, G. (2001). *Supports for Early Literacy Assessment for Early Childhood Programs Serving Preschool-age Children (SELA).* New York: New York University.

Souvignier, E., Duzy, D., Glück, D., Pröscholdt, M. V. & Schneider, W. (2012). Vorschulische Förderung der phonologischen Bewusstheit bei Kindern mit Deutsch als Zweitsprache. Effekte einer muttersprachlichen und einer deutschsprachigen Förderung. *Zeitschrift für Entwicklungspsychologie und pädagogische Psychologie, 44* (1), 40–51.

Stadt Frankfurt am Main (Hrsg.) (2001). *Meine, deine, unsere Sprache. Konzeption für eine Sprachförderung zwei- und mehrsprachiger Kinder.* Frankfurt am Main: Dezernat für Schule, Bildung und Frauen – Stadtschulamt.

Stadt Nürnberg (Hrsg.) (2007). *Interkulturelle Arbeit in Kitas. Handlungsempfehlungen aus der Praxis – für die Praxis. SpiKi – Sprachförderung in Kindertageseinrichtungen.* Nürnberg: Amt für Kinder, Jugendliche und Familien – Jugendamt.

Stamm, M. (2014). Theoretische und empirische Konturen der internationalen kindheitspädagogischen Professionsforschung. In T. Betz & P. Cloos (Hrsg.), *Kindheit und Profession. Konturen und Befunde eines Forschungsfeldes* (116–129). Weinheim: Beltz Juventa.

Statistische Ämter des Bundes und der Länder (Hrsg.) (2013a). *Bevölkerung nach Migrationsstatus regional – Ergebnisse des Mikrozensus.* Wiesbaden: Statistisches Bundesamt.

Statistische Ämter des Bundes und der Länder (Hrsg.) (2013b). *Kindertagesbetreuung reginal 2013. Ein Vergleich aller 402 Kreise in Deutschland.* Wiesbaden: Statistisches Bundesamt.

Statistisches Bundesamt (2016a). *Betreuungsquote von Kindern unter 6 Jahren mit und ohne Migrationshintergrund in Kindertagesbetreuung am 1. März 2013 nach Ländern.* https://www.destatis.de/DE/ZahlenFakten/GesellschaftStaat/Soziales/Sozialleistungen/Kindertagesbetreuung/Tabellen/BetreuungsquoteMigrationU62013.html [01.03.2016].

Statistisches Bundesamt (Hrsg.) (2016b). *Statistiken der Kinder- und Jugendhilfe. Kinder und tätige Personen in Tageseinrichtungen und in öffentlich geförderter Kindertagespflege am 01.03.2015.* Wiesbaden.

Statistisches Bundesamt (2016c). *Statistiken der Kinder- und Jugendhilfe. Kinder und tätige Personen in Tageseinrichtungen und in öffentlich geförderter Kindertagespflege am 01.03.2016.* Wiesbaden: Statistisches Bundesamt.

Statistisches Bundesamt (Hrsg.) (2017). *Bevölkerung und Erwerbstätigkeit. Bevölkerung mit Migrationshintergrund. Ergebnisse des Mikrozensus 2015.* Wiesbaden: Statistisches Bundesamt.

Stockmann, R. (2010). Wissenschaftsbasierte Evaluation. In R. Stockmann & W. Meyer (Hrsg.), *Evaluation. Eine Einführung* (55–100). Opladen: Barbara Budrich.

Stockmann, R. & Meyer, W. (Hrsg.) (2010). *Evaluation. Eine Einführung.* Opladen: Barbara Budrich.

Strauch, A., Jütten, S. & Mania, E. (2009). *Kompetenzerfassung in der Weiterbildung. Instrumente und Methoden situativ anwenden.* Bielefeld: Bertelsmann.

Stürzer, M., Täubig, V. & Uchronski, M. (2011). Wegweisend im Datendschungel. Die Befunde zur Bildungssituation Jugendlicher mit Migrationshintergrund sind unübersichtlich. *DJI IMPULSE* (3), 35–38.

Sulzer, A. (2013). *Kulturelle Heterogenität in Kitas. Anforderungen an Fachkräfte. WiFF-Expertise.* München: Deutsches Jugendinstitut e. V.

Sylva, K., Melhuish, E., Sammons, P., Siraj-Blatchford, I., Taggart, B. & Elliot, K. (2004). The Effective Provision of Pre-School Education Project – Zu den Auswirkungen vorschulischer Einrichtungen in England. In G. Faust, M. Götz, H. Hacker & H.-G. Roßbach (Hrsg.), *Anschlussfähige Bildungsprozesse im Elementar- und Primarbereich* (154–167). Bad Heilbrunn: Klinkhardt.

Sylva, K., Siraj-Blatchford, I. & Taggart, B. (2011). *ECERS-E: The four curricular subscales extension to the early childhood environment rating scale (ECERS-R).* New York: Teachers College Press.

Tachtsoglou, S. & König, J. (2017). *Statistik für Erziehungswissenschaftlerinnen und Erziehungswissenschaftler. Konzepte, Beispiele und Anwendungen in SPSS und R.* Wiesbaden: Springer.

Terhart, E. (2009). *Didaktik. Eine Einführung.* Stuttgart: Reclam.

Thole, W. (2008). „Professionalisierung" der pädagogik der Kindheit. In W. Thole, H.-G. Roßbach, M. Fölling-Albers & R. Tippelt (Hrsg.), *Bildung und Kindheit. Pädagogik der frühen Kindheit in Wissenschaft und Lehre* (271–294). Opladen: Barbara Budrich.

Thoma, D., Ofner, D., Seybel, C. & Tracy, R. (2011). Professionalisierung in der Frühpädagogik: Eine Pilotstudie zur Sprachförderkompetenz. *Frühe Bildung, 0* (0), 31–36.

Thoma, D. & Tracy, R. (2012). *SprachKoPF – Online v06. Instrument zur standardisierten Erhebung der Sprachförderkompetenz pädagogischer Fachkräfte. Testbogen Teilkompetenz Wissen.* Mannheim: MAZEM.

Thoma, D. & Tracy, R. (2013). *SprachKoPF – Online v07. Instrument zur standardisierten Erhebung der Sprachförderkompetenz pädagogischer Fachkräfte.* Mannheim: MAZEM.

Thoma, D. & Tracy, R. (2014). *Manual zu SprachKoPF v07. Instrument zur standardisierten Erhebung der Sprachförderkompetenz pädagogischer Fachkräfte.* Mannheim: Universität Mannheim.

Thoma, D., Tracy, R., Michel, M. & Ofner, D. (2012). *Schlussbericht des Vorhabens SprachKoPF, „Sprachliche Kompetenzen Pädagogischer Fachkräfte".* Berlin: Bundesministerium für Bildung und Forschung.

Tietze, W. (Hrsg.) (1998). *Wie gut sind unsere Kindergärten? Eine Untersuchung zur pädagogischen Qualität in deutschen Kindergärten.* Neuwied: Luchterhand.

Tietze, W. (2010). *Inegrierte Qualitäts-Skalen (IQS).* Berlin: unveröffentlichte Forschungsversion.

Tietze, W. (Hrsg.) (2013). *Pädagogische Qualität entwickeln. Praktische Anleitung und Methodenbausteine für Bildung, Betreuung und Erziehung in Tageseinrichtungen für Kinder von 0–6 Jahren* (3. Aufl.). Berlin: Cornelsen.

Tietze, W., Becker-Stoll, F., Bensel, J., Eckhardt, A., Haug-Schnabel, G., Kalicki, B., Keller, H. & Leyendecker, B. (Hrsg.) (2013). *Nationale Untersuchung zur Bildung, Betreuung und Erziehung in der frühen Kindheit (NUBBEK).* Weimar: Das Netz.

Tietze, W. & Roßbach, H.-G. (Hrsg.) (2017). *Kindergarten-Skala (KES-RZ). Deutsche Fassung der Early Childhood Environment Rating Scale von T. Harms, R. M. Clifford & D. Reid Cryer. Revidierte Fassung mit Zusatzmerkmalen* (4. Aufl.). Weimar: Das Netz.

Tietze, W., Roßbach, H.-G. & Grenner, K. (2005). *Kinder von 4 bis 8 Jahren. Zur Qualität der Erziehung und Bildung in Kindergarten, Grundschule und Familie*. Weinheim: Beltz.

Tietze, W., Schuster, K.-M., Grenner, K. & Roßbach, H.-G. (2007). *Kindergarten-Skala (KES-R). Deutsche Fassung der Early childhood environment rating scale – revised edition von T. Harms, R. M. Clifford & D. Reid Cryer* (3. Aufl.). Berlin: Cornelsen.

Tietze, W. & Viernickel, S. (Hrsg.) (2007). *Pädagogische Qualität in Tageseinrichtungen für Kinder. Ein nationaler Kriterienkatalog* (3. Aufl.). Berlin: Cornelsen.

Tietze, W. & Viernickel, S. (Hrsg.) (2016). *Pädagogische Qualität in Tageseinrichtungen für Kinder. Ein nationaler Kriterienkatalog*. Weimar: Das Netz.

Tietze, W. & Viernickel, S. (Hrsg.) (2017). *Pädagogische Qualität entwickeln. Praktische Anleitung und Methodenbausteine für die Arbeit mit dem Nationalen Kriterienkatalog*. Weimar: Das Netz.

Tracy, R. (2007). *Wie Kinder Sprachen lernen und wie wir sie dabei unterstützen können*. Tübingen: Francke.

Tracy, R. (Hrsg.) (2009). *Sprache macht stark: Offensive Bildung*. Berlin: Cornelsen.

Tracy, R., Thoma, D., Michel, M. & Ofner, D. (2014). SprachKoPF: Sprachliche Kompetenzen pädagogischer Fachkräfte. In BMBF (Bundesministerium für Bildung und Forschung) (Hrsg.), *Bildungsforschung 2020 – Herausforderungen und Perspektiven* (285–287). Berlin: Bundesministerium für Bildung und Forschung.

Trisch, O. & Winkelmann, A. (2007). Vorurteile, Macht und Diskriminierung – die Bildungsarbeit der Anti-Bias-Werkstatt, Berlin. In Sir Peter Ustinov Institut (Hrsg.), *Vorurteile in der Kindheit. Ursachen und Gegenstrategien* (107–124). Wien: Braumüller.

Ueffing, C. (2013). Interkulturelle Konzept- und Profilentwicklung in der Kindertageseinrichtung – Umsetzung einer kompetenzorientierten Inhouse-Fortbildung. In DJI (Deutsches Jugendinstitut) (Hrsg.), *Inklusion – kulturelle Heterogenität in Kindertageseinrichtungen. Grundlagen für die kompetenzorientierte Weiterbildung. WiFF-Wegweiser Weiterbildung* (180–216). München: Deutsches Jugendinstitut e. V.

Ulich, M. & Mayr, T. (2003). *Sismik. Sprachverhalten und Interesse an Sprache bei Migrantenkindern in Kindertageseinrichtungen*. Freiburg: Herder.

Ulich, M. & Mayr, T. (2006). *Seldak – Sprachentwicklung und Literacy bei deutschsprachig aufwachsenden Kindern*. Freiburg: Herder.

Ulich, M., Oberhuemer, P. & Soltendieck, M. (2013). *Die Welt trifft sich im Kindergarten. Interkulturelle Arbeit und Sprachförderung in Kindertageseinrichtungen* (5. Aufl.). Berlin: Cornelsen.

Vath, R. (1975). *Die Professionalisierungstendenz in der Erwachsenenbildung* (Dissertation). Universität Regensburg.

Vertovec, S. (2006). *The emergence of super-diversity in Britain* (COMPAS working papers, No. 06–25). Oxford: University, Centre of Migration, Policy and Society.

Vertovec, S. (2007). Super-diversity and its implications. *Ethnic and Racial Studies, 30* (6), 1024–1054.

Vertovec, S. (2009). *Conceiving and researching diversity* (MMG Working Paper 09-01). Göttingen: Max-Planck-Institut zur Erforschung multireligiöser und multiethnischer Gesellschaften.

Viernickel, S., Nentwig-Gesemann, I., Nicolai, K., Schwarz, S. & Zenker, L. (2013). *Schlüssel zu guter Bildung, Erziehung und Betreuung. Bildungsaufgaben, Zeitkontingente und strukturelle Rahmenbedingungen in Kindertageseinrichtungen.* Berlin: Der Paritätische; Diakonie; GEW.

Viernickel, S., Nentwig-Gesemann, I. & Weßels, H. (2015). Professionalisierung im Feld der Frühpädagogik – Zur Rolle von strukturellen Rahmenbedingungen und Organisationsmilieus. In K. Fröhlich-Gildhoff, I. Nentwig-Gesemann & N. Neuß (Hrsg.), *Forschung in der Frühpädagogik VII. Schwerpunkt: Profession und Professionalisierung* (135–171). Freiburg: FEL-Verlag Forschung-Entwicklung-Lehre.

Viernickel, S. & Schwarz, S. (2009). *Schlüssel zu guter Bildung, Erziehung und Betreuung. Wissenschaftliche Parameter zur Bestimmung der pädagogischen Fachkraft-Kind-Relation* (2. Aufl.). Berlin: Der Paritätische; Diakonie; GEW.

Wagner, P. (2007). Vorurteilsbewusste Bildung und Erziehung im Kindergarten. In Sir Peter Ustinov Institut (Hrsg.), *Vorurteile in der Kindheit. Ursachen und Gegenstrategien* (125–139). Wien: Braumüller.

Walper, S. (2014). Entwicklung, ökologischer Ansatz nach Bronfenbrenner. In M. Wirtz (Hrsg.), *Dorsch – Lexikon der Psychologie* (17. Aufl. mit Onlinezugang). Bern: Huber.

Walper, S., Bien, W. & Rauschenbach, T. (Hrsg.) (2015). *Aufwachsen in Deutschland heute. Erste Befunde aus dem DJI-Survey AID:A 2015.* München: Deutsches Jugendinstitut e. V.

Wandruszka, M. (1971). *Interlinguistik. Umrisse einer neuen Sprachwissenschaft.* München: Piper.

Wandruszka, M. (1979). *Die Mehrsprachigkeit des Menschen.* München: Piper.

Weikart, D. P., Olmsted, P. P. & Montie, J. (2003). *A world of preschool experience. Observations in 15 countries.* Ypsilanti, Mich.: High/Scope Press.

Weinert, F. E. (2001). Concept of Competence: A Conceptual Clarification. In D. S. Rychen & L. H. Salganik (Hrsg.), *Defining and selecting key competencies. Theoretical and Conceptual Foundations* (45–65). Seattle: Hogrefe & Huber.

Weinert, F. E. (2014). Vergleichende Leistungsmessung in Schulen – eine umstrittene Selbstverständlichkeit. In F. E. Weinert (Hrsg.), *Leistungsmessungen in Schulen* (3. Aufl., 17–31). Weinheim: Beltz.

Werlen, I. (1994). Mehrsprachigkeit und Europa. In C. Allemann-Ghionda (Hrsg.), *Multikultur und Bildung in Europa* (321–332). Bern: Peter Lang.

Wiater, W. (2006). Didaktik der Mehrsprachigkeitsdidaktik. In W. Wiater (Hrsg.), *Didaktik der Mehrsprachigkeit. Theoriegrundlagen und Praxismodelle* (57–72). München: Ernst Vögel.

Wild, E. & Möller, J. (Hrsg.) (2015). *Pädagogische Psychologie* (2. Aufl.). Berlin: Springer.Wohlwill, J. F. (1973). *The study of behavioral development.* New York: Academic Press.

Wolff, D. (2012). Didaktik der Mehrsprachigkeit. In B. Grossenbacher, E. Sauer & D. Wolff (Hrsg.), *Mille feuilles – neue fremdsprachendikaktische Konzepte. Ihre Umsetzung in den Lehr- und Lernmaterialien* (6–13). Bern: Schulverlag plus.

Wolff, D. (2014). *Didaktik der Mehrsprachigkeit.* http://www.schulentwicklung.nrw. de/cms/angebote/egs/bilingualer-unterricht/didaktik-der-mehrsprachigkeit/ [06.09.2017].

Wygotski, L. S. (1977). *Denken und Sprechen.* Frankfurt am Main: Fischer.

Zellerhoff, R. (2009). *Didaktik der Mehrsprachigkeit. Didaktische Konzepte zur Förderung der Mehrsprachigkeit bei Kindern und Jugendlichen schulformübergreifende Konzepte unter besonderer Berücksichtigung des Förderschwerpunktes Sprache.* Frankfurt am Main: Peter Lang.

Abbildungsverzeichnis

Tabellenverzeichnis

Abkürzungsverzeichnis

AID:A	Aufwachsen in Deutschland: Alltagswelten
AK DQR	Arbeitskreis Deutscher Qualifikationsrahmen
AVE	Ausbildung und Verlauf von Erzieherinnen-Merkmalen
BAMF	Bundesamt für Migration und Flüchtlinge
BayStmAS	Bayerisches Staatsministerium für Arbeit und Soziales, Familie und Integration
BEZ	Beziehung (DO-RESI Qualitätsdimension)
BMBF	Bundesministerium für Bildung und Forschung
BMFSFJ	Bundesministeriums für Familie, Senioren, Frauen und Jugend
BMI	Bundesministerium des Innern
BZgA	Bundeszentrale für gesundheitliche Aufklärung
C.A.	Cronbach's alpha
CIS	Caregiver Interaction Scale
CPM	Coloured Progressive Matrices
DJI	Deutsches Jugendinstitut e.V.
dspr.	deutschsprachig
DO-RESI	Dortmunder Ratingskala zur Erfassung sprachförderrelevanter Interaktionen
DQR	Deutscher Qualifikationsrahmen
EQR	Europäische Qualifikationsrahmen für lebenslanges Lernen
FBBE	Frühkindliche Bildung, Betreuung und Erziehung
GS	Gesamtstichprobe
HRF	Sprachlich-kognitive Herausforderung (DO-RESI Qualitätsdimension)
IFP	Staatsinstitut für Frühpädagogik (München)
IG	Interventionsgruppe
IMKi	Effekte einer aktiven Integration von Mehrsprachigkeit in Kindertageseinrichtungen
infans	Institut für angewandte Sozialisationsforschung/Frühe Kindheit e. V. (Berlin)
inkl.	inklusive
ISB	Staatsinstitut für Schulqualität und Bildungsforschung (München)
JMK	Jugendministerkonferenz
KES	Kindergarten-Einschätz-Skala
Kita	Kindertageseinrichtung
KIKUS	Kinder in Kulturen und Sprachen
KMK	Kultusministerkonferenz
KU	Katholische Universität Eichstätt-Ingolstadt

LiSe-DaZ	Linguistische Sprachstandserhebung – Deutsch als Zweitsprache
LIfBi	Leibniz-Institut für Bildungsverläufe e.V. (Bamberg)
MH	Migrationshintergrund
MiKi	Mehrsprachigkeit in Kitas
NICHD	National Institute of Child Health and Human Development
ndH	nichtdeutschsprachiger Herkunft
NUBBEK	Nationale Untersuchung zur Bildung, Betreuung und Erziehung in der frühen Kindheit
ORG	Organisation (DO-RESI Qualitätsdimension)
NEPS	Nationales Bildungspanel
n.s.	nicht signifikant
REVK	Ratingverfahren zur Erfassung der Sprachenvielfalt in Kindertageseinrichtungen
SD	Standardabweichung
SELDAK	Sprachentwicklung und Literacy bei deutschsprachig aufwachsenden Kindern.
SETK 3–5	Sprachentwicklungstest für drei- bis fünfjährige Kinder
SISMIK	Sprachverhalten und Interesse an Sprache bei Migrantenkindern in Kindertageseinrichtungen
SPATS	Sprachförderung: Auswirkungen eines Trainings
SprachKoPF	Sprachförderkompetenz Pädagogischer Fachkräfte
TS	Teilstichprobe
u.a.m.	und andere mehr; und anderes mehr
UST	Adaptive Unterstützung (DO-RESI Qualitätsdimension)
W1/2/3	Erhebungswelle 1/2/3
WiFF	Weiterbildungsinitiative Frühpädagogische Fachkräfte

Anja Linberg

Interaktion zwischen Mutter und Kind

Dimensionen, Bedingungen und Effekte

2018, ca. 160 Seiten, br., 29,90 €,
ISBN 978-3-8309-3916-0
E-Book: 26,99 €,
ISBN 978-3-8309-8916-5

In den ersten Lebensjahren sind Interaktionen zwischen Mutter und Kind maßgeblich für die kindliche Entwicklung. Bislang wurden diese Interaktionen vorrangig hinsichtlich sozio-emotionaler Sensitivität betrachtet. Unter Rückgriff auf psychologische und (früh-)pädagogische Theorien sowie auf über 1900 Videoaufnahmen wird in dieser Arbeit jedoch gezeigt, dass kognitive Aktivierung bereits bei 7- bis 17-monatigen Kindern eine weitere eigenständige Dimension von Interaktionsverhalten darstellt.